Angelika Grossmann
Traumland Kanada

Angelika Grossmann

Traumland Kanada

Haag + Herchen

Foto vordere Umschlagseite und Fotos Bildanhang: Angelika Grossmann

Bibliografische Information Der Deutschen Bibliothek
Die Deutsche Bibliothek verzeichnet diese Publikation in der Deutschen Nationalbibliografie; detaillierte bibliografische Angaben sind im Internet über http://dnb.ddb.de abrufbar.

ISBN 978-3-89846-518-2

Fuchshohl 19a, 60431 Frankfurt am Main

Produktion: Herchen + Herchen & Co. Medien KG,
Frankfurt am Main
Satz und Umschlaggestaltung: ES
Herstellung: dp
Printed in Germany

Verlagsnummer: 3518

INHALT

Von den Jahreszeiten

Vom Wilden Westen

Von Land und Leuten

EINLEITUNG

Du findest in der Ferne … ein zweites Heimatland

Ja, aber da ist es doch kalt??!!« hören wir immer wieder, wenn jemand erfährt, dass wir nach Kanada ausgewandert sind. Danach kommen die erstaunlichsten Bekenntnisse und zahlreiche bohrende Fragen. Ab jetzt kann ich mich kurzfassen und sagen: »Schaun Sie mal in mein Buch. Da steht, was wir in den letzten zwei Jahrzehnten in unserer neuen Heimat British Columbia so alles erlebt haben.« Erst über mehrere Jahre als Touristen und später dann als Einwanderer. Nein, Kanada hat nicht nur grandiose Landschaften, endlose Weiten, Lachse, Bären und Iglus zu bieten, sondern noch viel mehr …

In diesem Buch erwartet Sie ein Puzzle aus Geschichten über unseren Prozess des Auswanderns aus Deutschland, den wir im Jahr 1990 vollendeten. Weiter geht es mit der Einwanderung in das wenig besiedelte Innere der westlichsten Provinz Kanadas, British Columbia. Und wenn Sie mit uns Abschied genommen haben von dem durchaus auch geliebten Deutschland, sind Sie schon mittendrin in den Geschichten über Menschen und Situationen, über das große Staunen im kanadischen Alltag, wo man doch glaubte, schon alles zu wissen.

Ich hätte, als wir darüber sinnierten, ob wir zusammenpacken und ein neues Leben in Kanada anfangen wollen oder nicht, gerne ein bisschen mehr über den Alltag gewusst. Jetzt habe ich aufgeschrieben, was ich damals gerne gelesen hätte.

Jedes Einwandererschicksal unterscheidet sich natürlich vom anderen. Der eigene Erfahrungs- und Ausbildungshintergrund, die Familienbande, die jeweiligen wirtschaftlichen Verhältnisse, die Wirtschaftslage im Einwanderungsland, die gewählte Provinz und ja, auch das eigene Alter stellen unterschiedliche Bedingungen und Herausforderungen an den Neuankömmling.

Wir selbst haben fünfzehn Jahre darüber diskutiert, ob, wann, wie und wohin wir auswandern wollen. Als keiner mehr so recht daran glaubte, haben wir es wirklich getan. Wir dachten doch tatsächlich, dass uns nichts mehr überraschen könne, denn wir hatten ja bereits ein Ferienhaus in »Anderland« und mehrere Urlaube dort verbracht.

Nichtsdestotrotz erlebten wir noch genügend Abenteuer. Alles hat sich genau so zugetragen wie beschrieben, ich habe nichts dazugedichtet. Mit meinen manchmal recht deftigen Stories vermittele ich so nebenbei eine ganze Menge an Information. Trockene Statistiken und Zahlen werden Sie nicht finden – darüber gibt es kompetentere Bücher im Handel. Ich halte mit humorvollem Blick ein bisschen Alltag fest. Wenn Ironie aufkommt, ist sie freundlich gemeint.

Hier in Beautiful British Columbia, sechseinhalb Autostunden nördlich von Vancouver, haben wir gefunden, wovon wir träumten: Frieden, unendliche Weite, hohe Berge, Tausende Seen, großartige Natur, vier (fünf) Jahreszeiten, Urtümlichkeit, smogfreie Luft, atomkraftwerkfreie Zone, europäisch angehauchten westlichen Lebensstil, freundliche Menschen, eine leicht zu erlernende zweite Muttersprache und vielleicht sogar eine bessere Zukunft für unsere Kinder.

Wir suchten eine zweite Heimat und fanden sie in diesem traumhaft schönen, großzügigen Land, ohne dass wir jemals vergessen wollten, konnten oder mussten, woher wir gekommen waren.

Immer wieder fliegen wir mit Zwischenstop in Vancouver nach Europa, erfreuen uns ein paar Tage an der Eleganz, Kultur und internationalen Küche dieser kanadischen Metropole. Wir lieben diesen

Kristallpalast am Pazifik zwischen Segeljachten und schneebedeckten Bergen, in denen noch Bären heimisch sind.
Was das neue Land zur Heimat werden und das Ursprungsland Heimat bleiben lässt, sind die persönlichen Beziehungen, sind gemeinsam erlebte Geschichte und Geschichtchen.
»Erinnerst Du Dich noch?!« – das ist Heimat. Das braucht Zeit, das muss wachsen.
Auf der Suche nach Heimat fanden wir auch Heimat in uns selbst. Das Glück liegt darin, das Paradies, das man sucht, zu gestalten, in sich und mit den anderen. Gemeinsam.

Vom Auswandern und vom Einwandern

NIRGENDWO IST PANAMA

Seit 1990 leben wir nun im abwechslungsreichen Hügelland des Cariboo im Inneren British Columbias. Wir hatten die Gegend zum erstenmal 1984 mit dem touristischen Muss, dem *Motorhome*, durchreist und uns anschließend noch andere Teile der Provinz angesehen.

Wir gingen nicht mit einer Axt bewaffnet in die gänzlich unberührte Wildnis. Uns war es hier im Cariboo wild genug. Wir hatten Schulkinder. Das mäßigt den Übermut.

Obwohl auch hier der Mensch in die Natur eingegriffen hat, lässt doch die weitestgehend unberührte Natur einen selbst nicht unberührt. Ihr Einfluss ist gewaltig, stimmt friedlich, gelassen, macht frei. Man atmet durch. Die Luft hat Biss.

Es ist schwer in Worte zu fassen, warum uns dieses Land so gut tut. Wir sind angekommen, ein Teil unserer Seele baumelt. Irgendetwas in uns sagt: Es ist gut.

Wir haben uns gern verführen lassen von diesem Kanada, seinen Weiten, seiner Freiheit, seinem Frieden.

Aufgewachsen mit den Bildern und Folgen der Gräuel der Naziherrschaft, mit den Jahren des Kalten Krieges im Hintergrund des Alltags suchten wir Frieden. Wir sind nicht in der alten Heimat geblieben, haben uns nicht engagiert. Wir ließen Deutschland im Stich. Seine geplagte, sich selbst entfremdete Natur, die die Menschen schon tausendfach kahl geschlagen, umgegraben, bepflanzt und mit Blut, immer wieder mit Blut überströmt haben.

Wir verließen das Deutschland, wo sich hinter jedem Wald gleich

wieder ein wachsender Ort befindet, sich ein neuer Büroberg auftürmt, wo immer mehr Straßen, Brücken, Betonflächen gebaut werden, dort, wo Felder waren, Kornblumen und Mohn.
Es ist sicherlich zu viel verlangt, das gigantische Wirtschaftswachstum zu begrüßen und gleichzeitig Lebensqualität und gelassene Freundlichkeit zu erwarten, wo alles eng und unbeweglich geworden ist.
Und dann der Smog im Großraum Frankfurt. Beim Spazierengehen sahen wir ihn jedesmal über der modernen Skyline Mainhattans. So schön dieser Blick auch war, wollte ich doch die Luft über dem Rhein-Main-Gebiet nicht durch Einatmen filtern. Ich wollte weg.
Und dann kam Tschernobyl. Das tat ein Übriges. Nein, das kann man Deutschland wirklich nicht anlasten, aber es hat uns ungeheuer beeindruckt und erschreckt. Was in Russland in die Luft ging, regnete in Hessen nieder. Mit einem Geigerzähler untersuchten wir unsere Schuhe, die Wiese im Garten, unsere Katzen. Er schlug heftig aus. Ich wollte weg.
Man wurde gewarnt, die Kinder sollten nicht im Gras spielen. Pilze sollte man nicht mehr essen, dies nicht, jenes nicht. Der Pfälzer Spargel blieb uns im Halse stecken. Die vertraute Welt war auf einmal gefährlich geworden. Wir wollten weg.
Heute scheint das alles vergessen zu sein. Man ist und isst wieder sorglos. Die relativ sicheren deutschen Atomkraftwerke werden nach und nach abgestellt; dafür kauft man den Atomstrom aus dem europäischen Ausland. Mit der Zeit ebbte auch bei uns beiden die Aufregung etwas ab.
Aber wir hatten etwas anderes gesehen und erlebt: Das Gelobte Land, hatten den Ruf der Wildnis gehört, Frieden gefühlt, das Lächeln gesehen. Man lügt sich, wenn man sich etwas in den Kopf gesetzt hat, auch gerne ein bisschen in die Tasche. Wir wussten, dass man sich vor Atomkraftwerksunfällen nirgends verstecken, dass es hundertprozentige Sicherheit nicht geben kann.

Aber in British Columbia wird der Strom mit Wasserkraft produziert und das nächste Atomkraftwerk ist schön weit weg in den Vereinigten Staaten. Je nachdem, wie nah man an der Grenze wohnt … Da man hier in Kanada weniger problembewusst lebt und nur minimal informiert wird, regt man sich auch nicht so schnell auf. Als detailinformierter, politisch geforderter Deutscher lehnt man sich ein wenig zurück, atmet durch, entspannt, fühlt Sicherheit. Frieden. Die Welt scheint heil.

Was unsere touristisch verschlossenen Augen nicht sehen wollten oder konnten, eröffnete sich uns erst mit der Zeit. Auch hier war nicht alles rosig, auch hier war man nicht durchgehend gesund, gab es Umweltsünden und Luftverschmutzung durch die holzverarbeitenden Mühlen.

Wir sahen, wie die Wälder wild drauflos abgeholzt wurden, sahen die dunklen Rauchwolken der Brandrodungen, die den Boden für die Anpflanzungen der Nadelwald-Monokulturen vorbereiten sollen. Wir lasen über Menschen, die bei Autounfällen starben. Prozentual gesehen waren das auch nicht weniger als in Deutschland, obwohl man nur einschläfernde 90 – 100 km/h Höchstgeschwindigkeit fahren darf. Über die fehlenden Leitplanken und ungeschützten Straßenbegrenzungen, vor allem an stark abschüssigen Stellen, kann ich mich heute noch aufregen. Wir haben uns auch noch immer nicht mit dem Gesundheitssystem anfreunden oder abfinden können, fragen uns aber auch, ob man für so geringe Beiträge mehr erwarten darf.

Als wir ankamen, waren wir noch gezwungen, unseren sämtlichen Müll in eine Grube im Wald zu werfen. Eisschränke, Batterien, tote Tiere, Chemikalien, einfach alles. Uns brach fast das Herz. An diesen Müllplätzen fanden wir tote Bären, die illegal dort, wo sie Futter suchten, abgeknallt worden waren. Für deren Galle und die Tatzen zahlen die Chinesen in Vancouver sehr viel Geld. Sie machen daraus Medizin. Der Restbär ist Müll, bleibt liegen.

In den letzten Jahren hat sich in British Columbia sehr viel geändert. Wir recyceln. Die Wälder werden erfolgreich aufgeforstet, und es gibt streckenweise Straßenbegrenzungen mit Leitplanken.
Immerhin.
Geblieben sind aber auch hier die wirtschaftlichen Ups and Downs. Wir wachten nur ungern auf. Schon Janoschs Tigerchen wusste: »Nirgendwo ist Panama«, aber allein die Suche danach ist eine Bereicherung. Sagte nicht Erich Kästner so schön: »Seien wir ehrlich, Leben ist immer lebensgefährlich.«?

Geblieben ist, was wir suchten. Die Natur, die Weite, die Freundlichkeit, die Freiheiten im Kleinen und im Großen.
Wir lieben unsere zweite Heimat immer mehr, wissen aber auch, was wir vermissen, indem wir uns in die Neue Welt begeben haben. Deshalb sind wir froh und dankbar, dass wir immer wieder zurückfliegen und übergangslos einsteigen können in die Überfülle an Anregungen und Genüsse kultureller und kulinarischer Art, mit denen wir in Deutschland aufgewachsen sind. Das Gewohnte, die vielen Wahlmöglichkeiten, die wir irgendwann als unwichtig für das eigene Leben erachtet hatten, genießen wir jetzt doppelt.
Keine deutsche Haustüre mit Falz hätte uns vor achtzehn Jahren davon abhalten können, in ein Haus zu ziehen, dessen Türen sich bei -40° C erst durch Zusammenfrieren selbst abdichten, so dass es im Wohnzimmer aussieht wie bei Dr. Schiwago. In unserem Traumland gibt's nun mal keine Außentüren mit Falz zu kaufen.
Wir brauchten das.
Jetzt schlagen zwei Herzen, ach, in unserer Brust, und jedesmal kehren wir, aus Deutschland kommend, gerne zurück in diesen Frieden, dorthin, wo Zeit noch anders gemessen wird und Effizienz hinter einer Tasse Kaffee das Nachsehen hat.

Heutzutage ist Auswandern für die meisten, die aus Europa hierher kommen, ein Spaziergang, verglichen mit dem, was die Generationen vor uns mitgemacht haben. Damals kamen viele heimatlose, entwurzelte, mutige Menschen, die in Kanada einen neuen Anfang suchten. Sie kamen, weil Hunger, Not, politische Einstellung oder untersagte Glaubensfreiheit sie dazu zwangen.

Für Lebensunterhalt, für Freiheit, Frieden und die Hoffnung auf ein besseres Leben nahmen sie jeden noch so harten Job an. Sie waren total auf sich gestellt, selbst die Flüchtlinge, die heute vom kanadischen Staat aufgenommen werden, finden sich in einem entwickelten Land wieder und haben zumindest Alternativen.

Mit großem Respekt haben wir über die Pioniere gelesen und deren Geschichten gehört. Aber auch die jungen Wilden kamen. Auf der Suche nach dem großen Kick stellten sie sich voller Abenteuerlust und Kraft der Wildnis. Dieses Land hier bot ihnen den richtigen Spielplatz, um die persönlichen Grenzen auszuloten. Hier gab es ausreichend Gelegenheit, sich auszutoben. Adrenalinrush inbegriffen. Die brauchten kein *Bungee jumping*.

Der Norden British Columbias lockte zudem mit Gold. Das war eine besondere Chance für Menschen aus vielen verschiedenen Ländern der Welt, die in der Mitte des vorletzten Jahrhunderts ihr Glück suchten. Wie das ausgesehen hat, kann man wunderbar im Museumsdorf *Goldgräberstadt Barkerville* erleben. Zu ihrer Blütezeit, Mitte des 19. Jahrhunderts, lebten und schürften dort mehr Menschen als in San Franzisco.

Aus welchen Gründen die Einwanderer auch immer gekommen waren, die harten Lebensumstände waren für alle die gleichen.
Viele, die unfreiwillig ihre Heimat hatten verlassen müssen, litten unter Heimweh und der Sehnsucht nach der zurückgelassenen Familie. Die Alternative, einzupacken und zurück zu gehen, hatten auch nur wenige der Generation, die nach dem Zweiten Weltkrieg kam.
Man biss die Zähne zusammen und entwickelte den notwendigen Pioniergeist, aus dem die Kraft erwuchs, durchzuhalten und sich zu beweisen. Andere wiederum hat es nie wieder nach Hause gezogen. Sie hatten hier ihr großes oder kleines Glück gefunden und wurden mit ganzem Herzen Kanadier. Den Einwanderergenerationen vor uns gilt unsere größte Hochachtung. Leicht verführt uns noch heute der Traum vom autarken Leben in der gütigen Mutter Natur. Von *Bonanza*, *Unsere kleine Farm* und ähnlichen Filmen verdorben, in denen die Männer noch stark waren wie Bären und Mutter froh lächelnd das Gemüse aus dem übervollen Garten erntete, kommen noch heute einige Idealisten und erproben den intellektuellen und finanziellen Super-Gau.

DER TRAUM VOM PIONIERDASEIN (EINE ZEITREISE)

Also, wer neugierig oder nostalgisch veranlagt ist und nachvollziehen will, wie das Leben einst für die Pioniere war, trainiere zuerst einmal im Fitness-Studio.

Dann nehme er Abschied von all den vitaminhaltigen, sofort verfügbaren Genüssen aus Tiefkühlregal und Delikatessenabteilung und stelle den Strom ab.

Somit verschwinden das elektrisches Licht, das Telefon, der Computer, sämtliche, sämtliche (!) Elektrogeräte und die Wasserpumpe – falls vorhanden.

Wer in der Vergangenheit angekommen ist, muss schnell vergessen, wie leicht es ist, einfach nur den Lichtschalter einzuschalten, besonders dann, wenn er mit steifgefrorenen Fingern versucht, die Öllampe anzuzünden. Er suche für sich und seine Frau ein (meist zugiges) Haus in der Wildnis, ohne befestigten Weg, weit von der nächsten Ansiedlung entfernt, oder fälle Bäume, um selbst eines zu bauen. Die beste Zeit dafür ist im Winter, wenn sich der Saft aus den Stämmen in die Wurzeln zurückgezogen hat. Da fühlt Mann sich doch gleich wie ein ganzer Mann.

Nach dem mit dem Hausbau und dem Roden verbrachten schönen heißen Sommer und dem goldenen Herbst sieht er den Winter nahen. Also spannt er sein Pferd vor den Wagen und fährt mehrere Stunden oder auch Tage, je nachdem, wo er sich ein *Cabin* gebaut hat, schleunigst in die nächstgelegene Ansiedlung.

Dort tätige er die dringend notwendigen Wintereinkäufe. Er wird sich sehr konzentrieren müssen, damit er nichts vergisst.

Er benötigt säckeweise Mehl, Salz, Zucker, Haferflocken, dann Petroleum, Whiskey, etwas Tabak, Dosenfleisch, sowie Hülsenfrüchte und andere grundlegende Notwendigkeiten wie Seife (aber halt, die nicht, die macht er bzw. macht seine Frau nämlich jetzt selbst), Jod und Schmerztabletten. Ein paar Säcke Hafer fürs Pferd und Hühnerfutter darf er nicht vergessen …

Er schaut in die großen Holzfässer, mit denen sämtliche Waren per Postkutsche eingetroffen sind, und er findet das Werkzeug, das er ersetzen muss. Ein Kilo kleiner und einen Kasten riesiger Nägel, ein neues Sägeblatt – und dann besorgt er noch ein paar Kleinigkeiten für seine Frau und die Kinder zu Weihnachten.

Nach ein paar Bier in *Billy's Saloon* macht er sich besser lieber gleich wieder auf den Heimweg, bevor ihn ein übler Kälteeinbruch überrascht. Das Pferd kämpft sich durch auf unwegsamen Wegen. Er ist froh, dass es das so gut schafft, trotz des dicken Schlamms. Ihn treibt die Angst vor dem einbrechenden Winter, der dann alles zum Stillstand bringt.

Inzwischen hat er schon einen Grundstock für seine Herde, eine Milchkuh und ein paar Hühner. Wenn auch mühsam, hat er doch gelernt, den Dreck der Tiere, von denen er leben will, mit altmodischen Geräten und dem Holzschubkarren wegzubringen.

Seine Frau hat hoffentlich ein paar Kenntnisse darin, wie man das Gemüse aus dem Garten einkocht und die gesammelten Pilze trocknet, nachdem sie stundenlang Marmelade gerührt hat. Beeren hat es viele im Wald, wenn man die Bären nicht fürchtet.

Abends strickt sie beim trüben Licht der Petroleumlampe Winterpullover und wendet getragene Oberbekleidung aus Leinen und Baumwolle. Wenn die Sachen auch ein bisschen kratzen, macht das nichts, man gewöhnt sich daran. Jahr um Jahr wäscht sie mit der Hand die Wäsche viel zu vieler Kinder, die schon kräftig mit anpacken müssen. (In der heutigen Zeit würden sie in dem Alter in die Schule gehen oder spielen).

Zudem unterrichtet Mutter ihre Kinder selbst, da sie zu weit draußen leben. Sie hat keine andere Wahl.
Er schreibt nach Hause, erzählt von ihrem Leben in der Wildnis. Er hat den ganzen Winter Zeit dazu. Erst nach dem Frühjahr, wenn der Schnee geschmolzen ist, und die Fahrrillen wieder trocken sind, kommt er wieder in den Laden, kann Post aufgeben und hoffentlich Antworten auf seine Briefe, die er vor dem Winter abgeschickt hat, abholen. Dann kann er lesen, was vor einem halben Jahr dort geschah, wohin so oft seine Sehnsucht zieht.
Radio, Fernsehen und Computer, die schnellen Kommunikationsmittel kennt er nicht oder hat sie total vergessen (müssen).
Er erfreut sich an der Natur, an Stille, an Kinderlachen und hofft, dass er kein Kind wegen einer – in unserer heutigen Zeit unbedeutenden – Lungenentzündung verlieren wird. Er hofft und betet, dass seine Frau nicht bei der Geburt des nächsten Kindes sterben wird, nur weil der Arzt nicht erreichbar oder im Schneetreiben stecken geblieben ist.
Er lernt Demut und verzweifelt nicht.
Da sind ja Tiere zu füttern, ist Holz zu hacken, ist der Ofen zu heizen, sind Zäune zu flicken, ist die Kuh zu melken, Wild zu schießen, sind Felle zu bearbeiten, ist Brot zu backen, sind die Löcher zu stopfen, durch die der Wind immer wieder in die Blockhütte bläst.
Im Frühjahr hat er genug zu tun, damit alle überleben.
Er, der Neugierige, fühlt sich verbunden mit denen, die nicht aus einer diffusen Abenteuerlust heraus kamen, sondern aus Verzweiflung, Not, persönlicher, religiöser oder politischer Unfreiheit, vom Hunger getrieben, doch voller Hoffnung auf eine neue Chance. Und mit den anderen, den Eigenbrötlern auch.
Er schätzt seine Waldlichtungen mit den natürlichen Weiden und dem Wasserzufluss immer mehr, er liebt dieses Stück Land, das ihn ernährt und ihm alles abfordert. Er sieht, was er geschaffen hat und freut sich darauf, weiteres Land zu roden, ein besseres Blockhaus zu

bauen, den Sumpf trockenzulegen, den Nutzgarten zu vergrößern. Die Familie wächst, und seine Jungs können schon richtig zupacken. Der Siebenjährige lernt ein Gespann zu führen, wendet Heu, die Kleinen zerren Wurzeln aus dem Boden, sammeln Beeren und Pilze. Alle sind stolz auf sich.

Nur er, der sich aus der modernen Gegenwart in die Vergangenheit verstiegen hat, weiß aus der Erinnerung, dass die ersten Maschinen ein Segen sein werden, und er weiß, auch er wird bald von dem Wenigen, das er erwirtschaften kann, auf einen Traktor sparen. Jahrelang.

Er spart weiter, verkauft Vieh wie jeden Herbst und bringt nur so viele Pferde durch den Winter, wie er unbedingt muss.

Sein Rücken schmerzt.

Er darf jetzt nicht an die Neuzeit denken, aus der er kommt. An das Geld, das die Maschinen kosten werden, auch nicht. Kredite hat er sowieso schon aufgenommen. Aber das ist zu schaffen, wenn nur auch der nächste Viehverkauf gut über die Bühne geht.

Er braucht mehr Ruhe. Im Zähnezusammenbeißen ist er jetzt geübt. Die ganzen technischen Bequemlichkeiten vermisst er nicht, sagt er sich.

Aber den Traktor, den schon, den schon.

Zur Hölle mit den möglichen Alternativen, er kann sie sich eh nicht leisten. Vor Müdigkeit nimmt er am Abend nichts mehr wahr. Die zwölf Bücher, die er mitgenommen hat, kennt er in- und auswendig. Der Gesundheitsratgeber für die Familie ist schon ganz zerfleddert. Wenn nur alle gesund bleiben.

Er hat vergessen, was Fitness-Studio und Work out sind.

Von seiner Anspruchshaltung ist nichts mehr übrig. Er hat gelernt, dass man nicht gegen die Natur leben kann – nur mit ihr – und erfahren, wie oft sie sich dennoch gegen ihn stellt. Den Begriff ›Mutter Natur‹ besieht er sich seit langem schon von mehreren Seiten und weiß nicht so recht, was er davon halten soll.

Wenn dann unser Zeitreisender an den nächsten Winter denkt, die eiskalten Tage, die unbequeme, kratzige Kleidung, den Hüttenkoller, die kleinen Reibereien des täglichen Einerleis in der engen Hütte, sucht er nach dem Fenster und der Leiter zurück in die Neuzeit. Heimlich lehnt er sich manchmal schon aus dem Fenster, für einen kurzen Blick nur in die Zeit, die er noch von früher her kennt. Manchmal will er zurück in die Gegenwart – und ist doch unglaublich stolz auf seine Leistung und seine Unabhängigkeit.

Er ist jetzt aus eigener Erfahrung voller Anerkennung für die Leistung der Menschen in der alten Zeit, doch gleichzeitig froh zu wissen, dass einmal alles einfacher werden wird – nur noch nicht für ihn.

Doch sieht er auch den zunehmenden Wohlstand, all die Maschinen, die Heubinder, sieht, wie Generatoren Schwung in hilfreiche Motoren bringen, hört den gewaltigen Krach, den die kolossale Technik mit sich bringen wird. Ach, und auf Telefon, Fernsehen und Internet bleibt sein Blick lange hängen.

Er weiß, dass es eines Tages nicht mehr notwendig sein wird, dass Menschen solche körperlichen Härten auf sich nehmen müssen, dass niemand mehr so weit in die Wildnis und Kälte ziehen muss, um zu überleben.

Gleichzeitig sieht er sich aber auch in seinem zeitversetzten Pionierdasein ganz gut leben von Beeren, Trockenfleisch, Wild, der Milchkuh, dem Verkauf von Fellen und er ist stolz auf den mühsam gerodeten Busch und das selbst gebaute *Cabin*, in dem man nun auf kleinstem Raum mit vielen Kindern lebt. Er schaut sich um, sieht den Vorratskeller, den er im Boden ausgegraben hat und der Gemüse und Karotten und Kohl frisch hält. Er weiß, dass es eines Tages Kühl- und Gefrierschränke, die diese Erdhöhlen ersetzen werden, geben wird. Auch darüber ist er froh.

Nur an das Plumpsklosett draußen im Freien wird er sich nie gewöhnen.

Bei seinem heimlichen Blick in die Neuzeit findet er zu seinem Erstaunen doch wieder Menschen, die dieses Pionierleben freiwillig auf sich nehmen. Freiwillig!
Er fasst es nicht: Er sieht, dass dann fast jeder Alternativen hat. Es wird Gas, Petroleum oder einen Dieselgenerator geben, der für heißes Wasser sorgt, eine ganze Wanne voll heissen Wassers. Und Strom!
Er sieht die Kühlgeräte, die kleinen Elektrogeräte und so wichtige Dinge wie eine richtige Waschmaschine. Und Kleidung wird es geben, die leicht und angenehm ist.
Ach, und Radio gibt es da, über das man durch die tägliche Rundspruchsendung benachrichtigt werden und über das im Ernstfall Hilfe geholt werden kann.
Und dann könnte man einen gebrauchten Pick-up kaufen, mal eben in den Saloon fahren und im Laden Orangen kaufen, selbst im Winter.
Er sieht den reinen Luxus und merkt, dass, wenn er sich noch ein bisschen weiter aus dem Fenster lehnt, er wieder dort ist, in der Leichtigkeit der Neuen Welt, die er in seiner nostalgischen Anwandlung aufgegeben hat, und er weiß nicht recht, ob er es sich wünschen oder ob er es befürchten soll, dass ein eisiger Schneesturm ihn die Fenster schließen lässt und seinen Rückweg in die Neuzeit blockiert.

Heute kommen zwar auch noch Träumer und Idealisten, aber eben auch eine Menge gut ausgebildeter Leute und solche, die meist mit einem kleinen Startkapital anfangen können. Mit Staunen kann man dann beobachten, was daraus wird. Die Vorgänger, die meist nur mit einem Rucksack und viel Enthusiasmus hierher gekommen waren, besehen sich mit Interesse, was sich in der Neuzeit so ereignet. Haben sie doch den Weg in der Fremde für die Neuen, die nach ihnen kamen, freigeschaufelt.

Inzwischen sind die Kontinente zusammengerückt. Man kann täglich – zu unglaublich günstigen Preisen – mit dem Alten Land in Verbindung stehen, ist durch die internationale Vernetzung immer erreichbar – und daher nie ganz ›aus der Welt‹. Die Verwandten kommen im Urlaub nach Kanada, und man selbst geht auf Besuch in die alte Heimat.

Auch den ›alten‹ Freundeskreis kann man so weiterhin pflegen, dank Tourismus und dank Telefon!

Neben den *First Nations Peoples*, wie man heute die Indianer politisch korrekt nennt, sieht man hier im Landesinneren vorwiegend Gesichter europäischen Ursprungs. Die meisten davon sind Nachfahren britischer Siedler, eine große Anzahl sind Deutsche, Schweizer und ein paar wenige Österreicher. Die Franzosen konzentrieren sich auf Quebec, den französischen Teil Kanadas. Auch leben hier und in Vancouver eine große Zahl *East Indians*, also ›richtige‹ Inder. Chinesen findet man vorwiegend in Vancouver. Manche Familien leben bereits seit Generationen hier. Deren Vorväter kamen zu Gold-

rauschzeiten als Arbeitskräfte und Händler ins Land und sind geblieben. Tausende bauten mit an der transkanadischen Eisenbahnlinie, auf die Kanada so stolz ist, und ließen zum Teil ihr Leben dafür.
Vancouver erlebte in den letzten Jahren, besonders seit Hongkong an China zurückgefallen ist, eine wahre Invasion chinesischer Einwanderer. Die Hongkong-Chinesen investierten sehr viel Geld in British Columbia. Andere suchen einfach nur Arbeit. Noch heute beherbergt Vancouver die größte Chinatown neben San Franzisco.
Langsam ziehen aber auch immer mehr Vancouveraner in das Okanagan, eine milde Region in British Columbia und in den Norden, denn das Leben in Vancouver wird immer teurer.
In unserer Gegend, im Cariboo, wimmelt es jedenfalls von deutschsprachigen Cariboostern. Die einen wollen einen Neuanfang, die anderen wollen ihren Ruhestand in ihrem Traumland genießen. Sie wollen das tun, was sie schon immer machen wollten und sich nun leisten können. Ein Schnäppchen ist das Leben hier allerdings nicht. Die Lebenshaltungskosten sind erstaunlich hoch.
Einwanderer sind sehr willkommen. Die freundlichen Kanadier nehmen gerne den mit den Einwanderern verbundenen Wirtschaftsaufschwung und Geldzufluss an und gönnen den Einwanderern ihren Erfolg. Sie sind hilfsbereit und sagen schlicht, dass sie sich schon auf ihren Ruhestand freuen.
Neid ist kein kanadischer Charakterzug.

Wir waren nicht die Einzigen, die dabei waren, die Koffer zu packen, und auch nicht die ersten, die plötzlich im Flieger saßen, um ihr Glück im Wilden Westen zu finden, oder wenigstens zu suchen. Nur haben die Anderen nicht fünfzehn Jahre darüber geredet wie wir.

Es stellte sich also heraus, dass zwei befreundete Ehepaare heimlich still und leise bereits ihre Tickets nach Kanada gekauft hatten.

Unsere deutschen Freunde Alexa und Jörg sowie Anja und Dieter waren uns sozusagen ›vorausgewandert‹. Als wir dann in den letzten Entscheidungsturbulenzen auf der Suche nach einem *home sweet home* in Kanada nicht zu Potte kamen, waren uns beide Paare eine große Hilfe.

Von Alexa und Jörgs Absichten wussten wir. Mit beiden hatten wir schon im Vogelsberg über Jahre hinaus lange Abende am Küchentisch verbracht und über unseren Auswanderungsplänen gebrütet, hatten diskutiert, geredet und gemeinsam geträumt.

Dann plötzlich, während wir noch immer redeten und planten, verscherbelten die beiden plötzlich alles, was sie nicht in den Container packen wollten, nahmen Hunde und Getreidemühle und – waren weg! Nach ein paar Wochen allerdings waren sie wieder zurück in Deutschland. Unsere Spontis hatten sich den Schwung zum Auswandern nämlich nicht durch eine gründliche Vorbereitung nehmen lassen.

So erschraken sie bis ins Mark, als sie bei der Ankunft in British Columbia feststellen mussten, dass man für einen Dollar damals

zwei DM hinlegen musste, packten – ebenso spontan – ihre zwei großen Hunde wieder ein, den Container gar nicht erst aus, und zurück ging es nach Deutschland, Geld verdienen. Das kann man in Deutschland nämlich viel besser als hier! Da haben sie dann ihr eigenes kleines Wirtschaftswunder bewerkstelligt. Aber: Geld war für sie nicht Alles. Der finanzielle Erfolg konnte sie nicht lange halten. Als sie einen erneuten Anlauf nahmen, hatten sie ein finanzielles Pölsterchen, und der Dollarkurs war weitaus freundlicher. Nun konnten sie bleiben.
In ihren Briefen aus Kanada lockten sie uns mit Aussagen wie: »Wir haben unseren kanadischen Traum gefunden« und: »Das Wasser in unserem See hat Trinkwasserqualität«, und verschärften damit unsere Auswanderungssehnsüchte.
Zwei Sommer und einen Winterurlaub verbrachten wir dann in Kanada in ihrer Nähe und mit ihnen. Mutig probierten wir aus, wie es wohl sein würde, wenn wir diesen Schritt auch wagen würden.
Anja und Dieter dagegen hatten vor ihrer Auswanderung nicht viele Worte gemacht. Eines Tages wurden wir zum Italiener eingeladen und vor vollendete Tatsachen gestellt. Zum Nachtisch servierten sie uns ein fröhliches »Wir gehen nach Kanada!«, und wir fielen fast vom Stuhl.
Sie hatten sich während eines Urlaubs in Kanada auch schon nach einem neuen Zuhause im freundlichen, heissen Okanagan umgesehen.

LET'S GO WEST

Alexa meinte gleich bei unserem ersten Besuch 1984: »Ihr kommt auch hierher. Ihr braucht sowieso nicht erst groß herumzusuchen, denn, Ihr werdet schon sehen« – und dabei erstach sie uns fast mit ihrem Zeigefinger – »es ist nirgendwo so schön wie hier … und keine Widerrede, wenn ich bitten darf!«

An demselben Küchentisch wie im Vogelsberg haben wir nun an unserer gemeinsamen Zukunft in Kanada gebastelt. Dann waren auch wir an dieses Land verloren.

Bei jedem Besuch beeindruckten uns Alexa und Jörg immer wieder. Kreativ und furchtlos rückten sie der Wildnis zuleibe, probierten mit und gegen jede Vernunft alles aus, was ihnen so in den Kopf kam und verwarfen es wieder, sobald es funktionierte. Fröhlich meinten sie: »So sind wir eben. Also kommt mal schön her, wir haben bestimmt viel Spaß miteinander.«

Wie wahr! Mit den beiden wurde es uns in den gemeinsamen Jahren vor und nach unserer Einwanderung nie langweilig.

Anja und Dieter waren ebenfalls längst in British Columbia angekommen und lockten aus dem Okanagan. Auch sie behaupteten: »Hier ist es am schönsten.«

Noch immer gibt es für sie kein schöner Land, wenn sich abends auf ihrer Veranda nach getaner Arbeit die untergehende Sonne in ihrem Weinglas spiegelt. Dort, in ihrem Haus am See, können sie den aus Deutschland gewohnten Lebensstil auf angenehme Weise unverändert weiterleben. Der anspruchsvolle Skiberg in der Nähe macht ihr Glück noch vollkommener. Auch sie hatten ihren Traum gefunden.

Folglich dachten sie, genau wie Alexa und Jörg im Cariboo, das sei auch für uns das Richtige.

Wir verstanden, dass es ihnen im Okanagan gefiel. Es lebte sich da gewiss mindestens ebenso gut wie in Südtirol. Die Burgenromantik lässt natürlich etwas zu wünschen übrig. Aber wer wird in der schönen neuen Welt im Clubhaus des Golfplatzes schon Festungsmauern vermissen.

Wir hörten, wie sie von den prachtvollen Blütenmeeren, wenn im Frühjahr die Obstplantagen blühen, schwärmten, wie sie die flirrende Hitze im Sommer liebten und vom Herbst begeistert waren, wenn sich die Bäume unter der Last der reifen Früchte bogen.

Die Region Okanagan verdankt einem warmen Südwind aus Kalifornien ihr ungewöhnlich warmes, ja, heißes Klima. Ortsnamen wie Summerland und Peachland sind kein leeres Versprechen. Wer hätte das hier erwartet? Pfirsichhaine, Apfel-, Aprikosenplantagen und Weinberge.

Und der Wein aus British Columbia schmeckt fantastisch. Mit ihm lässt sich schnell Verblüffung auf deutsche Besuchergesichter zaubern. Und wie's so geht, bald kämmt sich dann die Loreley ihre blonden Haare auf dem *Mission Hill* (einem dortigen Weinberg).

Es gibt aber nicht nur Wein in British Columbia. Man braut auch ein herrliches Bier, und die Geschäfte produzieren oder importieren alles, was man aus der Heimat vermissen könnte.

Mit etwas Wehmut haben wir in Vernon in der deutschen Metzgerei den Handkäs' auf uns wirken lassen. Nur in Frankfurt und Umgebung weiß man diesen göttlichen Verwandten des Harzer Rollers wirklich zu schätzen! Aber nein, auch der konnte uns dort nicht halten.

Natürlich ist es verlockend, Pfirsichhaine und Obstplantagen um sich herum zu haben und lange Monate im Jahr golfen zu können. Aber für uns war es dort einfach zu heiß und zu dicht besiedelt. Das war es nicht, was wir suchten.Viel zu angenehm.

In unseren Köpfen hatte sich das Cariboo, die Einsamkeit, die Stille, der Ruf der Wildnis tief eingeprägt. Wir suchten unser Bild von Kanada, unseren Traum. Wir suchten Jack London, Wölfe, Kojoten, Eiszapfen im Bart.
Dort lockte die Wildnis, im Okanagan die Zivilisation – doch nein, eigentlich lockte die nicht.

Aber Anja und Dieter gaben nicht so schnell auf. Sie kauften uns ein Kalb als Geburtstagsgeschenk und brachten es in ihrer Nähe unter. Nach dem Motto: Wenn die Angelika unbedingt ›Wilder Westen‹ spielen will, dann kann sie das genausogut auch hier. »So, jetzt habt Ihr Verantwortung, also müsst Ihr hierher ziehen. Vergesst den Unsinn mit der Wildnis!« mahnten sie.
Wir waren nicht unglücklich, aber irgendwie unzufrieden. Da holten sie Verstärkung. Einer ihrer neuen deutsch-kanadischen Freunde, ein Makler, wurde mobilisiert. Doch auch dieser biss sich an unseren Vorstellungen die Zähne aus.
Er sprach: »Kauft dat hübsche Grundstück auf dem Skiberg, baut Euch einen Swimmingpool vor dat Haus und jenieeesst von da den herrrlischen Blick auf den Okanagan und den Kalamalka-See!«
Hmm. Also, Jack London auf dem Skiberg mit Swimmingpool?
Markus verhieß entschieden: »Wetten, dass Jack London heute jenau dieeeses Grundstück gaufen täte! Dat gannse aber jlauben!«
Wir erfuhren, dass Dorothea und er ebenfalls erst vor wenigen Jahren aus Deutschland eingewandert waren. Das Ehepaar wollte sich, nach seiner abgeschlossenen Jura-Ausbildung, ein bisschen im Ausland umschauen. Dabei verfielen sie Kanada total. Doch im britischen Rechtssystem hätte er mit seiner deutschen Jura-Ausbildung nochmal ganz von vorne anfangen müssen.
Trotzdem konnte nichts beide abhalten. Sie wanderten ein …
Die Familie stürzte sich in das Wagnis, einen Antiquitätenladen aufzumachen, aber es gab keinen Markt, kein Interesse. Sie dachten um,

sie lernten um, und beide fanden sich in ganz neuen Jobs wieder. Aus der Antiquitätenhändlerin wurde eine Lehrerin, aus dem Juristen ein Makler. So macht man das!
Die Kinder sprachen zuhause deutsch, im Kindergarten, mit den Nachbarskindern und dem Fernseher englisch und in der Schule französisch. Wie im Einwanderer-Bilderbuch.
Heute leben sie auf eben diesem besagten Berg mit Swimmingpool und traumhaftem Blick auf den Kalamalka Lake. In ihrem Haus treffen sich zwei Welten. Man steht inmitten der Sammlung historischer Kostbarkeiten aus der alten Heimat und hat den grandiosen Blick in die kanadische Weite.
Ein einsames Seegrundstück nach unserer Vorstellung konnte uns Markus zu der Zeit dort leider nicht anbieten. Wir fanden durch ihn zwar kein Grundstück, aber Dorothea und Markus wurden neue kanadische Freunde. Wir hätten die beiden liebend gerne davon überzeugt, mitzukommen – zu Jack London, in unser Kanada.
Aber das war hoffnungslos, sie hatten sich ja erst eben gerade eine neue Existenz aufgebaut … und außerdem vermissten sie nichts.
Die endgültige Entscheidung für das Cariboo fiel, als ich im Okanagan eines Tages im Sommer um keinen Preis mehr die Gefrierabteilung einer Lebensmittelkette verlassen wollte. Ich hatte die Hitze satt, ›Südtirol‹ bzw. das Okanagan war es einfach nicht.
Der Ruf der Wildnis wurde immer lauter.
Erschöpft legten Dieter, Anja und unsere neuen Freunde ihre Golfschläger beiseite und schüttelten im vollklimatisierten Einfamilienhaus am See bei Champagner und geräuchertem Lachs die Köpfe über uns. Sie schüttelten dieselben auch weiterhin, wenn sie uns später auf unserer Ranch im Busch besuchen kamen. Sie meinten: »Ihr werdet Euch noch nach Zivilisation sehnen!«
Na, na! Je mehr verschwitzte Menschen, desto höher das kulturelle Niveau? Wir konterten stur: »Kultur hat man! Die nimmt man dorthin mit, wohin man geht. Sie kommt nicht von außen.«

Wir packten unsere Koffer, ließen Hitze, ›Zivilisation‹, Bewässerungsanlagen – und schweren Herzens auch den *Handkäs* hinter uns. Die Entscheidung war gefallen: Wildnis, Busch, Eiszapfen im Bart.
Let's go West.
Nur das arme Kalb blieb im Okanagan und kam später in eine dortige Gefriertruhe. Es ging nicht anders.
Später kamen netterweise Care-Pakete von Anja für uns aus dem Okanagan – mit Handkäs und Äppelwein.

Alexa und Jörg rieben sich jedenfalls die Hände, als wir wieder im Cariboo auftauchten. Prompt hörten wir zur Begrüßung: »Haben wir es Euch nicht gleich gesagt, Ihr Zweifler?« Sie brauchten von da an nicht mehr zu locken. Wir waren im Wunderland: Fünfzehn Jahre Auswanderungsplanung neigten sich ihrem Ende zu.
Zwar hatten wir zu diesem Zeitpunkt noch nicht entschieden, wann wir auswandern wollten, aber wenigstens wussten wir jetzt wohin. Und wir wussten auch, dass wir nach diesen vier Jahren Kanada-Urlaub auf keinen Fall noch ein einziges Mal unsere Ferien in dem trostlosen Holzfällerhotel in der Nähe der beiden Freunde verbringen wollten.
Immobilienangebote sprangen uns ständig ins Gesicht: »Kauft, kauft, kauft! Seht doch, wie einfach …«
Es gab wirklich sehr viel zu kaufen. Ein kleiner Auswandererhimmel hier, ein kleines Paradies dort. Hier war es eine kleine Ranch, dort eine große. Die vielen Angebote machten die Entscheidung nicht einfacher. Zu jedem Objekt gab es innerhalb unserer Familie vier verschiedene Meinungen.
Und wieder saßen wir an besagtem Küchentisch, wieder wurde bis tief in die Nacht geträumt, geplant, gebaut, eingerissen, renoviert, was noch nicht einmal gekauft worden war.
Wir erfuhren, dass man Baugenehmigungen und Bauvorschriften hier im Busch nicht kennt, das fanden wir natürlich besonders toll.
Wenn wir uns mal wieder in Planungen verstiegen hatten, weckten wir in der Nacht die Kinder, die inzwischen über ihren Büchern

auf der Couch im Blockhaus der Freunde eingeschlafen waren und begaben uns auf die Fahrt in das eine dreiviertel Stunde entfernte ungeliebte Hotel.
Tagsüber stapften wir dann wieder über die angebotenen Grundstücke und konnten uns nicht entscheiden. Das Ferienende rettete unsere Seelenunruhe hinüber ins nächste Jahr.
Nicht nur das große Angebot war verlockend, sondern auch die Tatsache, dass die Preise für deutsche Verhältnisse relativ niedrig waren und sind. Land jedenfalls kostet relativ wenig. Hat ja auch kaum Bodenqualität zu bieten. Seegrundstücke waren und sind noch immer teurer. Zu verkaufen sind nur die, die bereits in Privatbesitz sind. Der Staat verkauft in unserer Region, trotz des Zuzuges vieler Menschen aus dem Ausland und aus anderen Gebieten British Columbias, keine weiteren Seegrundstücke aus dem Staatsland. Ausschlaggebend für den Preis ist ebenfalls, ob ein größeres Objekt eventuell in kleinere Bauplätze unterteilt und dann separat verkauft werden könnte.
Ranches, auch die, die sich in Stadtnähe befinden, liegen zumeist in landwirtschaftlich ausgewiesenen Zonen. Da geht das Parzellieren z. B. gar nicht.
Die Ursache für das reichhaltige Verkaufsangebot an Land und Grundstücken liegt nicht unbedingt an der jeweiligen wirtschaftlichen Lage. Es liegt eher an einer anderen Mentalität. Man hängt, mit Ausnahmen natürlich, nicht so sehr an einer Immobilie. Deshalb kommt im Sommer auch in unserer Gegend, jedes Jahr, nicht nur in wirtschaftlich schwachen Zeiten, vorsichtshalber mal ein *For-Sale*-Schild an die Straße.
Man denkt sich: »Vielleicht kommt ja einer vorbei (vorzugsweise ein Tourist mit Kanada-Fieber) und ich mache mal eben ein paar Tausender gut.« Etwas anderes findet sich immer. Das wird dann renoviert, und schon hängt wieder ein Schild draußen …
Natürlich hört man auch, Deutsche und Schweizer hätten die Prei-

se verdorben. Ja, aber wer hat die Preise denn gemacht? Die Schweizer und die Deutschen hätten durchaus auch niedrigere Preise gezahlt. Ich kenne jedenfalls keinen, der dem Verkäufer gesagt hätte: »Komm, erhöh doch den Preis noch ein bisschen. In Deutschland müsste ich viel mehr dafür bezahlen.« Beim Geld hört die Liebe auf. Überall.

Es macht sich auf jeden Fall bezahlt, sich Zeit zu lassen, die Sprache zu sprechen und sich vorher darüber zu informieren, was üblich ist. Man kann Vergleichspreise von bereits abgeschlossenen Verkäufen in der Gegend einholen. Es macht auch Sinn, den Dollarkurs in Betracht zu ziehen. Das übriggebliebene Geld wird man schon noch los.

Es grassieren üble Geschichten von ein paar ganz gewitzten Maklern, die sich in den neunziger Jahren hier tummelten, ehemalige Europäer natürlich, und die die Preise zum eigenen Nutzen hochtrieben, absahnten und dann verschwanden. Aber das ist vorbei.

Nicht selten werden wir allerdings von Privatleuten angesprochen, ob wir vielleicht einen Deutschen kennen, so einen mit Kanada-Fieber, dem man das eigene Haus verkaufen könne. Es wäre schon so lange auf dem Markt, ließe sich aber zu dem Preis hier einfach nicht an Kanadier verkaufen. Da stand er wieder im Raum, der unausgesprochene Satz: »Es steht jeden Morgen ein dummer Deutscher auf.«

Im nächsten Sommerurlaub durchstöberten wir das romantische Tal etwas gezielter. Und siehe da, wieder gab es jede Menge Grundstücke zu verkaufen. Direkt gegenüber von Alexa und Jörg war eine traumhafte ziemlich große Ranch mit viel Heuland zu verkaufen. Das war viel zu schön, um wahr zu sein. Sie lag direkt am See und die alten Freunde wären unsere Nachbarn geworden.

Wir ließen uns von unseren erfahrenen kanadischen Rancherfreunden Ryan und Helen beraten. Die sagten ohne Zweideutigkeit: »You could do that! Da könnt Ihr sofort anfangen zu arbeiten, tags und nachts.« Jung und enthusiastisch wie wir waren, gaben wir also mutig ein Angebot ab.

Zwei Brüder, Amerikaner, hatten in ihren jungen Jahren einen riesigen Teil dieses Tals urbar gemacht. Eine gigantische Leistung. Im Sommer arbeiten sie noch heute in hohem Alter auf ihren Rinder- und Heu-Ranches dort. Im Spätherbst ziehen sie dann wie jedes Jahr zu ihren Walnuss- und Pistazienhainen nach Kalifornien.

Liebevoll nennt man sie, weil sie dort mit Nüssen Geld verdienen, *Nuts Brothers.* »*Nuts* sein« bedeutet ein bisschen verrückt sein, schrullig eben. Zumindest ›eine harte Nuss‹ ist jeder der Brüder. Mit zunehmendem Alter wollten sie sich aber nun doch nach und nach von ihren Ranches trennen. Als wir dann mit ernsthaften Kaufabsichten erschienen, machten sie einen Rückzieher: »Ja, was sollen wir denn mit Geld?« Sie hatten gemerkt, dass sie nicht wirklich reif waren für den Ruhestand. Unser Pech. Also sahen wir uns weiter um.

Zu verkaufen gab es viel, aber wir wollten uns auch verlieben. Und tatsächlich fanden wir einen anderen Traum, die Ranch auf der Insel. Malerisch lag sie da zwischen zwei Seen, in der anderen Hälfte des Tales. Und wieder waren wir verliebt. Das war es!

Während wir auf dem Gelände mit unseren Freunden in der Sonne herumstrichen, dachten Jürgen und ich unabhängig voneinander: »Hier ist es so schön, so friedvoll, hier möchte ich mal begraben sein.« Wir waren begeistert davon, wie die zwei Flüsschen die Insel umrahmten. Espen und Nadelwald zogen sich die Berghänge hoch. Es duftete nach Erdbeeren.

Der Vertrag war schnell bereit für die Unterschrift. Doch wir unterschrieben nicht. Wir sagten ab. Mit einem weinenden und keinem lachenden Auge. Ich habe nämlich quasi in letzter Minute ganz indiskret gefragt, wieso die Familie eigentlich dieses Paradies verkaufen wollte. »Wir wollen wegen der Kinder, die jetzt bald in die Oberstufe kommen, näher an die Stadt. Es ist zu hart im Winter, die Busfahrten sind zu lang«, sagte die Eigentümerin und sah dabei nicht glücklich aus.

Plötzlich fielen wir in ein Loch. Die Realität hatte uns wieder. Hätte ich nicht gefragt, wären wir nicht aufgewacht. Wären wir wohl heute noch dort? – Oder längst nicht mehr?

Auch wir hatten Kinder, wovon eines noch mehrere Schuljahre vor sich hatte. Wie wir es auch drehten und wendeten, dort zu wohnen bedeutete jeden Tag – auch im Winter – fast fünf Stunden Schulbus – oder Internat in der Stadt. Der Preis war zu hoch. Dazu waren wir nicht ausgewandert, um uns von unseren Kindern trennen müssen.

Wir sagten ab, bereuten es sofort, dachten nach, verbogen uns in Gedanken, um doch noch alles unter einen Hut zu kriegen, aber es gab keinen sinnvollen Weg. Wieder und wieder fuhren wir traurig zu der Ranch auf der Insel, schauten von der Zufahrt aus auf die Seen, die Felder, auf die Seerosen in den beiden Flüsschen, warteten, bis die

Vernunft wieder einsetzte, drehten die Scheiben hoch und fuhren weiter. Wenn die Entfernung zur Stadt schon ein Schrecken für echte Kanadier ist, dann war unsere Entscheidung wohl richtig.
Vielleicht wäre unser Paradies die Hölle für unsere Kinder in ihren Teenagerjahren geworden – und wir hätten uns wie lebendig begraben gefühlt. Den letzten Rest an romantischem Gedusel nahm uns dann die drastische Warnung unseres deutschen Einwanderer-Freundes Wilfried, der schon acht Jahre hier lebte. »Da draußen«, sagte er mit nachdrücklichem Kopfnicken, »geht Ihr mit Sicherheit eines Tages mit Messer und Gabel aufeinander los.«
Er packte uns in seinen großen Pick-up und legte uns die Alternative förmlich zu Füssen. Wieder kamen wir aus dem Staunen nicht heraus. Da lag es vor uns: ein malerisches Blockhaus am See, ringsherum Wald, Weiden – und wild genug. Das war wirklich zu verkaufen? Wer verkaufte so ein idyllisches Haus? Unser Freund Wilfried, ein alter Hase in diesem Land und einer unserer Schutzengel, war sich sicher: »Das kauft Ihr, das ist das Richtige für Euch!«
Wir haben diesen Platz dann wirklich gekauft und unsere ersten Winterferien im eigenen Ferienhaus sehr genossen. Wir drehen noch immer die Scheiben runter, wenn wir an der anderen Ranch vorbeifahren, aber wenn wir wieder zuhause sind und uns umschauen, sind wir richtig glücklich.
Überall ist Kanada.

Als wir unser späteres Blockhaus zum erstenmal sahen, waren wir richtig aufgeregt. Aber bevor wir es wirklich kaufen konnten, mussten wir mit dem Vorbesitzer noch die kommende Wahl abwarten. Wenn seine Partei gewinnen würde, wollte er als Abgeordneter nach Ottawa gehen. Er zitterte, wir zitterten. Er wurde gewählt. Wir kauften. Er ging als Abgeordneter des Cariboo nach Ottawa ins Parlament.

Das Grundstück war wirklich außerordentlich schön. Wildnis, Romantik pur: Blockhaus am zugefrorenen See, Pferdekoppeln, Wald und ein Seeadlernest genau neben dem Haus. Also, wo gibt's das schon, ein Adlernest neben der Veranda. Und bezahlbar war es auch.

Am besten war, dass wir direkt einziehen konnten, da es sehr gepflegt und geschmackvoll eingerichtet war. Der zwei Stockwerke hohe Kamin mit den graugrünen rauhen Steinen, die originelle, gemütliche Küche, der dunkelbraune flauschige Teppichboden, die Lampen im Western-Stil, die Kinderzimmer mit den Holzwänden und die handbehauene Treppe gefielen uns. Das Bad hatte südpazifisches Urwaldflair. Das muss man sich mal vorstellen, versenkte Badewanne, Blumengirlanden, Spiegel rundherum …

Wir staunten auch nicht schlecht darüber, wie überelektrifiziert das Haus war. Auch das kam nicht von ungefähr. Die Vorbesitzer hatten viele Jahre ohne Strom weit draußen im Busch gelebt. Das war die Gegenreaktion: Strom, überall Strom. Großartig!

Beim näheren Hinsehen sah das ganze Haus aber etwas selbstgeba-

stelt aus. Die Logs, die Stämme, waren relativ klein. Gebaut hatte es ein außergewöhnlicher Typ, von dem uns später eine wilde Geschichte erzählt wurde. Ich nehme an, die passierte erst nach dem Hausbau. Dieser habe im Überschwang des Alkohols und einer Wette Schießpulver in seiner Hand angesteckt. Fand es wohl witzig und – Peng! Seitdem hatte er nur noch eine Hand.
Ach, was war uner erster Winter im eigenen Haus so schön! Ein Bilderbuchwinter mit Bergen von Schnee.
Die Möbel, die ich in einem bekannten Möbelhaus bei Frankfurt probegesessen und probegelegen hatte, hatte ich bei einer Filiale der gleichen Firma in Edmonton, Alberta, Kanada, nach Katalognummer telefonisch bestellt. Sie kamen pünktlich vor Weihnachten an. Es lebe die Neuzeit und es lebe Ikea. Wir bauten und schraubten alles zusammen. Anschließend feierten wir dann mit unseren hilfsbereiten Nachbarn unser erstes Weihnachtsfest im Ferienhaus. Wir sangen hemmungslos und nichts trübte unser Glück.
Die Kälte fanden wir spannend und die Sonne tagsüber genossen wir. Weihnachten ging vorüber, die restlichen bestellten Möbel waren zusammengeschraubt und eingeweiht.
Dann nahmen wir traurig Abschied von unserem Winterwunderland, denn wir mussten zurück nach Deutschland. Die Weihnachtsferien waren vorbei und die Kinder mussten in die Schule. Vom Flughafen ging es direkt ins Klassenzimmer. Die Ranzen hatten wir vor dem Urlaub schon in den Kofferraum unseres Autos gelegt.
Auf uns wartete jede Menge Arbeit, aber erstmal gab es ein Frühstück mit deutschen Brötchen bei Freunden.
Im nächsten Jahr an Weihnachten wanderten wir dann richtig aus bzw. ein.

Nachdem man uns in der kanadischen Botschaft finanziell auf den Zahn und gesundheitlich ins Privateste gegriffen hatte, entließ man uns zufrieden. Als Antragsteller wird man wirklich sehr genau unter die Lupe genommen. Das Einwanderungsland hat aber auch das Recht, im voraus sicherzustellen, dass man dem kanadischen Staat später nicht zur Last fallen wird.

Für Flüchtlinge gelten andere Bedingungen. Wenn jemand, Einwanderer oder Asylant, erstmal die Immigration am Flughafen, Hafen oder an der Grenze passiert hat und dessen Status als *Landed Immigrant* (heute *Permanent Resident)* definiert ist, gibt es keine Diskussionen mehr. Er ist drin. Hinterher wird er höchstens wegen der Nichterfüllung der mit der Einwanderungserlaubnis verbundenen Auflagen ausgewiesen.

Zum Auswandern braucht man nämlich nicht nur Mut, sondern auch entweder einen in Kanada gesuchten Beruf oder Bürgen, möglichst viel Geld oder – wie in unserem Fall – ein *Business Projekt.*

Man kann die Einwanderung nur von außerhalb der kanadischen Grenze beantragen, kann nicht einfach im Urlaub zum Immigration Office gehen und sagen: »Hi folks, hier gefällt's mir, ich bleibe.«

Mit dem Status *Permanent Resident* bekommt man dann alle Rechte, darf alles, was ein richtiger Kanadier auch darf. Allerdings ist man politisch unmündig. Als Immigrant kann man weder wählen noch gewählt werden. Bewährt man sich, kann man ja bald die

Staatsbürgerschaft beantragen. Dann hat man auch aktives und passives Wahlrecht. Kanadier werden ist nicht schwer, Deutscher bleiben aber sehr.

Kanada ist großzügig. Doppelte Staatsbürgerschaft geht. Deutschland dagegen lässt keine doppelte Staatsbürgerschaft zu wie andere Länder, z. B. die Schweiz. Wird man Kanadier, ist der deutsche Pass, der einem die deutschen und europäischen Türen öffnet, weg.

Viele unserer deutschstämmigen Bekannten hier haben sich entschieden, Kanadier zu werden. Oftmals aber nur ein Partner. Aus der Einbürgerung wird dann eine feierliche Zeremonie. Ein minimales Hintergrundwissen über das Land wird abgefragt, und man muss schwören, in Zukunft ein braver Staatsbürger sein zu wollen.

Bei einem solchen Anlass waren wir mal als Gäste dabei. Das Ganze fand auf dem Rodeo-Gelände statt. Die *Royal Canadian Mounted Police*, die RCMP, führte ein prachtvolles Gruppenreiten mit Musikbegleitung vor. Natürlich wurde eine Rede gehalten und jeder Neukanadier willkommen geheissen.

Da die Königin von England inzwischen darauf verzichtet hat, dass man in diesem ehemaligen Commonwealth-Land bei der Einbürgerung ihre Hymne singen muss, reichte es, dass alle zum Abschluss die schöne kanadische Hymne sangen:

»Oh Canada, my home and native Land…«

ES MUSSTE JA SO KOMMEN

»Ein Schifflein ist des Menschen Herz, zieht ohne Rast und Ruh, mit seiner Lust und seinem Schmerz dem Land der Hoffnung zu.«

Wenn man wie mein Mann die ganze Jugendzeit über als Pfadfinder Wege gesucht hat, dann ist das Auswandern doch eigentlich die logische Folge. Oder? Dann braucht man nur noch eine Frau zu finden, in deren Familie das Thema Auswanderung auch nichts Unerhörtes war. Die Frau war ich.

Während Jürgen durch ganz Europa stapfte, wuchs ich auf mit den Erzählungen und den Bildern von den Großeltern meiner Mutter, die Ende des vorletzten Jahrhunderts auswanderten.

Mein Urgroßvater war auf der Suche nach einem im tropischen Urwald verschollenen Freund mit dessen Bruder nach ›Hinterindien‹ gereist. Dort hat er sich total verliebt, erst in die Insel Penang und dann in die in Frankfurt lebende Schwester des Verschollenen, oder umgekehrt. Den Vermissten haben die beiden nicht wiedergefunden, aber der Urgroßvater fand das Land und die Frau seiner Träume.

Wieder nach Frankfurt zurückgekehrt, fragte er die schöne Schwester, ob sie als seine Braut mit nach Malaysia kommen wolle. Und sie wollte. Während er schon mal ein Zuhause für die geplante Familie in der Ferne zu schaffen begann, sang sie beim Packen: »Ins Land, wo die Zitronen blühen, will ich zu Dir, oh, mein Geliebter ziehen …« und folgte ihm, enterbt von ihrer wohlhabenden Familie, die vergebens gehofft hatte, die Tochter würde, so unter Druck gesetzt, von ihrer Entscheidung ablassen. Hatten die Eltern doch schon ein Kind an die Tropen verloren.

Elisabeth aber blieb bei ihrem Entschluss. Gegen allen Widerstand fuhr sie 1890 mit dem Dampfschiff nach Hinterindien, allein, das Brautkleid und Bücher mit englischen und malaysischen Vokabeln im Gepäck. Sie heiratete ihren August im Raffles-Hotel in Singapur und beide wurden und blieben sehr glücklich … und wenn sie nicht … aber sie sind.

Schon als ganz kleines Mädchen träumte ich über den Bildern vom Urgroßvater im Vatermörder auf Tigerjagd, und hielt so viele Jahrzehnte später den Tigerzahn in meinen kleinen Händen.

Ob das wohl den ersten Keim der Sehnsucht nach der Fremde in mir gelegt hat? Oder war es vielleicht meine Neugier, die der Freundin meiner Mutter folgte, die in den Fünfzigern nach Kanada auswanderte, um mit ihrer Tochter einen neuen Lebensabschnitt zu beginnen? Heute noch stehen wir miteinander in Verbindung. Ihr Kanada sieht aber ein wenig anders aus als unseres, da sie seit Jahrzehnten in der riesigen Metropole Toronto lebt.

Ich erinnere mich auch noch an den schwarzen Eichentisch, unter dem ich es mir mit dem Buch über Kanada gemütlich machte. Ich sehe noch die rotgefrorenen, aber strahlenden Gesichter der jungen Frauen auf Schlittschuhen vor der Winterlandschaft, die riesigen Wälder, die hohen, sehr schlanken dunklen Tannen und die Berge. Die *Mounties,* die RCMP, die königliche kanadische berittene Polizei, in ihren roten Uniformen auf ihren dunklen Pferden, blieben für immer in meinem Kopf. Beständig schraubte ich unter dem Eichentisch meine nordische Plastiktanne auseinander und zusammen. Wenn ich heute die schmalen, hohen Tannen auf der Fahrt zu der alten Goldgräberstadt Barkerville sehe, erinnert mich das immer daran.

Ich weiß nicht, welchen Beitrag zu meiner eigenen Auswanderung ich der einen oder anderen dieser Kindheitserinnerungen zu verdanken habe. Dennoch denke ich, reden würde ich gerne mal mit dem Urgroßvater. Wer weiß, vielleicht trifft man sich ja mal in jenem Land, in das wir alle einmal auswandern müssen …

DER ABSCHIED

Wir waren also wirklich dabei, auszuwandern.

Fünfzehn Jahre lang hatten wir davon geredet. Niemand hatte uns mehr ernst genommen. Es war wie ein Schlag für Familie und Freunde: Wir gingen wirklich.

Bisher waren wir nach jeder Kanada-Reise wieder brav zurückgekommen. Aber irgendwann hatten wir lange genug geredet, genug geträumt, wollten es einfach wissen. Vielleicht waren wir auch so etwas wie abenteuerlustig. Die Entscheidung hatte ja auch schon langsam *haût goût.*

Natürlich haben wir mit den Kindern viel über unsere Pläne geredet. Kerstins Begeisterung für die Auswanderung und Katrins Indifferenz, weil sie wusste, dass damit auch die Trennung von ihren Freundinnen verbunden sein würde, waren ein großer Teil dieses Entscheidungsprozesses.

Katrins liebster Schulkameradin, beide damals erst zwölf, versprachen wir, dass sie uns in sämtlichen Schulferien besuchen kommen könne. Kerstins beste Freundin Amy, damals sechzehn wie sie, luden wir ein, so lange sie wollte, mit uns in Kanada zu leben.

Bei der endgültigen Entscheidung, ganz auszuwandern, hat das Thema Schule ganz wesentlich mitgespielt. Kinder können vernünftigerweise nur in einem Land in die Schule gehen.

Familie und Freunde waren traurig, verletzt, verständnislos. Vor allem die ältere Generation konnte gar nicht verstehen, dass man zu neuen Ufern strebt. Familienmitglieder und enge Freunde fanden unser Vorhaben eigentlich gar nicht toll, fragten: »Könnt Ihr nicht

auch anders spinnen? Auswandern! Unmöglich! Ihr gehört doch hierher, zu uns!«
Doch gestanden uns auch einige: »Am liebsten täten wir das auch und ebenfalls nach Kanada. Aber für uns reicht es, muss es genügen, zu träumen.«
Sehr erfreulich war immerhin, dass wir erstmal nicht zu hören bekamen: »Gott sei Dank! Prima! Endlich! Wie schön, dass Ihr geht!«
Und dann schossen Anja und Dieter den Vogel ab. Die sagten doch tatsächlich: »Prima, endlich, wie schön, dass Ihr geht! Und genau dorthin!« Sie hatten eine Überraschung für uns. Hatten sie sich doch heimlich selbst schon etwas in British Columbia im Westen Kanadas gekauft. Sie hatten bereits ihre Tickets und freuten sich, uns drüben wiederzusehen.
Da war es dann an uns, ungläubig zu staunen. Man muss also nicht wie wir fünfzehn Jahre lang Anlauf nehmen. Man kann auch erst ein Ei legen und dann darüber reden.
Der Abschied war ziemlich dramatisch. Es tat uns leid, so viel Kummer zu bereiten. Bemerkungen wie: »Ihr nehmt uns die Enkelkinder«, oder »Ich dachte, Du kümmerst Dich mal um mich, wenn ich alt bin«, waren nicht leicht zu verkraften.
Gemildert wurde das Drama dadurch, dass wir versprachen, mindestens einmal im Jahr auf ›Heimaturlaub‹ zu kommen und Platz für Besuch zu schaffen.
So haben sich dann auch wirklich die Kontakte und Beziehungen, die wir in Deutschland hatten, erhalten, wurden gepflegt und gefestigt. Vielleicht hat sogar die Auswanderung uns alle innerlich enger zusammenrücken lassen. Der Bau eines kleinen Ferienhauses für Familie und Freunde war eine unserer ersten Taten.
Und sie kamen.
Plötzlich wurden wir zu Hoteliers, Reiseleitern und Animateuren. Es machte richtig Spaß. So konnten wir endlich zeigen, wovon wir vorher nur geschwärmt hatten! Manche Verwandte und Freunde ka-

men uns mehrfach besuchen – auch noch über Achtzigjährige! Das ist nun leider vorbei, und wir beneiden inzwischen die Auswanderer, deren Eltern noch zu Besuch kommen können.

Unter unseren vielen Besuchern gab es richtige Kanada-Enthusiasten und ein paar Deutsche, die sich bei uns mit Kanada-Fieber angesteckt haben. Doch nur in einem Fall kam es zu einer schweren Erkrankung, was uns sehr freute, denn unsere bayerischen Freunde lebten für zwei Jahre sozusagen um die Ecke. Das bedeutet, gemäß kanadischer Distanzen, eine halbe Stunde Fahrt durch Wald, Wald … und nur Wald. In diesem Fall erfreulicherweise auf asphaltierter Straße.

Auch sie waren, wie wir, nicht abzuschrecken von den klimatischen Härtebedingungen (Kälte bis -45° oder Hitze bis +45° C), Moskitos und anderen Besonderheiten. Aber ich will nicht vorgreifen.

WELCOME HOME

»Das dauert!«, hieß es, als wir unsere Einwanderungsgenehmigung beantragten. Doch unsere kam prompt. Wir waren folglich noch gar nicht so weit. Da wir das schöne Papierchen nicht verfallen lassen wollten, setzten wir Weihnachten 1990 als Einwanderungstermin fest. Inzwischen hatten wir ja schon unser Blockhaus am See gekauft und die letzten sechs Jahre unsere Urlaube in Kanada verbracht.

Wir freuten uns riesig auf Weihnachten in unserem Blockhaus im Winterwald am zugefrorenen See. Eiskaltblauweißtannengrüner Winter wartete auf uns. Endlich! Wir schlossen beim Packen die Augen und sahen innerlich weißen Rauch aus dem Haus gen Himmel ziehen. Mit Freude hatten wir vernommen, es läge dieses Jahr sehr viel Schnee und es sei ordentlich kalt. Die Spannung wuchs.

Bevor wir aber endlich losfliegen konnten, mussten wir erst im strömenden Regen unsere zwölf klatschnassen Koffer auf dem Rollfeld des Frankfurter Flughafens identifizieren. Eine notwendige Sicherheitsmaßnahme. Zu meinem Entsetzen beobachtete ich währenddessen, wie der Hundetransporter, in dem unsere gute Maxi für den Flug untergebracht war, beim Beladen der Maschine vom Förderband fiel. Wenigstens blieb die Kiste zu, und wir mussten nicht noch unseren Hund zwischen den Flugzeugen einfangen... Bald waren wir alle patschnass, aber glücklich in der Maschine. Türen zu. Ein letzter Blick auf die vertraute Umgebung von Frankfurt und auf die Taunusberge. Wir waren unterwegs.

Wir erinnerten uns noch gut daran, wie man sich im Jahr davor während unseres Zwischenaufenthaltes in Vancouver, wo es selten kalt ist und so gut wie nie schneit, über unsere Winter-Outfits amüsiert hat. Wir Armen hatten uns in Winterkluft und dicken Stiefeln auf die Reise begeben und furchtbar geschwitzt. Natürlich mussten wir damals ein paar Erklärungen abgeben wie: »Nein, wir fliegen nicht nach Alaska!« und »Nein, wir frieren nicht.«

Diesmal waren wir schlauer. Die Alaska-Klamotten, die dicken Stiefel, Daunenmäntel und Handschuhe hatten wir alle in einen separaten Koffer gepackt und wollten sie dann erst am Flughafen in Williams Lake anziehen. Der Koffer befand sich nun unter uns im Frachtraum der Maschine, zusammen mit den Weihnachtskerzen und dem Hund.

In Vancouver mussten wir durch *Immigration* wegen der Papiere und durch *Agriculture* wegen des Hundes. Dann dauerte es noch immer drei Stunden, bis wir mit der kleinen Anschlußmaschine weiterfliegen konnten. Für unsere innere Uhr war es längst nach Mitternacht und der Reihe nach fielen uns die Augen zu.

Unsere kleine Anschlussmaschine hatte Verspätung. Die Stewardess öffnete voller Verzweiflung immer wieder die Schiebetüren zum Vorfeld draußen und versuchte, das Flugzeug zu erspähen. Sie tröstete uns: »Wir haben ein Flugzeug, aber wir wissen nicht, wo es ist.« Na, dann. Wir waren viel zu müde, um uns aufzuregen.

Endlich war es soweit. Im Halbschlaf liefen wir zu der kleinen Propellermaschine und stiegen ein. Vancouver Airport – natürlich regnete es. Der Hund hatte den Sturz und die Reise gut überstanden. Er musste nochmal fliegen. Das Verladen ging diesmal aber glatt.

Bei leichtem Geschuckel und lautem Gebrumme fielen uns sofort wieder die Augen zu. Noch ein Zwischenstop, Quesnel, ich öffnete nur kurz die Augen. Ein eisiger Wind zog durch das Maschinchen. Uns war kalt. Man schien Mitleid mit uns zu haben. Ich hörte, wie ein anderer Passagier sagte: »Die Armen, das sind bestimmt Holländer.«

Noch einmal zwanzig Minuten Flug nach Williams Lake lagen vor

uns. Die Lichter der Landebahn erschienen endlich in der Dunkelheit. Es sah verdammt kalt aus da unten. Die Turbinen fauchten und wirbelten den trockenen Schnee durch die eiskalte Luft.
Dann waren wir endlich heil angekommen. Tatsächlich empfingen uns -30° Celsius! Frierend, schlotternd und gähnend warteten wir am vier Meter langen Förderband auf unsere zwölf Koffer und den Hund. Ein (!) Koffer kam. Dann der Hund. Sonst nichts. Das Band blieb stehen.
Keine Winterklamotten, keine Stiefel, elf Koffer vermisst.
Wir standen wie erschlagen da. Wir, das waren Jürgen und ich, Katrin und Kerstin sowie deren Freundin Amy und der Hund.
»Ach, beschreiben Sie doch mal, wie die Koffer aussehen!!«
»Wie bitte???«
Nach einer Weile und einigen Telefonaten mit Vancouver versuchte uns die Bodenstewardess zu trösten: »I'm so sorry. Das passiert immer wieder.« Schöner Trost unter diesen Umständen. »Die Koffer kommen bestimmt morgen mit der Frühmaschine und werden Ihnen ins Haus geliefert.«
Fröstelnd und übernächtigt fuhren wir im Schneetreiben mit einem statt der bestellten zwei Leihwagen in Richtung neue Heimat, Autoheizung auf höchster Stufe, aber wir fühlten uns trotzdem erbärmlich. Bei uns *at home* waren es -33° C. Schöner Empfang das!
Aber es kam noch besser.
Das Haus war zumindest warm. Elena, die das bisherige Ferienhaus mitsamt dem Kätzchen betreut hatte, hatte eine Flasche Rotwein und eine Grußkarte auf den Küchentisch gestellt: »Welcome home! Your water is frozen.«
Diese Kälte und nun das. Nicht mal Wasser zum Zähneputzen. Und keine warmen Sachen zum Anziehen! Mein Mann wollte sofort umdrehen und nur noch zurück. »Das ist nicht zum Aushalten. Weihnachten steht vor der Tür! Was soll denn das für ein Weihnachtsfest werden?!«

Es half nichts, wir mussten Schnee auftauen. Keine gute Erfahrung, aber sehr lehrreich. Erschöpft krochen wir in die Betten, die wir schon im letzten Jahr gekauft hatten, und flüchteten am nächsten Morgen sofort in die Stadt, in ein Hotel.
Das Auto war starr vor Kälte, aber im Jahr davor hatten wir schon gelernt, wie man den Motorölvorwärmer einstöpselt, damit man jederzeit losfahren kann. Die kalten Autoreifen liefen erst nach einer ganzen Weile rund.
Der Hund musste mit in die Stadt. Maxi hatte ja noch nicht den passenden Pelz für die Kälte und ganz alleine lassen wollten wir sie im fremden Haus auch noch nicht.
Nach dem Duschen und einem ausgiebigen kanadischen Frühstück im Hotel kam bessere Stimmung auf. Innerlich und äusserlich gestärkt fuhren wir zurück. In der zweiten Nacht dämmerte uns, was passiert war. Ein freundlicher Nachbar hatte uns eine Freude machen wollen und unsere Zufahrt von Schnee freigeräumt. Dabei hatte er nichtsahnend mit dem Schnee gleichzeitig unseren Wasserpumpenelektroanschlussdeckel (Deutsch!) beseitigt und die Kontakte unterbrochen. Eigentlich war das kein großes Problem. Darauf mussten wir aber erst mal kommen.
Ein Engel erschien in Form des Elektrikers – Weihnachten konnte kommen. Jetzt wollte auch Jürgen nicht mehr zurückfliegen, stattdessen zog er auf Schneeschuhen los und suchte im Wald einen Christbaum. Pünktlich zum Fest waren die Wasserleitungen und der Truthahn aufgetaut, die Kugeln hingen am Baum und die Plätzchen standen bereit.
Draußen war stille Nacht.
Als ich ein paar Tage später unsere Postbox an der Tankstelle anmeldete und die Schlüssel überreicht bekam, sagte die nette Dame: »Welcome to the Community.« Ich war ganz gerührt. Es sind die kleinen Dinge, die Bedeutung haben. Wir waren angekommen, hatten eine Postbox. Das Leben in Kanada konnte beginnen.

Die Kinder gingen nach den Feiertagen als Immigrantenkinder in die Schule. Dort gab es netterweise einen Zusatzkurs in englischer Sprache für die Einwanderer. Katrin 12, sprach bald völlig, Kerstin und Amy, 16, fast ganz akzentfrei Englisch. Sie unterschieden sich sehr bald – und tun es immer noch – nur dadurch von den richtigen Kanadiern, dass sie schneller frieren!

Die Kinder gingen also in Williams Lake in die Schule, mein Mann war wieder zurück in Deutschland und ich erfuhr prompt, wie belastbar ich sein kann.

Der Winter 1990 war extrem schneereich. Als die gewaltige Schneemenge schmolz, stand unser Keller plötzlich unter Wasser. Mit ungewöhnlicher Heftigkeit drang das Schmelzwasser unter dem kurzen Betonfundament in unseren Keller ein.

Die Vorbesitzer hatten, nachdem das Haus bereits fertiggestellt war, den Lehmboden unter dem Haus ausgebuddelt und einen Keller ausgehoben, um dort die Heizung unterzubringen. In den ausgegrabenen Gängen konnte man um die mannshohe Heizung herumlaufen, an allen anderen Stellen nur herumkriechen.

Als ich eines Morgens früh in den Keller ging, um Holz aufzulegen, stand die Heizung im Wasser. Das Gebläse, das die Heizungsluft im Haus verteilte, funktionierte, also war die Hauptsicherung noch nicht rausgeflogen. Auch eine Form von Glück.

Als hätte ich mit sowas Erfahrung!

Als der erste Schock vorüber war, habe ich erstmal bei unseren Nachbarn angerufen und um Hilfe gebeten. Dann habe ich umgehend das eindringende Wasser an den schlimmsten Stellen wie bei einer Quelle in einer Rinne gesammelt und in einem Eimer aufgefangen. Alle paar Minuten schleppte ich den vollen Eimer die Treppe hoch und goss ihn aus.

Endlich brachten mir unsere Freunde das versprochene und ersehnte große Plastikfass. Sie schlossen Tauchpumpe und Schlauch

an, und ich hatte so wenigstens eine Stunde Zeit, um aus dem nassen Keller herauszukommen. Mein ahnungsloser Mann saß derweil in Deutschland im Trockenen.
Für die Nacht stellte ich mir einen Wecker, um jede Stunde runter zu gehen und pünktlich Wasser abzupumpen. Zehn Minuten hab ich dann gottergeben neben dem Fass gewartet, bis es leergepumpt war. Danach konnte ich die Pumpe ab- und den Wecker für die nächste Pumpaktion wieder anstellen. Die Kinder konnten nicht helfen, die mussten schlafen, sie hatten am nächsten Tag ja Schule.
Glück im Unglück: die Hauptsicherung hielt durch.
Am nächsten Tag fuhr unser Freund Jörg nochmal extra in die Stadt, um ein Tauchpumpenmodell mit einer Schwimmerschaltung zu besorgen. Ich konnte ja nicht weg, ich musste pumpen.
Nachdem die Tauperiode überstanden war, blieb ein modriger Geruch. Nicht mal Koffer oder Stiefel konnten wir im Keller aufbewahren. Dieser Mief war auch im Sommer noch wahrnehmbar. Als wir vor dem Kauf den Keller inspiziert hatten, hatten weder wir noch der Makler etwas gerochen. In unserem ersten Winter, als wir unser Ferienhaus bezogen hatten, war auch noch alles in Ordnung, also muss zum ersten Mal Wasser in den Keller eingedrungen sein.
Na, und neue Haustiere hatten wir dann auch.
Es hatten sich Frösche angesiedelt. Wenn ich an die Heizung musste, um Holz aufzulegen, war immer wieder ein Prinz in Gefahr, als Frosch sterben zu müssen.
Frösche soll man ja küssen und nicht zertreten. Unsere drei Prinzessinnen waren aber überhaupt nicht geneigt, Frösche zu küssen.
Aber, ach, der Keller war nicht unser einziges Problem.
Während ich dort Wasser rauspumpte, kam aus zwei Lampen das Schmelzwasser vom Dach. Das Dach war also nach dieser Schneebelastung auch nicht mehr dicht. Fröhlich sog sich die Isolierwolle mit Wasser voll. Da die Plastikhaut darunter fehlte, kam das Wasser dort raus, wo ein Loch war. Nämlich bei den Lampen.

Im Keller die Tauchpumpe und Wassereimer unter zwei Lampen war unser Alltag. Wir flickten an allem herum, versuchten Lösungen zu finden, um das romantische Haus zu erhalten.
Der nächste Winter brachte nur durchschnittlich viel Schnee, der Keller trocknete wieder aus. Wir hatten inzwischen Heizkabel zwischen den Giebeln auf dem Dach, es konnte sich nicht mehr so viel Eis bilden. Das Problem war also vorerst gelöst. Die armen Frösche sind ungeküsst vertrocknet. Der unterste Baumstamm hatte nach dem letzten Winter angefangen zu schimmeln, und bei Regen blühte der Moder wieder auf. Wir wollten das Froschhaus aber noch immer retten.
Als unser Nachbar, sich den Bauch vor Lachen haltend, meinte, wir könnten doch die Heizung wieder hochholen, den Keller mit Beton zuschütten und das Ganze mit einem großen Glasdach überbauen, waren wir dann reif für ein neues Haus. Er hatte Recht. Dem Haus und uns war mit Flickwerk nicht mehr zu helfen.
Nach einem weiteren schönen Sommer, der uns schon fast wieder umstimmte, kamen im Herbst die Bagger.
Bilder vom nassen Froschhaus in Kanada hängen heute noch zur Erinnerung im neuen Blockhaus an der Wand.

Ist man erstmal angekommen, lernt man sich schnell untereinander kennen. Man holt sich Rat.
Der Eine reicht hilfsbereit an den Anderen weiter. »Geh da mal hin, ruf den mal an … der hat für mich Zäune gezogen, der hat meine Fundamente gegossen, der hat mein Häuschen gebaut, der hat von meinem Tellerchen gegessen und der hat in meinem Bettchen geschlafen …« Ach nein, das vielleicht eher nicht.
Man duzt sich sofort, gerät unversehens ins Erzählen, erinnert sich zum hundertsten Mal an die eigene Einwanderung, an die harten, wilden Zeiten, als man den Highway 97 noch als unbefestigte Straße erlebte und ganz Williams Lake aus nicht mehr als fünfhundert Leuten bestand. »Stell Dir vor, da gab es in der Stadt auf beiden Seiten der Straßen noch Holztrottoirs auf Pfählen an den Häusern. Sonst hätte man während der Tauperiode, die ja zwei Monate dauern kann, wegen des Schlamms überhaupt nicht vor die Tür gekonnt …«
Von den anderen Deutschen fühlt sich man sich verstanden. Die wissen, was es heisst, wenn man sich konfrontiert sieht mit einer anderen Mentalität, einer manchmal fremden Kultur, einer neuen Sprache, einem extremen Klima und einer wortwörtlich unverständlichen Gesetzgebung.
Nur mit den anderen ›Spinnern‹ kann man so herzhaft über die eigenen Blödheiten lachen, in die man sich selbst manövriert hat, kann sich gegenseitig auf die Schulter klopfen oder trösten.
Später tauscht man Insidererfahrungen aus, besucht sich gelegent-

lich und findet mit der Zeit heraus, ob man außer der Auswanderung vielleicht noch andere Gemeinsamkeiten hat.
So kristallisieren sich aus manchen Bekanntschaften Freundschaften heraus. Andere reduzieren sich auf freundliches Grüssen und ein paar nette Worte, wenn man sich begegnet: »Wie geht's, was machen die Kinder?« Andere dagegen werden zur Ersatzfamilie und bald erklärt man die Nettesten zu »unsere kanadischen Verwandten«.
Auch heute noch haben manche neuen Einwanderer das Land ihrer Träume vorher nie bereist. Dann ist die Überraschung groß. Inzwischen gehören ja auch wir zu den ›Alten‹, die die ›Neuen‹ beobachten, wie sie sich frohen Mutes in das ›Abenteuer Auswanderung‹ stürzen: Ganz spontan wurde ein Ticket gekauft, ohne je das Land gesehen zu haben – ohne Ahnung, was auf einen zukommen könnte, ging's ab in die schöne Neue Welt samt Familie, Hund und Wörterbuch.
Wenn man Glück hat, entwickelt sich aus dem neuen Bekanntenkreis der eine oder andere zu einem echten Schutzengel, einem deutschen oder einem kanadischen. Der Arme leistet dann oft Schwerstarbeit.
Manche Einwanderer schaffen es aber trotzdem nicht, sich zurechtzufinden. Wenn man dann alles ausprobiert und genug Geld verloren hat, passt man sich entweder an oder packt wieder ein. Gelegentlich packt auch nur einer ein.
Eine Ehe gerettet hat eine Auswanderung bestimmt noch nie. Plötzlich kommen die Beziehungskisten, die man doch absichtlich zuhause hatte stehen lassen, wieder zum Vorschein.
Mag die Entscheidung auszuwandern die Partnerschaft auch noch mal vorübergehend beflügelt haben, so führt sie doch nicht selten in den partnerschaftlichen Ruin. Oftmals gleichzeitig auch in das finanzielle Aus.
Hier in Kanada ist es allerdings keine Schande, gescheitert zu sein, solange man sich wieder selbst aus dem Sumpf zieht. Hier fällt des-

wegen niemand im sozialen Ansehen der Anderen durch. Erweist sich jemand als ein anständiger Mensch, hat er, hat sie, ein Recht auf eine neue Chance. Mut wird anerkannt, Erfolg mit Wohlgefallen kommentiert.

Die Einwanderer, die bleiben, schaffen eine Art graduell unterschiedlicher Kanadisierung und wenn sie dann nach mehreren Jahren auf Urlaub nach Deutschland kommen, verstehen sie die Welt nicht mehr.

Denn jetzt haben sie eine kanadische Brille auf der Nase und rufen schon wieder nach einem Schutzengel.

Leute wie Sie brauchen wir!« klingt uns noch in den Ohren. Auf der kanadischen Botschaft hörten wir nur »unbegrenzte Möglichkeiten«. Genau das war es doch, was alle Auswanderungswilligen so reizt …

Kommt die Genehmigung, steht die kanadische Welt offen.

Frohen Mutes zieht man in das Land der Träume. Denn nun kann man die Träume wahr machen und die tollen Ideen ausprobieren.

Auch ein bisschen Unvernunft kommt auf und kann nicht schaden.

Aber nur solange genug Geld auf dem Reservehäufchen liegt oder man bezahlte Arbeit gefunden hat (unbezahlte hat man auf jeden Fall jede Menge)!

Dieses Land mit all den großartigen Möglichkeiten funktioniert anders als das kleine, dichtbesiedelte, konservative, in festen Regeln erstarrte Deutschland.

Beschwingt durch die Experimentierfreude des Neuanfangs verfolgen alle Neuankömmlinge erstmal ihren kanadischen Traum, stürzen sich mutig in ein Projekt, gründen ein *Business,* bauen eine Touristen *Lodge* auf oder betreiben eine Farm.

Die Einwanderer arbeiten hart und bald auch zielgerichtet. Natürlich brauchen sie ein wenig Glück dabei. Bald sind sie ganz sicher, dass sich die Mühe gelohnt hat.

Erschwerte Bedingungen haben die, die die Sprache nicht richtig beherrschen und besonders diejenigen, die schon bei der Ankunft alles besser wissen. Um im neuen Land richtig durchblicken zu können, muss man die deutsche Brille nämlich abnehmen. Man kann dem

neuen Land die Maßstäbe der alten Heimat nicht einfach überstülpen – und sich dann beschweren, wenn es so nicht funktioniert.
Manch einen beflügelt bei seinen Entscheidungen dazu noch ein satter Realitätsverlust, besonders, wenn es um die wirtschaftliche Seite und um Arbeitsmöglichkeiten geht. Seine Einsichten muss man sich oft hart ›erleiden‹.

Da wäre es schon gut, wenn man mit dem Container, neben den Möbeln und Familienalben, auch noch eine gute Portion gesunden Menschenverstands, ein gerüttelt Maß an Menschenkenntnis und eine Prise Skepsis mitbekommen hätte. Gottvertrauen und Naivität sind gut, Informationen aber besser. Träume hat man als Auswanderer ja sowieso im Gepäck.

Es dauert nicht lange und man begreift: Es ist hier nicht so wie »daheim in Deutschland«. Flexibilität ist angesagt. Nur sie ist der Schlüssel, das Zauberwort.

Sollte sich kein Erfolg einstellen, ein geplantes Unterfangen scheitern, sollten keine Gäste kommen, sollte man sich vertan haben in der Auswahl des Ortes, an dem man sich niedergelassen hat, muss man dringend umdenken.

Zuerst schreckt das nicht. Schließlich hatte man vorher ja auch einen Beruf. So denkt man, die Zuflucht in den ehemaligen Beruf sei die Rettung.

Doch dann kommt oft ein bitteres Erwachen.

Falls man bisher nur kleine Probleme hatte, hat man ab jetzt große. Da erkennt man plötzlich, dass es fast unmöglich ist, den in Deutschland erworbenen qualifizierten Ausbildungsberuf hier auch ausüben zu dürfen. Da nutzt es auch nichts, wenn man bei der kanadischen Einwanderungsbehörde Bonuspunkte für seinen hochqualifizierten Berufs- oder Universitätsabsschluss bekommen hat.

War man etwa in Deutschland z. B. Herzchirurg, bedeutet das noch lange nicht, dass man sich in Kanada, wo man gerne leben möchte, auch nur als Allgemeinmediziner niederlassen darf.

Eine kürzlich nach British Columbia eingewanderte Zahnärztin hätte für mehrere Jahre nach Vancouver an die Universität gehen müssen. Nur ein Studienjahr sollte anerkannt werden. Da zählte auch nicht, dass sie in Deutschland auf Zahnimplantate spezialisiert war und auf fünfzehn Jahre selbständige Praxistätigkeit zurückschauen konnte. Sie hat mit ihrer Familie das Land wieder verlassen und arbeitet wie vor der Auswanderung in eigener Praxis in Deutschland.

Auch als Psychotherapeutin mit Universitätsdiplom und obwohl man, wie alle Akademiker, auf der Botschaft hoch punkten konnte, kann man hier nicht einfach eine Praxis aufmachen. Der Prozess der Genehmigung ist nervtötend und langwierig.

Bei Handwerksberufen traut man dem deutschen Ausbildungsstandard offensichtlich nicht, es sei denn, die Provinz sucht jemanden für genau den Beruf, für den man spezialisiert ist. Dann geht es plötzlich reibungslos. Kommt man allerdings aus einem Commonwealth-Land, kann man mit großer Sicherheit den Teppich, den man vor sich ausgerollt wähnte, auch betreten. Die traurige Bilanz allerdings sieht so aus, dass nur zwanzig Prozent der eingewanderten Akademiker in ihren Ausbildungsberufen arbeiten. Und wenn, dann im Durchschnitt erst zehn Jahre nach der Einwanderung. Mühsam ernähren viele qualifizierte Einwanderer ihre Familien in ausbildungsfremden, schlecht bezahlten Berufen.

In den Taxen der Großstädte handelt es sich bei den Fahrern oftmals um eingewanderte Hochschulabsolventen. Das gilt nicht nur für Mediziner. Oft schafft es der Einwanderer oder Asylant unter diesen Umständen nicht aus eigener Kraft.

Es ist nämlich generell nicht einfach, Arbeit zu finden. Einfache Jobs wie Kellnern oder Verkaufen z. B. sind fest in der Hand der Studenten, die sich hier meist ihr Studium selbst verdienen müssen. Auch Schauspieler, Tänzer und Schüler brauchen zusätzliche Jobs. Eltern sind nur verpflichtet, ihre Kinder bis zum neunzehnten

Lebensjahr finanziell zu unterstützen. Ab dann können sie sogar Miete von den zuhause lebenden Sprösslingen verlangen. Also suchen sich viele nach der Highschool sofort einen gut bezahlten Job, z. B. Holzfäller oder Truckdriver, und verzichten auf eine Ausbildung, die viel Geld kostet und keine Garantie für eine Anstellung darstellt.

Bei der niedrigen Zahl an Arbeitsplätzen haben es die Einwanderer noch einmal so schwer, selbst wenn sie eine gute Ausbildung und Erfahrung mitbringen.

Es fällt wirklich sehr schwer, einzusehen, warum die eigene Berufsausbildung so in Frage gestellt wird. Eine gewisse Zeitperiode der Überprüfung der eigenen Leistung durch Kollegen oder die Wiederholung der Abschlussprüfung und einer ›Assistenzzeit‹ bei einem Kollegen wäre ja noch einzusehen …

Ein Einwanderungsland hat jedes Recht, sich vor Betrug zu schützen, aber hier gehen die kanadischen Vorstellungen einfach zu weit. Nicht, dass wir hier in British Columbia zuviele Ärzte hätten, schon gar nicht im nördlichen Teil der Provinz.

Es spuken immer wieder Gerüchte herum, inzwischen sogar in der Presse, dass sich bei der Akkreditierung etwas verbessern wird. Die Presseberichte lassen hoffen. Sie allein sind jedoch nicht genug.

Lassen wir uns überraschen.

Es ist also ungeheuer wichtig, sich vor der Einwanderung mit den Arbeitsmöglichkeiten genauestens auseinanderzusetzen.

Das gilt auch, wenn man erstmal nicht daran dachte, dasselbe zu tun wie in der alten Heimat. Bonuspunkte und nette Worte sind nicht genug. Man braucht neben der Arbeits- und Aufenthaltsgenehmigung vielleicht auch einmal die Zulassung der entsprechenden Kammern.

Unvorstellbar war für uns, dass sogar innerhalb Kanadas die gleiche Ausbildung von Provinz zu Provinz unterschiedlich gesehen wird: Ein Jurist, der in Ontario studiert hat, kann sich z. B. nicht einfach so in British Columbia niederlassen. Dagegen ist das Verhältnis zwischen Bayern und Preussen schon fast eine Love-Story.

Wegen der Problematik der mangelnden Arbeitsplätze in bestimmten Berufen findet man den sogenannten *Brain Drain* nach den USA hin.

Das bedeutet, dass die in Kanada ausgebildeten Akademiker in die Staaten abwandern. Die fünftgrößte Stadt Kanadas, sagt man, ist Los Angeles – so viele Kanadier arbeiten bereits dort. Die Arbeitsplatzchancen und Verdienstmöglichkeiten sind dort größer, und die kanadische Ausbildung wird anerkannt.

Den volkswirtschaftlichen Sinn sucht man vergeblich.

Wer den Kanada-Virus hat und voller Energie und Tatendrang auswandern will, ist gut beraten, wenn er erstmal ganz detailliert bei den kanadischen Behörden um Informationen nachfragt.

Immerhin muss man die Fahrprüfung nicht mehr wiederholen. Bis vor wenigen Jahren durfte jeder Tourist hier überall fahren, nur die Einwanderer mussten sich, nach einer gewissen Zeit im Land, einer kompletten praktischen und schriftlichen Fahrprüfung unterziehen.

Ich will kein zu schwarzes Bild malen, aber es ist, wie wir immer wieder gesehen haben, kein Leichtes neu Fuß zu fassen. Die hier Erfolg haben, haben hart gearbeitet und ihren Erfolg wirklich verdient.

Man begrabe die Hoffnung auf Besserung der Arbeits- und Akkreditierungsangelegenheiten nicht und sei versichert, dass, auch wenn alles wunschgemäss verläuft, das neue Leben in Kanada noch spannend genug sein wird.

Von Bullen und Bären
Leben auf einer Ranch in Kanada

Da kauft man sich eine Ranch, weiß noch nicht recht, was man will, und schon ist es passiert: Man erfährt, dass man, um den günstigen Ranchstatus nicht zu verlieren, Großtiere halten muss. Nicht irgendwelche. Kühe! Einkommen muss produziert und nachgewiesen werden, um beträchtlich weniger Steuern für das Gelände zahlen zu müssen. Der Staat unterstützt das Halten von Rindern, weil die durch das Beweiden das bereits kultivierte Land als solches zu erhalten helfen. Also, wie wir sehen, sorgen Rindviecher für Kultur! Pferde dagegen zählen nur, wenn man züchtet und, oder, einen Hengst hält. Das wollten wir nicht. Da muss man ja Fohlen verkaufen und das mit dem Pferdeverkaufen liegt uns einfach nicht.

Wenn man als Deutscher den Begriff *Ranch* hört, denkt man an unendliche Weiten und Riesenherden. Aber nein, nicht alle Rancher haben 7000 Rinder. Eine Ranch in Nordamerika ist lediglich das Gegenteil von einer Farm. Man baut nichts an, hat keine Milchwirtschaft, betreibt aber Weidewirtschaft, produziert Heu oder Steaks in einer Gegend, wo nichts anderes mehr wächst als Gras. Farmen befinden sich dort, wo die Bodenqualität besser ist.

Die Größenordnung spielt für die Bezeichnung *Ranch* keine Rolle. Da gibt es z. B. die *Gang Ranch,* die zu ihren besten Zeiten so groß war wie ganz Hessen, und die kleinen, die man höchstens als einen zu groß geratenen Vorgarten bezeichnen könnte. Wie man seinen Betrieb letztlich nennt, ist jedem selbst überlassen. Wenn man will, kann man seine kleine Ranch auch *Farm* nennen, wie meine Freundin Lara.

Wir haben eine Ranch auf einem Berg, also sind anders ausgedrückt

Bergbauern geworden, ohne dass wir es anfangs gemerkt, geschweige denn gewollt haben. Aber wir können nicht nur von der Viehhaltung leben, dazu sind wir wieder zu unerfahren. Was wir betreiben, wird im Freundeskreis spaßeshalber als *expensive Ranching* bezeichnet. Teuer, nicht expansiv. Aber für die Alteingesessenen durchaus von Unterhaltungswert.

Eine Ranch ist immer eine Herausforderung. Eine kleinere Ranch kann sogar eine größere Herausforderung sein.

Für meinen Mann hätte es nicht extremer kommen können. Gerade hatte er seinen verantwortungsvollen Sechzig-Stunden-pro-Woche-Job aufgegeben, da sah er sich plötzlich mit der krassen Alternative konfrontiert: Statt Erfahrung und Erfolg erstmal nur Kosten und dazu Landleben und Zusammenleben total.

Aus der Idylle wurde ganz schnell: Arbeit, Arbeit, Arbeit. Ja, gearbeitet hatte er vorher auch, aber eben mehr mit dem Kopf, »und den kann man hier unter den Schrank rollen«, wie unser lieber Nachbar Walter, der den gleichen Weg gegangen ist, weiß.

Da sitzen die beiden nun und schwelgen in Erinnerungen an alte Zeiten … War es nicht schön, im Beruf Experte und erfolgreich gewesen zu sein? Ach ja.

Hatte mein Mann früher in der Verbandsarbeit mit der Bundesregierung an der Lebensmittelgesetzgebung gearbeitet, kannte er hier nicht einmal das Grundlegendste. Wer weiß schon auf Anhieb, wie man mit einem Traktor umgeht? Besonders angenehm ist es, wenn man bei solchen Anfangsversuchen beobachtet wird …

EIN HIMMEL FÜR KÜHE

Mich faszinieren Rindviecher schon seit ich als Kind die Schulferien bei der Freundin meiner Mutter auf einem Bauernhof in Hessen verbringen durfte. Ich kann mir nicht erklären wieso. Ich bin als Stadtkind in Frankfurt und im Internat groß geworden. Das Halten von Kühen scheint bei mir mit einem sehr archaischen Gefühl verbunden zu sein, der Gewissheit, immer überleben zu können, solange so ein großes Tier vorhanden ist.

Das war ja auch zu anderen Zeiten und ist noch in anderen Ländern und unter anderen Umständen so. Haben diese Tiere nicht die Menschheit über die Jahrhunderte mit Fleisch, Milch, Butter, Käse und Yoghurt ernährt, mit Sahne verführt, mit Leder versorgt, Horn für Kämme geliefert, Leder für Schuhe, Sättel und Möbel? In unserer Zeit sind durch sie zusätzlich eine Unmenge an Grundsubstanzen für Arzneimittel dazugekommen. Die Schlachtnebenprodukte sind übrigens heute die ertragreichsten Substanzen der Schlachttiere

Aber das wissen sie alles nicht. Sie sind zufrieden, wenn man sie ausreichend ernährt und ihnen wenigstens ein bisschen Bewegungsraum gibt. Ihrem Ursprung nach sind sie Beutetiere, deshalb sind sie leise, sie wollen nicht auffallen und wenn sie sich bemerkbar machen, dann geht es ihnen richtig schlecht. Bei Hunger, Durst oder wenn sie verliebt sind, können sie ganz schön dröhnen.

Im Frühling genießen sie schöne Zeiten mit den fröhlichen Kälbchen. Nach ein paar Tagen fangen die ja an, kleine Bocksprünge zu machen und an den ersten Heuhälmchen herumzuzupfen.

Kühe sind gute Mütter, wir hatten eine, die bereits während der Ge-

burt ihr Kälbchen freundlich angemuht hat. Die Mamas passen immer gut auf ihre Kinder auf, lecken sie sauber, muhen zufrieden und manche ließen sogar die Kälbchen der anderen Mütter an sich trinken. Wir konnten sehen, dass immer dieselben Freundinnen zusammenstanden und sich auch zwischen den Kleinen Freundschaften entwickelten. Fürsorglich schickten die Mütter ihre Kleinen bei schlechtem Wetter in den offenen Laufstall und blieben selbst draußen stehen. Die sogenannten »dummen« Tiere, jaja.
Ich hoffe, es gibt einen Himmel für Kühe.

CATTLE RANCH

Bei unserer Auswanderung in ein Land, das so viel Platz bietet, war uns schon klar, nicht nur Pferde, auch Kühe mussten einfach sein. Und siehe da: Bei der Größe unserer Ranch im landwirtschaftlich genutzten Gebiet (*Agricultural Land Reserve*) mussten wir sogar Rinder halten – oder wesentlich höhere Grundsteuern zahlen. Der Wilde Westen, den die Touristen so lieben, also die Weidewirtschaft, die Fleischrinderzucht, ist neben den Bodenschätzen und dem Tourismus einer der wesentlichen Wirtschaftszweige British Columbias.

Kanadische Fleischrinder haben es gut. Das riesige Land bietet ihnen im Sommer *Open Range*, Weide im Busch, sowohl auf Privatland als auch in den endlosen Gebieten, die dem Staat gehören und die man für seine Tiere als Weideland pachten kann. Im Herbst werden die riesigen Herden dann aus den Wäldern getrieben und gehen ihren letzten Gang.

Ich wollte nicht nur Rinder im Frühjahr kaufen und im Herbst über den Viehhof zum Schlachten verkaufen, sondern züchten, Mutterkühe in einer Herde haben, wollte die Freude an den jungen Kälbchen. Die Arbeit konnte mich nicht schrecken. Auf unserer Nachbarranch hatte ich in einer Saison gelernt, wie es geht, und ich wusste, dass wir jederzeit um Rat nachfragen und um Hilfe bitten konnten.

Um anfangs meinen Mann zu überzeugen, dass Kälber zu haben mehr Freude bringen würde als die andere Lösung, tat ich mich mit unserem Nachbarn, dem Kuhfreund Walter, zusammen und wir bearbeiteten meinen Mann gemeinsam, bis er einwilligte, gegen alle

Vernunft tragende Jungkühe zu kaufen. Alles andere wäre allerdings weniger problematisch und arbeitsreich gewesen.
Wir hatten ganz schnell eine kleine Herde junger Herefords beieinander. Das ist eine braunweiße großrahmige, ruhige, wetterfeste Rasse, die es mit und ohne Hörner gibt. Natürlich hatten alle Namen. Ich kannte jede einzelne Kuh – auch von weitem. Damals habe ich mir geschworen, niemals werden unsere Tiere, wenn sie knapp zweijährig sind, an den Viehhof verkauft – und tat es dann doch. Das liebe Vieh wuchs uns einfach über den Kopf. Beginnt man mit 15 Mutterkühen und hat vorwiegend Kuhkälber, verdoppelt und vervierfacht sich die Anzahl im nächsten Jahr auf 30 Tiere, im übernächsten sind es fast 60, im dritten Jahr bestimmt 120.
Mit dem Glück des Unbedarften bekamen unsere Kühe meistens Kuhkälber. Immer waren es daher auch junge Kühe, die kalbten, wobei die Zahl der auch für uns strapaziösen Geburten so umfangreich wurde, dass ich in Gedanken schon fast aufatmete, wenn ich daran dachte, dass die eine oder andere Kuh nicht trächtig werden würde. Mein Mann, Geschäftsmann durch und durch, wollte hauptsächlich den Ranchstatus erhalten. Denn erst wenn man über eine große Herde verfügt, macht sich Rinderhaltung bezahlt. Dann braucht man aber zusätzlich im Frühjahr Hilfe und noch mehr Land oder Staatsland als *Lease*, was wiederum Geld kostet.
Jürgen hasste es aber, dass das Leben mit einer Rinderherde bedeutete, auch in der kältesten Zeit des Winters füttern zu müssen, was er sehr bald richtig satt hatte. Die Investitionen in schier endlose Zäune, die immer wieder repariert werden müssen, in einen teuren *Chute* (einstellbare Behandlungsbox aus Stahl für Kühe), in den man halb- und ganz wilde Kühe treiben kann, um sie dann darin gefahrlos impfen und im Krankheitsfall behandeln zu können, waren enorm. Man braucht einen Chute im Notfall auch, wenn sich eine Kuh bei einer Geburt allzu lange quält. Im Chute kann man dann nochmal kontrollieren, ob das Kalb richtig liegt und es zur

Not, wenn die Kuh presst, im Chute aus der Mutter herauszuziehen. Das ist zwar aufregend und scheußlich, aber hilfreich, und die Kuh hat es endlich hinter sich. Halfter kennen die Kühe hier ja nicht. Sie werden frei und in großen Herden gehalten. Es sind Fleischrinder, die den Sommer in den Wäldern oder auf Grasland verbringen, keine Milchkühe im Stall, die, wenn sie viel Glück haben, in einen kleinen Auslauf dürfen. Nur im Winter sind die Tiere hier zum Füttern näher um die Ranchgebäude herum und natürlich während des Kalbens.

Kamen die Kälber am Tag, kochten wir Kaffee, trieben die Kuh in den Laufstall, hockten uns auf die Heuballen und beobachteten, ob alles richtig lief, ging es nicht recht voran, holten wir den erfahrenen, hilfsbereiten Nachbarn, der dann im Mutterleib nachfühlte und zur Not Beine sortierte oder den Kopf des Kalbes in die richtige Lage brachte. Erleichtert warteten wir dann gemeinsam auf das Tierkind oder halfen durch Ziehen an den Beinen mit.

In unserem Anfängerunglück mussten wir uns mit verdreht im Mutterleib liegenden, zu großen oder nicht lebensfähigen Kälbern befassen und Neugeborene intubieren. Wir hatten eine Steißgeburt, eine Mutter, die ihr neues Kalb nicht annehmen wollte, totgeborene Kälber, obwohl wir so sorgfältig waren und immer sehr erfahrene Hilfe hatten.

Schon die Tatsache, dass wir uns am Anfang junge Kühe zugelegt haben, brachte viel unnötige Aufregung. Ältere, erfahrene Tiere, bei denen man aus vergangenen Jahren weiß, dass sie die Kälber ›im Galopp verlieren‹, wären viel besser gewesen. Das hat uns aber, als wir kauften, unser Nachbar nicht gesagt. Ihm war klar, dass er uns sowieso helfen würde. Ohne ihn und seine Erfahrung hätten wir uns nie in dieses Abenteurer gestürzt. Seit seiner Kindheit hatte er auf dem elterlichen Hof Erfahrung sammeln können. Nach einer glänzenden unternehmerischen Karriere in Deutschland hat Walter sich seinen Kindheitserinnerungen hingegeben und lebt nun seinen

Traum von einer Ranch mit Wiesen voller glücklicher Kühe und Kälber.
Er und auch seine Frau kamen immer sofort zu uns, wenn wir sie brauchten. Er kontrollierte, wie das Kalb im Mutterleib lag. Das geht, weil die Tiere, wenn sie Schmerzen haben, den Menschen an sich heranlassen. Er sortierte und korrigierte wenn nötig die Beine oder verhalf dem Kopf in die richtige Position und zur richtigen Zeit packten wir dann kräftig an und zogen. Nicht nur einmal fiel ich dabei rückwärts in die Sch…, aber, hurra, das Kälbchen war da. Ein neues Leben.
Doch ja, den Tierarzt mussten wir auch mal holen, der hatte in dem Fall gar keine Zeit gesehen, die Kuh noch in den Chute zu schaffen, warf ihr ein Lasso über den Kopf und band sie an einem Pfosten fest. Zack war die Entspannungsspritze in dem Tier und rein mit beiden Händen, um das Kälbchen noch im Mutterleib zu drehen, dann kamen die Ketten (Ketten lösen sich hinterher gleich wieder, Stricke nicht) um die Beine des Kalbes und durch festes Ziehen kam es im letzten Moment auf die Welt. Ganz gelb war es, doch es hat überlebt.
Obwohl wir alles getan haben, was wir konnten, haben wir sogar einmal eine Kuh auf, wie wir erst dachten, ungewöhnliche Weise verloren. Wir hatten sie während der Nacht im Laufstall gehalten und beobachtet. Gegen Morgen dann entschieden wir, dass sie doch noch nicht so weit sei. Sie musste wieder raus zu den anderen. Da es ihr aber so gut im Stall gefallen hatte, legte sie sich direkt an die Schiebetür zwischen diese und den kleinen Hügel davor aus Schnee, den wir vor dem Eingang zur Seite geschaufelt hatten, damit man die Türen gut bewegen konnte.
Als wir nach nur zwei Stunden wieder nach ihr sahen, erschraken wir furchtbar. Sie hatte sich festgelegen, nicht mehr aufstehen können. Wenn das passiert, bläht sich bei den Kühen der Magen auf und drückt das Herz ab. Sie war tot. Das ungeborene Kalb auch.

Wir waren fix und fertig und übermüdet. Dennoch musste die Kuh weggeschafft werden. Nebenbei ist das finanziell ein ganz ordentlicher Verlust, denn auch ein Kalb war tot.
Wir brachten also Ketten um ihre Beine an, zogen sie mit dem Traktor hoch und schafften sie durch den Schnee weit raus in den Wald für die Koyoten … Jürgen und unser Mitarbeiter Noah haben diese traurige Arbeit immer mal wieder machen müssen.
Ein anderes Mal fanden wir ebenfalls eine Kuh in der gleichen Situation. Diesmal aber auf einem ›Kontrollritt‹ mit dem Jeep durch das *Open-Range*-Gelände, wo sich die Nachbarherde im Sommer befindet.
Gelegentlich übernahmen wir für diese Ranch die Kontrolle und wollten meiner Schwiegermutter zeigen, wo wir so im fast ganz weg- und steglosen Hinterland unterwegs waren. Wir ruckelten und polterten mit dem Jeep durch die Wildnis. Das war schon aufregend, unbequem und anstrengend genug für die alte Dame.
Da fanden wir das arme Tier. Uns war klar, das konnte nur ein Tier sein, das sich festgelegen hatte. Es lebte noch und schien gewillt zu kämpfen. Jetzt eilte es. Wir mussten den Besitzer dieser Kuh suchen, denn wir wussten, wenn wir ihn nicht ganz schnell finden, konnte er seine Kuh nicht mehr retten und mit ihr würde ihr ungeborenes Kalb sterben.
Dass man mit dem Auto der Kuh helfen kann, erfuhren wir im Nachhinein. Man muss langsam an ihren Rücken fahren und abstützen, so kann sie bei ihren eigenen Bemühungen nicht in die Unglückslage zurückrollen und aufstehen. Wir waren erleichtert und aufgekratzt, als wir hörten, dass es Ryan gelungen war, die Kuh zu retten. Einen überraschenden Besuch, eine Flasche Whiskey und eine Dankeschönkarte bekamen wir ein paar Tage später.

Jürgen fand Kühe auf der Ranch auf Dauer nur noch wegen des Ranchstatus erträglich, und geliebt wurden sie von ihm erst, wenn

sie in Form von Braten oder Hackfleisch in der Gefriertruhe untergebracht waren. Er überlegte also angestrengt, wie er ansonsten dem Kontakt mit den »eigensinnigen Tieren« weitestgehendst aus dem Weg gehen konnte, ohne dass es groß auffiel. Hier ging es nun um pure Muskelkraft. Mal freudig, mal halbherzig, mal verzweifelt hatte er versucht, dem Ranching etwas abzugewinnen, sehnte sich aber schnell wieder nach seinem Schreibtisch. Ihm machte das Landleben zwar Spaß, aber irgendetwas störte ihn doch entscheidend dabei.
Er merkte bald, er konnte diesen vielen großen Tieren nicht viel abgewinnen und verlor immer schneller und viel zu lautstark die Geduld. Dazu war er gewiss nicht ausgewandert, dass ihm diese blöden Viecher auf dem Kopf herumtanzen. Wenn die nicht wollten, wurde lauthals geschimpft und geflucht und – es passierte gar nichts. Die *wollten* ihn nicht verstehen. Ich musste immer aufpassen, dass er mich beim Lachen nicht erwischte.
Die armen Kühe können doch nur so viel verstehen, wie in ihren Wiederkäuergehirnen verankert ist. Von Menschen angebrüllt zu werden und strammzustehen ist nicht in ihr genetisches Programm eingegeben. Ich schickte also besser meinen überforderten Mann mitsamt seiner gut gemeinten Hilfsbereitschaft zurück ins Haus. An seinen Schreibtisch.
Leider wollten mir unsere Hunde ebenfalls helfen. Mit fröhlichem Gebelle rasten sie mitten zwischen den Rindviechern herum. Total unproduktiv war das.
Die Hunde schaffte ich dann lieber auch ins Haus – zu meinem Mann, aber unter den Schreibtisch.
Man muss halt denken können wie 'ne Kuh. Ich kann. Auge in Auge, bekam ich die Herde schneller dahin, wohin ich sie haben wollte. Auch nicht immer sofort, denn die Herrschaften sind ja, na, sagen wir mal – ein bisschen langsam. Und da konnte ich mich nicht gleichzeitig um einen überforderten Ehemann kümmern.
Von Nostalgie übermannt, dachte er damals darüber nach, wie sein

Leben früher war. Im Berufsleben. Früher hatte er delegieren können. Da hatte er Mitarbeiter. Jeder hatte sein Ressort und war dafür verantwortlich. Das war's!
Er suchte und fand einen Mann mit Erfahrung, den es auch nicht störte, bei den Niederungen des Landlebens mit anzupacken. Noah trat auf, und Jürgen war die Kuhangelegenheit weitestgehend los. Die Viecher sollten ihm keinen Stress mehr machen. Die Sonne schien von da an jeden Tag ein bisschen mehr.
Noah entpuppte sich als tatkräftig, sympathisch und engagiert. Er zog mit seiner Familie zu uns und machte unsere Ranch zu seiner Herzensangelegenheit. Er sollte für zehn Jahre bei uns bleiben.
Seit es Noah gab, konnte mein Mann wieder mit dem Zeigefinger auf jemanden deuten und sagen: »Du machst das, Dein Ressort« und erwarten, dass die Aufgaben bestmöglich erledigt wurden. Wie schön, er war wieder Boss und hatte Zeit für seine eigentliche Bestimmung, das Geldverdienen. Er schaffte das Geld ran, und Noah, unsere *hired hand*, und ich schafften es mit der Ranch wieder raus.
Ohne Druck und mit tatkräftiger Hilfe kam plötzlich Freude auf. Jürgen fing sogar an, noch mehr Land zu kaufen und arbeitete auf einmal freiwillig körperlich hart – und mit Freude!
»Das Ranchen würde mir fehlen«, sagte er doch tatsächlich bald darauf.
Herr, lass Gras wachsen!

EIN ZEICHEN VON ARMUT

Wir hatten also fünf Jahre lang jedes Jahr Kälbchen. Wir wollten schließlich etwas anderes machen als bisher. Und dazu hatten wir ja jetzt die beste Gelegenheit.

Von Jürgens Argument, ich müsse mir bloß überlegen, wieviel Geld wir auf Dauer verlieren wollen, wollte ich nichts hören. Ich war von der teuren und arbeitsintensiven Tierhaltung mit Mutterkühen nicht abzubringen.

Als wir zum erstenmal Heu geliefert bekamen, steckte der Rancher Clint breit grinsend seinen Scheck sofort in die Hosentasche. Er meinte: »Weißt Du, Ihr habt Kühe! Das ist ein Zeichen von Armut!« Er sollte es eigentlich am besten wissen. Er hat viel mehr Kühe als wir. Zu unserer Beruhigung sagte er noch: »Ranchen ist ein Lebensstil, keine Einkommensquelle!« Aha.

Von Clint hatten wir anfangs jedes Jahr einen Bullen geliehen. Einen eigenen Bullen wollten wir nicht, aber wir brauchten einen und liehen ihn uns von eben diesem netten Mann. Nach der Heiratsvermittlung brachte er uns einen dicknackigen roten Angusbullen zum offensichtlichen Vergnügen unserer, wie wir hofften, zukünftigen Mütter. Netterweise schauen Fachleute ja auf bestimmte Qualitäten und so war dieses Problem für uns schon mal gelöst. Der Red Neck tat dann mit seinen Frühlingsgefühlen bis in den Oktober hinein das, was er sollte und sowieso nicht lassen konnte. Beschwerden über den Burschen haben wir von unseren Kühen jedenfalls keine gehört.

Nach sechs Wochen transportierten wir den Bulli dann wieder nach Hause und nach circa neuneinhalb Monaten Trächtigkeit meldete sich im Frühjahr der Nachwuchs an. Von Idylle war von da an keine Rede mehr. Während der Zeit des Kalbens, von Ende Februar bis Ende März, waren wir nämlich alle vier Stunden draußen und schauten nach unseren werdenden Müttern.

Das ganze Jahr über hat man mit den Kühen eigentlich kaum etwas zu tun, außer, dass man auf der Weide und im Wald gelegentlich nachsehen muss, ob alle gesund und unverletzt sind. Je nach Größe einer Ranch kann das sehr viel Arbeit bedeuten. Große Ranches stellen dafür Cowboys ein, die zum Teil den ganzen Sommer über bei den Herden auf Außenposten bleiben. Genau wie im Film *Brokeback Mountain*.

Wenn im Herbst die wohlgenährten Tiere dann zu den Ranches zurückgeholt werden, sind sie, besonders die jungen, erstmal sehr scheu. Sie sind ja wild, kennen kein Halfter, werden nie geführt, nur getrieben.

Erscheint man dann bei ihnen, stellen die Viecher sofort das Wiederkäuen ein, stehen schwerfällig auf, indem sie sich schaukelnd in Schwung bringen, und dann setzen alle! gleichzeitig unisono einen Haufen Spinat ab. Crescendo.

Dann laufen sie vor einem weg.

Fünfzehn Tiere hatten wir im ersten Jahr, dann dreißig, dann … Im Winter kein Problem, weil der Spinat sofort zusammenfriert und sich netterweise wie Tiefkühlpakete beseitigen lässt. Aber wehe, es regnet, oder es wird am Tag frühlingswarm … muss ich deutlicher werden?

Der Umgang mit den Tieren ist auch nicht ungefährlich. Im letzten Jahr half Walter, der, wie gesagt, über ungeheure Erfahrung verfügt, einer seiner Kühe beim Kalben. In diesem Fall schien alles in Ordnung. Als er nach ein paar Stunden wieder in den Stall kam und Mutter und Kind rauslassen wollte, schien das vorher gesunde Kalb kaum noch am Leben zu sein. Er ging zu den beiden in den Laufstall, um zu sehen, ob er es noch retten konnte, da griff ihn die

Mutter mit voller Wucht an, schleuderte ihn gegen die Stallwand und rammte ihm ihren Kopf in die Rippen.
Zwei Rippen brachen. Er konnte sich vor Schmerzen, und weil die Kuh schon wieder angreifen wollte, nicht aufrichten. Seine Frau, die Gott sei Dank mit ihm in den Stall gegangen war, überwand ihren Schock und ging mit der Mistgabel auf die erneut angreifende Kuh los, damit ihr Mann rauskrauchen konnte, bevor ihn die Kuh umbrachte. Walter hat überlebt. Gerade so. Das Kalb starb. Die aggressive Kuh wurde erschossen. Mutterkühe zu halten ist ein ganz schön hartes und nicht ungefährliches Geschäft. Mit Tieren, deren Schutzinstinkt noch so stark ausgeprägt ist, kann man nicht weiterzüchten. Was von Mutter Natur als sinnvoll zum Schutz der Nachkommen geplant war, darf dem Menschen nicht zur Gefahr werden.
Das gilt auch für die Bullen und männlichen Nachzuchten. Da die meisten viel Auslauf haben, sind sie recht friedlich. Wenn aber die Bullenkälber in die Geschlechtsreife kommen, gäbe es nur noch Stampfen und Kämpfen. Also müssen alle kastriert werden, außer den Bullen, die in die Zucht gehen sollen.
Als Clint seinen Bullen, den wir uns für diesen Zweck ausgeliehen hatten, eines Tages abholte, fiel ihm auf, dass unsere Bullenkälber noch nicht kastriert waren. »Wie lange sollen die denn noch so rumlaufen?«, fragte er und fackelte nicht lange herum. Zu mir gewandt: »Geh, bring uns mal das Desinfektionsspray!«, zu seiner Frau: »Wir holen jetzt mal unser Lasso aus dem Pick-up. Das haben wir gleich.« Ein anständiges Messer hatte er sowieso bei sich.
Ein anderer Nachbar kam zufällig auf seinem Pferd vorbei und hielt das Lasso stramm. Ich saß auf dem Hals und Clint und seine Frau kastrierten die Tiere. Seitdem banden wir die kleinen Hoden gleich nach der Geburt mit einem Gummiband ab, das ist sehr viel gnädiger.
Unser erstes Bullenkälbchen nannten wir Helmut. Seit drei Generationen heißen in unserer Familie alle erstgeborenen Söhne Helmut.

Dies war unser Helmut! Tradition muss sein. Dennoch haben wir auch Helmut nach zwei Jahren zum Metzger gefahren.
Er hatte zwei wunderschöne wohlversorgte Jahre und einen schnellen Tod.

Geschlachtet zu werden ist ein schneller Tod und keinen, der Fleisch isst, kümmert es wirklich. Fast niemand weiß auch, wieviel Arbeit, wieviel Hoffnungen und Sorgen von den Menschen aufgebracht werden, die davon leben, anderen ein Steak oder einen Tafelspitz auf den Teller zu zaubern. Und die, die Kalbfleisch essen, kümmert es schon gar nicht.

Bei jedem Tier kam nach zwei Jahren die Entscheidung auf uns zu: Nutztierhaltung, das sagt es ja schon.

Um unseren Tieren die Massentransporte nach Alberta und später, nach der Mast, die Strecken bis in die Staaten oder nach Mexiko zu ersparen, brachten wir sie eigenhändig mit dem Viehanhänger, in den vier Tiere hineinpassen, zum nächsten Schlachthaus und eben nicht auf den Großmarkt. Wir brachten die Tiere persönlich zum Metzger und luden sie dort in der Koppel ab, nachdem wir sie zum Abschluss ihres Lebens durch herrlichste Landschaft transportiert hatten. Nach drei Wochen holten wir unsere Viertelrindportionen wieder ab und verteilten die Bestellungen an unsere Abnehmer, die ich aber erstmal finden musste.

Ich lieferte Viertelrinder von ›glücklichen‹ Tieren, die nicht mit Hormonen oder indifferentem Fertigfutter ernährt worden waren, zum Großhandelspreis. Das Fleisch wurde 21 Tage abgehangen, nach Wunsch portioniert und tiefgefroren. Meine Kunden, und wir natürlich auch, konnten jetzt mit gutem Gewissen den Rinderherden im Cariboo und unseren vegetarischen Töchtern ins Auge schauen. Unsere Hunde, die Katzen und wir sind dagegen keine Vegetarier

und konnten festlich schmausen. Das mit dem Verkaufen muss ich ganz gut gemacht haben, denn es ist mir gelungen, den damaligen Besitzern des hiesigen McDonalds-Restaurant Hackfleisch für den privaten Kochtopf zu verkaufen.
Ich tauschte auch, z. B. gegen selbstgezogenes Schweinefleisch, ebensolches Wildschweinfleisch, junge Hammel, biologisch astreine Hühner, Handwerkerarbeitsstunden bei immer wieder neuen Bauvorhaben, kastenweise Nägel, Klavierstunden, handgestrickte Jacken, selbstgewebte Handtücher, Hufbeschlag und Geld. Ja, manchmal auch wirklich richtiges Geld.
Es war allerdings kein Spaziergang, sich in das ganze Fleischbusiness einzuarbeiten. So ganz ohne Fachkenntnisse ging das ganze Geschäft auch nicht. Man hielt mich nämlich für sachkundig. Ich musste lernen, wie die Begriffe heissen, was man mit welchem Stück macht, hier und in Europa. Die Tiere sind zwar dieselben, aber wie das gleiche Stück Fleisch verwendet wird, ist oft sehr unterschiedlich. In Kanada wird vieles als Steak bezeichnet und verwendet, das bei uns in Deutschland höchstens gekocht oder geschmort würde. Ich musste mich also mühsam durchwursteln.
Das Fleischgeschäft war natürlich ein Zusatzgeschäft. Als ob ich das nicht gewusst hätte. Verdient haben wir daran keinen Cent, weil wir erst im Aufbau waren und nicht in Masse per minimaler Lebenszeit produzierten. Wir rechneten auch Arbeitsleistung und Investitionen, z. B. in Zäune, nicht. Ich fand es sinnvoll, leider war es unökonomisch.
Als auch meine Energie diesbezüglich immer mehr nachliess, entschied Jürgen, dass endlich Schluss war mit der Mutterkuhherde. Seitdem kaufen wir im Frühjahr Tiere und im Herbst verkaufen wir sie dann wieder an eine andere Ranch. Keine Namen mehr, keine Kälber, aber steuerbegünstigter Ranchstatus. Das war mehr nach Jürgens Geschmack. Erst war ich traurig, aber inzwischen bin auch ich davon überzeugt.

Wir haben zu meiner Gewissensberuhigung noch zwei unfreundliche Kühe beim Haus, die haben schon seit zehn Jahren keine Jungen mehr bekommen und sollten längst im Himmel sein. Die zwei verfressenen Kühen kosten nur Geld, aber mein Gewissen will davon nichts hören.

Ohne Mutterkuhhaltung geht es uns heute in Bezug auf Arbeitsaufwand und Aufregung viel besser, aber es ist auch viel Freude und Spaß verloren gegangen.

Manchmal siegt eben leider die Vernunft.

Fünf Jahre lang hatte mein Mann den ›Kuhzirkus‹ mitgemacht, dann hatte er genug.

Ich war wie gesagt traurig, verstand ihn aber, gab nach.

Wir tauschten die Mütter, die wir einst von Walter gekauft hatten, gegen Jungtiere von seiner Ranch ein. Das war die Lösung, die uns ermöglichte, weniger arbeitsintensiv Kühe zu halten. Dachten wir.

Wir trieben die Dicken zwei Kilometer über die verschneiten Koppeln zu den Nachbarn und holten später die dortigen Kälber ab. Die standen schon bereit. Achtundvierzig Stunden riefen sie nach ihren Müttern – und diese nach ihnen. Von dort zu uns und von uns nach drüben. Dann war Ruhe am See …

Eine Kuh allerdings hat es dort nicht gehalten. Die Tiere konnten ja nicht nur ihre Jungen, sondern auch mich hören, wenn ich laut nach den Hunden rief, die sich irgendwo herumtrieben. Die Kühe brüllten jedes Mal zurück.

Nicht nur das.

Meine Lieblingskuh, *Curly*, kam zurück.

Curly war von Anfang an sehr zahm.

Sie ließ sich wahnsinnig gerne streicheln, leckte sich dann wortwörtlich das Maul vor Glück. Rief man sie, kam sie angepoltert und brachte die anderen Damen und die Kälbchen im Schlepptau mit. Nie hatten wir Probleme, die Weiden zu wechseln.

Ich rief nach Curly, sie kam, alle kamen.

Als wir die Kühe umtrieben, hatte Curly kein Kalb bei uns zurücklassen müssen wie die anderen. Trotzdem stand sie am nächsten

Morgen wie ein Monument neben dem Stall. Mein Herz machte einen Satz. Wie konnte das gegangen sein?
Es war Dezember. An den Spuren im Schnee konnten wir nachverfolgen, dass sie über einen Holzzaun und drei Metalltore *gesprungen* war. Genau durch diese Tore hatten wir die Madams am Tag zuvor zu unserem Nachbarn getrieben. Haare von Curlys Fell hingen noch an einem der Tore.
Curly wurde für ihre Anhänglichkeit heilig gesprochen und durfte für immer bleiben.
Von da an nannten wir unsere Ranching Company: Jumping Herefords Ltd.

P.S.: Bei uns liegt nun auch eine liebe tote Kuh begraben. Wir mussten Curly leider zwei Jahre später erschießen lassen, sie war unheilbar krank geworden.

Im Western-Film sind es die Brunnen, bei uns waren es immer wieder die Zäune, die zum Problem mit einem der Nachbarn wurden. *High Noon.*

Eigentlich teilt man sich die Kosten und kümmert sich gemeinsam um deren Erhaltung. Nicht so in diesem Fall. Wir hatten brave Hereford-Kühe, die Nachbarn dagegen wilde Texas-Longhorn-Rinder. *Big difference. Big.*

Anders als in Deutschland muss man in diesem Land aber anderer Leute Tiere aus seinem Grundstück raushalten, denn der Besitzer der Tiere haftet nicht für den Schaden, den seine Tiere auf fremdem Territorium verursachen. Unser Nachbar fand, die Zäune seien gut genug. Aus seiner Sicht schon. Unsere braven braunweißen Hereford-Kühe hatten auch kein Interesse auf seine Ranch zu marschieren. Aber seine wilden Viecher kamen immer wieder zu uns. Und wir mussten die raushalten. Wir. Und folglich reparierten und reparierten wir.

Die Lage spitzte sich zu, als wir halberwachsene Kälber hatten. Meine heilige Kuh *Curly* war ›Mutter der Nation‹ für die Neuankömmlinge geworden. Die Winterfütterung war auf ein erträgliches Maß geschrumpft, und wir sahen uns schon gemütlich am Kamin sitzen. Die Vernunft hatte uns wieder und nun konnten all die anderen Leute im Cariboo im Frühjahr Kälbern auf die Welt helfen. Wir nicht mehr.

Wir kauften junge Tiere im Mai, liehen einen Bullen aus und verkauften die Kühe gedeckt und hoffentlich tragend im Herbst an eine

Ranch. So ersparten wir uns das Verkaufen an den Schlachthof und logen uns so ein bisschen in die Tasche. So der Plan. Wir fanden das sinnvoll. Rentabel wäre übertrieben. Bei den Investitionen in Zäunen und Arbeit und Futter war von Einkommen keine Rede, aber Umsatz, immerhin Umsatz war da. Was war nur aus uns geworden? Wo waren unsere bequemen Jobs hingekommen? Statt Kopfarbeit und Erfolg gab's viel körperliche Arbeit und Landluft satt. Es war nicht nur die Landliebe, es war vor allem der Ranchstatus, der blind machte. Wir hatten gehofft, mit dieser Regelung eine bessere Lösung gefunden zu haben. Aber nein, hatten wir nicht.

Als unsere jungen Nachzuchten, unter denen viel zu viele weiblich waren, im folgenden Jahr ins Teenageralter kamen, hatte der obere Nachbar gerade einen neuen Texas-Longhorn-Bullen gekauft. Den hielt er separat von seinen Kühen. Was auch komischerweise klappte. Wer will schon Kälber, die im Winter geboren werden.

Als die Hormone bei unseren Teenagern anfingen zu kochen, roch sich das prompt bis zu dem Neuling in der Nachbarschaft herum. Seine Liebe entflammte und er walzte dicke Zäune um. Hatten wir ihn gerade zurückgejagt und die Zäune mit noch mehr Reihen Stacheldraht versehen, trieb ihn die Liebe um diese herum, am Ufer entlang durchs Wasser und zu unseren Mädels hin. Zur Not schwamm er auch ein Stück durch den See. Die Lust beflügelte ihn auch, über die Zäune zu springen. Er war nicht zu halten. Wir jagten ihn zurück – und schon war er wieder da und wir durften ihn wieder nach Hause scheuchen. Wir dachten, für diesmal hätten wir deren Unschuld gerettet, aber schon tönten wieder urtümliche Liebesschreie unserer Weiber durch die Nacht und der Herr ließ nicht lange auf sich warten.

Mehr als sauer riefen wir zum drittenmal beim Nachbarn an. Man möge den Chaoten, in dessen Schlepptau auch noch ein paar *Longhorn steers* mitgekommen waren, sofort abholen und sicher wegsperren. Als der ungnädige Nachbar das Monster mit den langen Hör-

nern endlich in die Nähe seines Viehanhängers gejagt hatte, sprang der über das breite Viehgatter nach Hause. Aha, das war es diesmal. Der konnte also nicht nur Hoch-, sondern auch Weitsprung.
Kaum war er aber für ein paar Stunden zuhause, machte sich der verliebte Bulle wieder auf den Weg zu uns, flog wieder übers Viehgatter, ohne sich in den Zwischenräumen die Beine zu brechen.
Longhorns sind eine ganz besondere Kategorie. Die haben vor nichts Respekt, gehen durch alles durch, lassen sich selbst von Elektrodraht und Menschen nicht groß beeindrucken. Und dieser Kawenzmann war wirklich durch gar nichts zu bremsen.
Nun drohten uns wieder Geburten, die wir überhaupt nicht und schon gar nicht so früh im Jahr haben wollten. Anfang Februar. Um das zu vermeiden, hatten wir unseren Leihbullen, einen gemütlichen Angus, noch nicht geholt. Aber jetzt machte der Plan Leihbulle auch keinen Sinn mehr, denn die Hälfte unserer Teenies war mindestens schon gedeckt. Also bestellten wir den Angusbullen ab und sagten den Besitzern des Longhorns resigniert, das Monster könne nun auch bleiben, bis sie ihn selbst für ihre Kühe brauchten.
Das war für die Nachbarn eine prächtige Lösung. Deren Kälber würden also nicht im Februar auf die Welt kommen. Bis dahin hatte der Olympionike das Interesse an unseren Kühen verloren und seine konkurrenzfreien Darbietungen bei uns würden eh ein Ende haben. Das Beste war, dachten wir erschöpft, das Problem ins nächste Jahr zu verlagern. Natürlich hatten wir nicht nur resigniert, sondern waren auch wütend. Mit Angus-Abkömmlingen im Bauch hätten unsere jungen Kühe verkauft werden können, nicht aber mit Longhorn-Nachkommen. Außerdem wussten wir, dass wir mit unerziehbaren Longhorn-Mischlingen konfrontiert sein würden. Das war überhaupt nicht witzig.
Es kam aber noch schlimmer: Solange der Kerl ›nur‹ Casanova spielte, war es schlimm genug, aber dann zerstörte er den Holzzaun unseres Vorgartens und frass frech den gepflegten Rasen vor dem Wohnzim-

mer. Von uns aus konnte er ja inzwischen auf die restlichen Kühe springen, aber nicht auf der Sprinkleranlage herumtrampeln!!!
Aber genau das wollte er. Da war das saftigste Gras. Aber wer unsere Sprinkleranlage niedertrampelt, stirbt! Sofort. Ich rief wütend beim Nachbarn an: »Holt ihn sofort ab, der hat genug Unsinn angestellt!«
Man verstand nicht, warum wir den Bullen nun plötzlich wieder nicht mehr haben wollten. Gerade noch hätten wir doch gesagt, er könne bleiben. Um das Drama mit dem Tier zu beenden, drohte ich zornig, dass wir ihn zum Metzger schaffen würden, wenn sie nicht dafür sorgten, dass er sofort hier verschwände. Da könnten sie ihn dann pfundweise abholen.
Jetzt war man wütend – auf uns! Egal. Sie holten ihn ab, die ›Schlepptau-Stiere‹ gleich mit, und wir reparierten diesmal nicht nur die Zäune, sondern auch noch die Sprinkleranlage. Und sieh mal einer an, auf einmal gelang es offensichtlich, das Vieh zuhause zu behalten. *High Noon.*
Hintenherum erfuhren wir später: Zuhause bretterte das Monster ebenfalls durch den Gemüsegarten beim Haus: da brachte man ihn höchstpersönlich um.
Friede, Freundschaft, Nachbarschaft.

WÖLFE

Während ich hier sitze und über die *Round ups* schreibe, fährt unser Freund Ryan auf den Hof. Sein Bruder bleibt im Auto. Im Hänger stehen zwei gesattelte Pferde.

Als Ryan auf mich zukommt, fällt mir auf, dass er sehr sorgenvoll aussieht. Wir machen nicht lange mit dem *How-are-you*-Ritual herum. Er erzählt gleich, was passiert ist. Sein Bruder und er haben im Busch eine junge Kuh gefunden, halb gefressen, noch lebend. Sie mussten das Tier erschießen.

Wölfe.

Die Kuh war in eine unwegsame Ecke geraten oder von dem Wolfsrudel dorthin getrieben und dann angegriffen worden. Die Wölfe haben sich natürlich nicht darum geschert, dass das Tier einer Ranch gehört. Ryan ist der Schrecken, das Entsetzen über den schrecklichen Anblick und die Quälerei, die das Tier aushalten musste, noch ins Gesicht geschrieben.

Der Rest der Herde ist in Panik geflohen, in unsere Richtung. Ryan und sein Bruder fragen an, ob sie die kleine Herde von unseren Corrals aus verladen können. Selbstverständlich können sie das. In mehreren Fuhren sollen sie dann von hier zu Ryans Ranch gebracht werden. Dann wird man weitersehen.

Es ist ein harter Job, die wilde, aufgeregte Masse Tier zu verladen, besonders, weil die Hütehunde im Auto versteckt werden müssen. Auf Hunde reagieren die jungen Kühe jetzt gar nicht gut. Unseren zwei alten Vorgartengnadenbrotkühen gefällt es, dass neben ihrer Weide plötzlich fünfzig aufgeregte junge Kühe stehen, denn mit unserer großen Herde und den Bullen kommen sie nicht in Kontakt. Die zwei alten Tanten sind richtig traurig, als die fremden Kühe wieder verschwinden und brüllen ihnen noch eine Weile hinterher.

Die jungen Bullen, die mit den jungen Kühen, die zum erstenmal gedeckt werden sollen, zusammen auf der Weide sind, sollen gar nicht wissen, dass da auf der anderen Koppel noch zwei alte Damen leben. Wenn die nämlich in Stimmung kommen und auch nochmal was erleben wollen, greifen sie in Mutter Naturs Trickkiste. Es fällt ihnen ganz schnell wieder ein, wie es geht. Da gibt es dann kein Halten mehr und hinterher lassen die Boys sich von den Damen verwöhnen und kümmern sich überhaupt nicht mehr um die Teenies. Alles schon dagewesen.

Erst haben die beiden Bullis sich von den Damen verwöhnen lassen und dann hatten wir wiedermal eine Geburt auf dem Hof. Resultat der Eskapaden war ein mickriges männliches Tierchen, dem wir den Namen *Macho* gaben, damit es ein bisschen Selbstbewusstsein erwerben konnte. Seine Mutter sah das auch so und hat ihn die ganzen drei Jahre täglich noch mit Frischmilch gepäppelt.

Seitdem sind zwei Koppeln zwischen der Herde und unseren beiden Rasenmähern.

Am Sonntag sind Helen und Ryan zum Dinner bei uns, mal sehen, ob wir dann noch mehr über die Wolfsgeschichte erfahren. Wölfe sollte es hier, so nahe bei uns, eigentlich gar nicht mehr geben. Die *Wildlife Konservation*-Behörde ist benachrichtigt. Wie wird es wohl weitergehen? Meine Vermutung, dass sich die Wölfe deshalb an Rindern vergreifen, weil der Bestand an Elchen zurückgegangen ist, teilt Ryan nicht. Dennoch weiß keiner, wieso es hier auf einmal wieder Wölfe gibt. Und wir sind gewarnt.

Gerade hat Robert, unser Mann für alles, geklopft und uns Bescheid gegeben, dass sich offensichtlich hinter unserem Stall eine Elchkuh mit ihrem Kalb eingenistet hat. Sie hat sich den Wald

zwischen uns und dem Haus des Rancharbeiters als Schlafplatz zum Überwintern ausgesucht.
»Robert, pass auf, Du wirst gebraucht!«, sage ich nur. Er meint, die Elchkuh wisse wohl, dass sie von ihm nichts zu befürchten habe. Nach der Menge Losung hinter dem Stall wohnt sie da schon länger und hat ihn auf seinem Weg zur Arbeit wohl schon öfter gesehen als er sie. Also haben Mutter Elch und Kind wohl auch den Zaun kaputt gemacht.
Ich wette, dass sobald der Zaun wieder steht, beim nächsten Sturm ein Baum drauf fällt.
Uns wird's nie langweilig.

ROUND UPS, VIEHABTRIEB, KANADISCH

Ein einzelner Bulle und ein Bär stehen zahm vor der Frankfurter Börse. Bullen und Bären eines anderen Kalibers findet man in den kanadischen Wäldern. Wer weiß schon, dass der Begriff *Stocks,* Aktien, auf die Zeiten zurückgeht, als *Lifestock,* also Vieh, im Wilden Westen den Wertbegriff an sich darstellte. Der *Stock Market* begann als Viehmarkt. Heute geht's da nur noch wild zu. Im Herbst eines jeden Jahres geht man also in die Wälder und sucht nach seinen Aktien. Zu weit hergeholt? Na, da steigen wir doch mal in den Sattel.

Was in Bayern die blumenbekränzten Viehabtriebe sind, das gibt es hier auch, die *Round ups.* Die Alm heißt *Open Range,* der Hirte *Cowboy* und Wald und Wiese *Bush.* Dort verbringen die Kühe mit den Kälbern und den Bullen fast sechs Monate. Es sind Fleischrinder, Milch haben sie nur für ihre Jungen.

Ende Oktober ist ›Viehabtrieb‹, da müssen alle Tiere, die da draußen weitestgehend auf sich gestellt waren, wieder aus dem Staatsforst getrieben werden. Zu fast jeder Ranch gehört *Grazing Lease,* also ein Gebiet, das man den Sommer über pachtet. Kuhglocken gibt es keine und auch keine Blumenkränze. Und nix is mit »Yippee« über freies Land, wie bei *Bonanza* oder in dem Film *City Slickers.* Hier sucht und treibt man die Herde mühsam über Stock und Stein, Abhänge runter und rauf, durch Gebüsch und Wasser, über Gräben und durch Geröll.

Wild im Busch lebende Rinderherden sind nicht unbedingt kooperativ. Da hilft es, denken zu können wie eine Kuh. Es hilft, vorhersehen zu können, wann eine Gruppe sich plötzlich wieder ins Dickicht

schlagen will, schlimmstenfalls noch in Form von kleineren Untergrüppchen, die in verschiedene Richtungen rennen. Es gibt Tage, da läuft alles wie am Schnürchen, aber auch solche, an denen man den Viechern und dem Regen beweisen muss, dass man das ertragen kann. Erst geht es um die Spurensuche: Bei welchem Salzleckstein im Wald waren die Tiere zuletzt? Wo sind die frischesten Haufen? Bis zu den Plätzen, an denen die Mineralsteine ausgelegt werden, kann man mit den Pick-ups und den Pferdehängern fahren. Von da an geht in den riesigen Arealen alles nur noch per Pferd.
Die Tiere merken, dass im Open Range ab Oktober so langsam das Futter zuende geht. Die älteren Kühe kennen das Ritual, wissen, dass auf den abgemähten Heufeldern im Tal noch nachgewachsenes Gras auf sie wartet. Gemütlich ziehen sie mit den nun großen Kälbern durch die geöffneten Tore Richtung *Home Place,* nach Hause. Ganz ungeschmückt.
Die Jungtiere dagegen lassen sich gern suchen, machen Pferd und Reiter das Leben schwer. Da braucht man schon ein mutiges Pferd. Auch dieses sollte denken können wie 'ne Kuh. Übrigens gibt es unter den Westernpferden welche, die haben *cow sense.* Das sind die besten, die denken mit wie ein Hütehund.
Die erfahrenen Cowboys wissen, wieviel man treiben oder schreien und wann man sich ruhiger verhalten muss, damit einem die Herde nicht wieder entkommt. Manchmal ist man sechs, oft auch zehn Stunden im Sattel. Nach so einem Tag ist einem alles egal, da stopft man leicht zwei gesattelte Pferde zu zwei Bullen in einen Hänger. Alle wollen nur noch nach Hause – übermütig ist eh keiner mehr.
Was man heute als Staatsland bezeichnet, nennen viele noch *Crown Land.* Die Queen, die englische Krone, ist immer noch das Staatsoberhaupt in Kanada, das ein Teil des ehemaligen Commonwealth ist. Heute nimmt die *Forestry* von British Columbia einen geringen Betrag pro Kopf Großvieh dafür, dass die Rinder in den Wäldern und im Busch (im Open Range) weiden dürfen. Die Waldwirtschaft

andererseits braucht die Tiere, damit das Unterholz klein gehalten wird, und gerodetes Land als solches erhalten bleibt.

Während des Jahres muss man allerdings auch Kontrolle reiten, um zu sehen, ob ein Tier verwundet ist. Dann wird dieses mit dem Lasso gefangen, anders geht es nicht. Es kann nur so ärztlich notversorgt werden, in schlimmen Fällen geht es per *Stock Trailer,* also mit dem Viehanhänger oder auf dem Pick-up nach Hause.
Nicht immer überleben alle den Sommer im Busch, Tiere gehen verloren oder sterben. Fürsorge macht sich bezahlt. Die Bullen entwickeln einen starken Sinn dafür, stur an einer Stelle zu bleiben und wissen scheinbar nicht, dass sie, wenn sie nicht vor dem Winter zu den Heuballen auf der Ranch getrieben werden, im Winter draußen nicht überleben können.
Das ist nicht einfach und nicht ungefährlich. Ich staune immer, wenn unser Freund Ryan solch einen sturen Koloss vor sich hertreibt, wenn es ganz hart kommt, sogar zu Fuß. Der keineswegs zahme, aber meist friedliche Muskelberg marschiert brav in den Hänger. Halfter kennen die Tiere hier nicht.
Nach dem *Round up* stellt man anhand der Brandzeichen fest, ob sich ein paar Streuner von anderen Ranchen zu den eigenen gesellt haben und kann herausfinden, wo die eigenen Abtrünnigen abgeblieben sind. Man zählt die Häupter seiner Lieben und hofft, dass die Verkaufspreise gut oder wenigstens erträglich sind. Entschieden werden die an der Fleischbörse in New York und Chicago. Die Qualität des einzelnen Tieres, oder der jeweiligen Herde, schlägt sich selbstverständlich ebenfalls nieder.
Aber vorher kommt das traurigste Kapitel. Die Kälber werden von den Müttern getrennt, die ja wieder mit dem nächsten Kalb tragend sind. Achtundvierzig Stunden blöken die Kälber nach den Müttern, und die Mutterkühe rufen suchend und dröhnend nach ihren Jungen. Sie vermissen ihre Kinder – und ausserdem tut das Euter weh. Nur langsam bildet sich die Milch zurück. Achtundvierzig Stunden

Sehnsucht, dann ist man abgenabelt, hat losgelassen, lassen müssen. Keine Sehnsuchtsschreie mehr – wie nach der Uhr.
Im Herbst bekommen routinemässig alle Tiere ihre Impfungen und Wurmkuren. Gleichzeitig wird entschieden, wie es mit ihnen weitergeht. Für die Mütter stehen die Trächtigkeitsuntersuchungen, Impfen, Entwurmen, alles gleichzeitig auf dem Plan. Hier sind mehrere Personen im Einsatz – und auch die Antiquität, von deren Nutzen und Nutzung ich später noch berichten werde.
An diesen Tagen schuftet der *Vet* wie am Fliessband. Gutes Geld. Brutaler Job. Bei jedem Wetter. Ende Oktober, November kann es schon sehr kalt sein. »Gar nicht so furchtbar«, meint der Tierarzt salopp. »In der Kuh ist es immer warm.« Naja. Ausserdem muss der Job getan werden. Täglich werden Hunderte, Tausende von Kühen im Cariboo danach untersucht, ob und wie lange sie schon tragend sind. Die Aussage, wie groß der Embryo ist, und ob die Kuh überhaupt trächtig ist, entscheidet über ihr Schicksal.
Ist die Kuh nicht tragend oder der Embryo zu klein, so dass die Geburt zeitlich aus dem Rahmen fallen würde, wird sie sowieso ›verschifft‹. Ziel: Hamburgerfabrik. Ich habe mal eine Liste gesehen, worin die Nummern aller Kühe verzeichnet waren, die untersucht wurden. Gelegentlich war eine Nummer gekennzeichnet. Ich fragte nach.
»Du willst Deine Nummer nicht mit einem Kreuz versehen haben«, meinte Helen. Aha! Für uns gibt es kein mitleidiges: »Ach, die arme Kuh!« Man kann es sich bei den Preisen nicht leisten, Kühe durch den Winter zu füttern, die kein Kalb bringen, beim Kalben Schwierigkeiten haben oder machen. Business kennt keine Sentimentalitäten. Jeder Penny zählt. Und dann?
Die Tiere, die nicht für Nachwuchs in den Herden gebraucht werden, transportiert man in die *Feed Lots* nach Alberta. Dort werden die Jungtiere mit Mais gemästet, bis das Fleisch marmoriert, also leicht fettdurchzogen ist. Und weiter geht es nach einer zeitlich futter- und

gewichtsmäßig sehr genau bemessenen Periode in die Schlachthäuser nach Chicago oder Texas.
Früher verkaufte man vorwiegend über die Herbst-Viehauktionen. Heute werden häufig ganze Jahrgänge oder Herden per Internet verkauft, LKW-ladungsweise. Dann öffnen sich für Tausende von Tieren die Metalltore der Viehtransporter, der LKWs und Eisenbahnwagons. Da stehen sie nun zusammengepfercht, aufgeregt und doch beruhigt durch die Nähe der anderen, die Erinnerung an den Sommer in Kanadas Wäldern noch im Fell.

BRUDER BÄR

Bär ist nicht gleich Bär. Schwarzbären gibt es nämlich auch in braun, hellbraun und zimt.

Es wäre ja mal ganz spannend zu wissen, wieviele Bären uns wohl sehen, bzw. riechen, wenn wir in der Gegend herumlaufen. Wie die Hunde haben diese großen Tiere eine unglaublich feine Nase und können sehr viel differenzierter riechen als sie sehen können.

Vielleicht erzählen sie: Du, ich habe heute einen Kanadier gesehen. Die gibt es nicht nur in Weiß, Braun oder Schwarz, die gibt es auch in Rot und Blond.

Ich beobachte Meister Petz sehr gerne vom sicheren Auto aus. Obwohl ich von dem schönen Anblick des Bären, der eines Tages direkt vor unserem Haus an mir vorbeilief, ganz begeistert war – aber erst, als er wieder weg war. Er trottete nur etwa sechs oder sieben Meter von mir entfernt Richtung Garage. Sein schwarzes Fell wippte im Takt. Das Gesicht leuchtete golden in der Sonne. Es roch nach Zoo. An mir war er nicht im Geringsten interessiert. Mit weichen Knien stand ich da und wusste erstmal nicht was tun.

›Mein‹ Bär streunte eine Weile um unsere Garage herum, lief dann weiter durch den Wald, bog ab, zeigte mir nochmal sein schönes goldenes Gesicht und trottete weiter Richtung Nachbarranch.

Dieser Nachbar beschlug gerade in unserem Stall eines unserer Pferde. Als ich ihn warnte, der Bär sei jetzt auf seinem Hof, schaut er verschmitzt auf und meinte, das sei ja wahnsinnig aufregend. Er würde ab jetzt die nächsten drei Monate das Haus nicht verlassen. Meine weichen Knie wurden davon nicht besser.

Ich bleibe dabei, Bären sind am angenehmsten, wenn man sie vom Auto aus betrachten kann. Da können es gar nicht genug sein.

SIEBEN AUF EINEN STREICH

Wir sahen einmal sieben auf einen Streich. Zwei Mütter. Eine mit drei einjährigen Jungen und eine mit zwei ganz kleinen Babies, die hinter ihr über die Straße purzelten. Als die Dreiergruppe vorüberzog, erhoben sich die anderen auf die Hinterbeine.
Ein unglaubliches Erlebnis. Katrin und ich saßen im Auto und staunten. Das war wirklich etwas anderes als schwarze Kühe mit Kälbern.
Schon bald grasten alle wieder, die Mutter mit den ganz kleinen Bärchen auch. Alle sahen ganz gelassen aus. Dennoch sind die Bärenmütter stets sehr wachsam.
Selten sieht man eine Mutter mit nur einem Jungen, es sind fast immer zwei. Hin und wieder hat eine Bärin aber auch drei Kleine. Wenn sich dann zwei solche im Bärental treffen, kann man auf einen Streich sieben Stück sehen.
Man hat als Bärin eigentlich keine natürlichen Feinde, aber den Bärenmännern ist nicht zu trauen. Man lässt sich mit ihnen auch nur für die Liebe ein, verbringt einen kurzen Honeymoon und trennt sich in gegenseitigem Einvernehmen. Männliche Bären sind Einzelgänger. Sie können sehr grantig werden. Das geht so weit, dass sie gelegentlich ihre eigenen Jungen töten und fressen. Einfach so.
Sind Bären aggressiv? Nein. Ein Bär greift normalerweise nur an, wenn er seine Jungen in Gefahr sieht oder meint, er müsse sich um sein Futter mit einem anderen Bären, oder den Menschen, streiten. Warum soll er auch? Untereinander ist man ebenfalls weitestgehend friedlich. Drohgebärden reichen aus. Kollege Bär zieht sich dann

zurück. Es gibt immer einen, der älter ist oder lauter brüllt. Dann geht man eben.

Jüngere Bären sind meist ängstlich und scheu. Wenn sie erschrecken, krabbeln sie auf einen Baum und hoffen, dass keiner sie verfolgt. Oft machen sie sich da oben dann vor Angst in die nicht vorhandenen Hosen.

Trotzdem sind sie keine Plüschtiere und Vorsicht ist geboten. Wo ein kleiner Bär ist, da ist auch irgendwo ein großer, die Mama.

Eines Tages hörte ich Dan, unseren damaligen Farmarbeiter, mal wieder brüllen. Er wurde immer fuchsteufelswild, wenn ihn sein riesiger Neufundländer *Samson* bei der Arbeit besuchte. Der Hund sollte zuhause bleiben. Basta.

Dabei konnte er es dem Hund eigentlich gar nicht verübeln, dass er immer wieder zu uns gelaufen kam. Der Hund konnte bestimmt die laute, unverwechselbare Lache seines Herrn bei sich zuhause hören.

Als Sam noch in Vancouver wohnte, wusste er genau, bis wohin er gehen durfte. Da war nämlich ein Zaun. Jetzt aber lebte ›seine‹ Familie bei uns auf der Ranch, ohne Zaun, und Vater knatterte mit dem Moped zur Arbeit.

An jenem Tag zog der anhängliche Hund mal wieder los. Seine Freude war aber schnell dahin. Alles, was er für seine Treue bekam, war ein Anpfiff – und wie immer wurde er nach Hause gejagt.

Uns störte es nicht, wenn er zu Besuch kam. Wir waren von unseren eigenen Hunden Schlimmeres gewohnt.

Obwohl Dan glaubte, der Hund habe es endlich begriffen, stand der wieder einmal vor dem Stall, gerade als sein Besitzer sich auf den Weg nach Hause machen wollte. Wütend brüllte er den Hund an, er solle sich verziehen, schwang sich auf sein Moped und jagte ihn so auf der Straße vor sich her. Der verzweifelte Hund rannte und – rannte einen Telegrafenmasten hoch!!!

Dan rutschte das Herz in die Hose. Mit vor Schreck weit aufgerissenen Augen und angehaltenem Atem fuhr er so schnell er konnte

vorbei am Telegrafenmasten, um die Kurve herum – und nichts wie nach Hause.
Er kam zwar aus der Großstadt, aber eines wusste er: Wo ein kleiner Bär ist, da ist auch ein großer. Und die Bärenmama kann schneller rennen, als sein Moped fahren kann. Dan flog förmlich über das Viehgatter in seine Garage.
Noch am gleichen Abend rief er seinen Vater an. Er habe doch ein älteres Auto auf dem Hof rumstehen. Das hätte er gern. Er bekam es auch. Seitdem *fuhr* er von dem Haus, in dem er auf der Ranch wohnt, zu uns zur Arbeit – ungefähr einen Kilometer, einen bärenstarken Kilometer.
Übrigens: eine Brille hat er jetzt auch!

BLIND

Es ist ganz gut, Augen und Ohren offen zu halten, wenn man im Bärenland zu Fuß unterwegs ist.

Unsere Nachbarin hatte eine Augenoperation. Ein paar Tage später ging sie mit ihrer Freundin und ihrem Hund unseren Weg entlang spazieren. Die Freundin aus Vancouver sah plötzlich etwas Großes, Dunkles und fragte vorsichtig: »Ist das da vielleicht ein Bär?«

Die noch halb Blinde kniff ihre Augen zusammen und erkannte anhand des Bewegungsablaufs der schwarzen Masse, dass es sich aber ganz bestimmt um einen Bären handelte.

Die kritische Distanz zum Bären ist noch nicht unterschritten, also machen sie sich groß, schreien den Bären an und ziehen sich, vorsichtig rückwärts gehend, zurück. Der Bär lässt es bei einem kleinen Scheinangriff bewenden und trollt sich. Glück gehabt.

Vielleicht hatte die Dame den Duft der Großstadt mitgebracht. Bären, die eine sehr feine Nase haben, macht Parfüm angeblich neugierig. Man geht sogar so weit zu sagen, dass man keine duftenden Deos im Bärenland benutzen soll.

Der Hund hat sich, Gott sei Dank, auch brav verhalten, denn es heißt, wenn der Hund den Bären angreift, knüpft sich der Bär den Hund vor. Ein Durchschnittshund rettet sich dann zum Herrchen oder Frauchen. Der Bär kommt hinterher. Hm.

Ob Jack London das wusste?

Auch auf unserer Ranch laufen die Hunde überall herum, und ab und an kommt schon mal ein Bär vorbei. Also, man kann die Hunde ja nicht … also wirklich nicht.

Ergo sollte man, wenn man vors Haus geht, nichts Gutes zum Essen, aber eine Brille dabei haben, den Hund anleinen, viel Krach machen und nicht gut riechen!

Wenn es für die Bären im Busch nicht genug zu fressen gibt, weil die Population zu groß geworden ist, es also zu viele Petze gibt oder der Sommer sehr heiss und trocken war, gehen die hungrigen Bären ihrer Feinschmeckernase nach und nähern sich menschlichen Behausungen. Dort suchen sie dann nach etwas zum Fressen.
Natürlich bringen sie sich selbst damit in Gefahr, denn finden sie etwas, kommen sie wieder. Bären, die keine Scheu vor den Menschen haben, gelten als ›problematisch‹ und werden abgeschossen.
Wer seinen Hausmüll nicht bärensicher verwahrt, Lebensmittel draußen liegen lässt, gut duftende Essensreste auf den Komposthaufen wirft und seine Obstbäume nicht aberntet, ist schuld daran, wenn Bären an die Häuser kommen, den Respekt vor Menschen verlieren und dann gefährlich werden können.
Im Stadtbereich von Williams Lake werden so jedes Jahr leider zwanzig bis dreißig Tiere erschossen. Finden sie aber nichts Fressbares, haben sie auch kein Interesse an menschlichen Behausungen. Man kann den Tieren keinen Vorwurf machen, wie sollen sie wissen, was mein und dein ist? Nur wenn die Population niedrig ist, kann man die Problembären in Fallen fangen und weit weg wieder auswildern.
Bären lassen sich nicht einfach so verjagen. Auch nicht durch das Getöse eines Staubsaugers, wie es eine liebe Bekannte von uns versuchte, die mit ihrem Mann jedes Jahr in ihr Ferienhaus nach Kanada kommt. Eines schönen Jahres lag, als sie morgens aufwachten, vor ihrer Eingangstüre ein Bär in der Sonne. Was tun?
Ein satter Bär ist ein guter Bär. Das wussten sie aus dem Zoo. Also

hat sie ihn erst einmal mit Haferbrei gefüttert. Danach haben sich die beiden gewundert, dass der Bär gar nicht mehr verschwand.
War Teddy on tour, konnten sie das Haus verlassen. Wollten sie wieder rein, mussten sie nur vor dessen Rückkehr wieder zuhause sein. So einfach war das. Mit der Zeit machte das den Sommerfrischlern aber mehr und mehr zu schaffen. Da fiel ihnen ein, dass Bären, die ja sehr gut hören können, keinen Krach mögen. Also versuchten sie es mit dem Staubsauger.
Der dröhnte mächtig, und sie wedelten heftig. Der Bär ließ sich aber gar nicht beeindrucken, blieb und bestimmte weiterhin den Tagesablauf. Immerhin war der Gute – wohlgenährt wie er war – ganz brav. (In diesem Fall hat wohl auch eine Riesenportion Glück mitgespielt.) Bären werden gewöhnlich aggressiv, wenn Menschen nicht genügend Abstand zu ihnen einhalten.
Hoffentlich hat der Porridge-Petz nach der Abreise der beiden nicht bei anderen Häusern auf Service gewartet. Sonst wäre der brave Bär nämlich bald ein toter Bär gewesen.

Als ein Wanderer aus Versehen in eine zugeschneite Bärenhöhle einbrach, wurde ein Bär ganz rüde aus dem Winterschlaf gerissen. Beide hatten vor Schreck die Hosen voll und waren beide so geschockt, dass sie so schnell nicht wussten, was sie machen sollten. Der Mann kam zuerst wieder zu sich und nahm die Gelegenheit wahr, sich vornehm zurückzuziehen. Dem geschockten Bären sei Dank. Das war großes Glück, denn der Mann hatte keine Waffe dabei.

Unserem Autohändler, bei dem wir unseren Pick-up erstanden haben, ist es nicht so gut ergangen. Er war mit einem Freund auf der Jagd und beide hatten einen Bären bemerkt, der parallel zu ihnen im Gebüsch lief. Sie machten sich bemerkbar. Man lief so auf Distanz eine ganze Weile nebeneinander her. Was die Männer nicht wussten: Der Bär war eine Mutter mit zwei Jungen.

Plötzlich rannten die Kleinen, überwältigt von ihrer Neugier, auf die Männer zu. Das war zuviel für die Mutter und sie griff einen der Männer an. Der andere, obwohl bewaffnet, konnte den Bären nicht erschießen. Er hätte im Gemenge seinen Freund treffen können. Erst als der Bär diesen losließ und sich ihm selbst zuwandte, konnte der andere die Bärin töten. Beide Männer hatten nicht unerhebliche Verletzungen und mussten unter großen Schmerzen mehrere Meilen zurück zum Auto humpeln.

Und noch eine Geschichte, von der es sogar Fotos gibt: Mein Mann war mit drei anderen Männern – darunter ein *Fishing Guide* – zum Angeln in der absoluten Wildnis. Einer der drei stand bis zur Hüfte in *Hipwaders* (das sind Neoprenhosen, die bis zur Taille gehen) im Wasser, als ein Grizzly aus dem Gebüsch auf ihn zukam. Der Angler konnte dem Bären das Terrain nicht überlassen, konnte nicht ausweichen, weil er sonst im tieferen Wasser untergegangen wäre. Die drei anderen erkannten die Gefahrensituation und – zückten ihre Kameras. Helfen konnte eh keiner. Die Situation war hoffnungslos.

Der arme Mensch im Wasser griff in seiner Not zu der Trillerpfeife, die man in der Wildnis immer dabeihaben sollte, um gefunden zu werden. Er pfiff und pfiff. Der Bär hielt inne und starrte ihn fassungslos an. Er trollte sich erstmal und ging zu einer Sandbank, von wo aus er die Situation verständnislos betrachtete. Kurz darauf startete er einen weiteren Versuch und kam wieder auf den Mann zu.

Der pfiff und pfiff und – wieder trollte sich der Bär, besah sich das Ganze nochmals, versuchte halbherzig einen weiteren Angriff und zog sich dann verwirrt auf die Uferböschung zurück.

Inzwischen hatten der Fishing Guide und der Meine das Boot erreicht, beide warfen den Motor an und vertrieben durch den Krach den Grizzly gänzlich. Der vierte Mann fotografierte immer noch …

Meistens geht eine solche Begegnung glimpflich ab. Verhält sich der Mensch vernünftig und entfernt sich langsam rückwärts gehend, gibt also dem Bären Raum, kann sich der Bär respektiert und sicher fühlen. Nur so kommt man mit dem Schrecken davon. Meistens.

Bären sind die Touristenattraktion an sich. Auch nach vielen Jahren freuen wir uns über jeden Bären, den wir sehen. Und wir sehen bei fast jeder Fahrt zum Quesnel Lake einen.

Besonders interessant sind natürlich die niedlichen kleinen Bären. Also bleiben wir schön brav im Auto. Hängt so ein Bärchen am Baum, ist die Mutter auch nicht weit, auch wenn man sie nicht sieht. Und sie greift sofort an, wenn man sich ihrem Sprössling nähert. Wir erklären die Zusammenhänge, und was macht unser Besuch? Steigt aus! Wir haben gegen den Wind geredet. Wir haben eine Mordswut im Bauch und sollten einfach weiterfahren. Es wäre vielleicht ganz lehrreich für die Schlaumeier, ihnen einen Schrecken einzujagen, oder? Als wir das androhen, ist unser Besuch auch noch sauer auf uns!

In den Parks werden jedes Jahr mehrere Bären umgesiedelt oder müssen erschossen werden, weil die Touristen die Regeln nicht einhalten und Bären am Straßenrand füttern, die dann selbstverständlich gefährlich werden können. Die Bären sehen nur das Sandwich oder den Apfel, und dann passiert es.

Bären sind eigentlich friedlich, würden sich eher verdrücken als angreifen, aber sie sind auch neugierig und durch Futter leicht zu verleiten, ganz nah an die Autos heranzukommen. Dann erst kommt es zu Zwischenfällen. Zum Schutz der Menschen, die das Problem verursachen, werden die Bären dann im Notfall erschossen. Die Bären werden getötet, weil Menschen Fehler machen. Obwohl es an der Einfahrt zu den Parks Informationsbroschüren gibt: »Füttern streng

verboten! Sie befinden sich im Bärenland, bitte respektieren Sie die Tiere! Beobachten Sie sie, aber halten Sie Abstand.« Aber nein, man hält an, füttert, steigt sogar aus, streichelt auch noch, während man füttert, am liebsten die possierlichen Jungen – und überlässt es dann den *Parkrangern*, den ›Problembären‹ aus der Welt zu schaffen.
Zwei Tote gibt es pro Jahr in den Naturparks. Die Bären sind nicht schuld daran. Hauptsache, die Touristen haben ihr Bären-Erlebnis, das Bild im Kasten, mit dem sie zuhause angeben können. So ein bisschen Nervenkitzel ist schon einen toten Bären wert, oder?
Nicht alle Touristen gehen so weit wie derjenige, der Honig aufs Steuerrad schmierte, um ein besonders tolles Foto zu machen.
Der Bär stieg tatsächlich ins Auto, wurde fotografiert. Das Bild war phänomenal. Der Mann war tot.
Ich hoffe, der Bär entkam seinem Schicksal.

Von den Jahreszeiten

Der kanadische Winter ist kalt. Saukalt. Schmerzhaft kalt – und klirrend schön. Und das Beste an dieser Kälte ist: Sie garantiert, dass diese wunderschöne Landschaft so dünn besiedelt bleibt!
Winter ist, wenn man von den Extremtemperaturen einmal absieht, in Kanada einfach herrlich. Blauer Himmel, Sonnenschein, dicker Schnee auf dunkelgrünen Tannen. Draußen ist alles weiß, die Luft knackig, die Geräusche gedämpft. Warme Klamotten und ein kuscheliges Blockhaus sorgen für Bilderbuchstimmung.
Für eine allerdings meist kurze Zeitspanne finden aber auch wir es entschieden zu kalt. Minus 44° Celsius ist schon beinhart. Die Temperaturen können auch noch tiefer fallen, und das Ganze kann sogar mehrere Wochen anhalten.
Zwar haben wir ganz schlimme Kälte noch nicht erlebt, aber -44° C waren eindrucksvoll genug. Nicht die tiefen Temperaturen, sondern der damit verbundene arktische Wind machen die Kälte erst richtig schlimm. Mit zunehmendem Global Warming sind allerdings die Spitzentemperaturen etwas abgeflacht und die Dauer erscheint uns auch nicht mehr so beeindruckend lang. Es ist weit angenehmer, mit -30° C statt mit -40° C zu leben. Wenn schon überhaupt.
Bis -20° C ist es in der Sonne fast gemütlich warm. Aber um die Ecke, im Schatten, erfrieren einem schmerzhaft die Fingerspitzen in den Handschuhen. Unter diesen Umständen stellen wir dann stirnrunzelnd die oben genannten Vorzüge infrage, besonders, wenn der Winter sich im Frühjahr gar nicht verabschieden will, nochmal eine Ladung Schnee über uns ausgießt und eine weitere Kältewelle schickt.

Aber genauso tief wie die Temperaturen im Winter fallen können, genauso hoch können sie bei uns hier im Sommer auch steigen! Kleine, wilde Kolibris umschwirren dann zeternd und surrend die vielen Sommerblumen – und kaum einer weiß davon

Jetzt, mitten im Winter, glaube ich fast selbst nicht, was ich da gerade schreibe – in der Hitze des Sommers habe ich auch schon vergeblich versucht, mir vorzustellen, wie gnadenlos kalt es hier wieder werden kann. Für Zweifler habe ich vorsichtshalber das Thermometer am Haus fotografiert. Im Sommer und im Winter: Minus 40° C (darunter zeigt unseres nicht an) und plus 45° C.

Wie dem auch sei: Der erste Schnee ist immer noch ein freudiges Ereignis. Es muss ja nicht unbedingt schon im September sein. Die Seele bereitet sich vor auf die knarrend kalten, weißblauen Tage, die Abende am Kamin, die Nordlichter, die klaren sternenglitzernden Nächte und darauf, dass jeder Schritt auf dem trockenen Schnee knirscht und die Schneetürmchen auf den Zaunpfosten hoch und höher werden.

Vor dem Einbruch des Winters ist es noch romantisch, sich an die roten Backen, die steifen Finger und die im Gesicht angefrorenen Kältetränen des letzten Winters zu erinnern. Dann, mitten im Winter, im Kontakt mit der eisigen Realität, geht es hauptsächlich darum, alles in Gang zu halten. Selbst wenn man technisch auf dem neuesten Stand lebt und ständig die energiesparende Erdwärmeheizung in den Himmel lobt, braucht man gelegentlich die Unterstützung durch die gute alte Holzheizung, den Holzofen in der Küche und den offenen Kamin im Wohnzimmer. Bei -40° C brennen alle gleichzeitig.

Dann schadet es auch nicht, sich zusätzlich vor die offene Klappe des Backofens zu setzen, denn kanadische Außentüren kennen kein Erbarmen. Der Türfalz, der keine Zugluft durchlässt, muss hier noch erfunden werden, und durch die Holzrisse in den *Logs* zieht es trotz Abdichtung immer etwas durch.

In den ersten Jahren war es uns im Winter manchmal ganz schön unheimlich: Im nahen Wald schienen Geister Türen zuzuschlagen, in unserer Phantasie schossen kleine Gnome mit Zündplättchen – und mitten in der Nacht schlug jemand peitschend gegen die Baumstämme: Peng, peng, peng!

Na ja – wir sind nicht beim Psychiater gelandet. Wir haben auch so herausgefunden, woher diese seltsamen Geräusche kamen: In der mörderischen Kälte kommt der Tod mit einem Tusch. Wenn das kleinste bisschen Feuchtigkeit, das sich noch im Stamm befindet, friert, platzt ein ganzer Baum auseinander, ›schlägt einer im Wald eine Türe zu‹, und wenn die Holzfasern reißen, klingt das eben wie ›abgeschossene Zündplättchen‹.

So einfach ist das. Keine Geister, keine Gnome. Nur kalt.

Wenn am Holzhaus außen -40° C und innen +20° C auf einen Stamm einwirken, reißt er einfach. Wir schrecken längst nicht mehr auf, wir drehen uns im warmen Bettchen um und denken: Wir wollten ja was erleben und hier gibt es sogar durchgeknallte Bäume!

Unser Haus ist mit zunehmendem Alter ruhiger geworden. Der letzte Rest an Feuchtigkeit ist aus den Stämmen des Loghauses heraus. Es hat sich, seit es aufgestellt wurde, insgesamt um acht Zentimeter gesetzt.

Uns Menschen geht es im Winter eigentlich gut. Man kann bei den angenehmen Temperaturen Skifahren, lang und ab. Und manche Leute lieben es, mit Motorschlitten Krach und Gestank im Zauberwald zu verbreiten und finden nichts schöner als das.

Es lebe die Technik. Wenn es schlimm kommt, verzieht man sich hinter oder vor den Ofen, kocht unentwegt heiße Getränke und hofft, man hat für den Fall, dass man das Auto benötigt, die Heizkabel ans Auto angeschlossen. Einen unerschrockenen Traktor braucht man je nach Entfernung zur Straße gegebenenfalls zum Schneeräumen.

Böse Miene zum bösen Spiel macht man erst, wenn es bei sehr tiefen Temperaturen heftig schneit. Selbst wenn man sich bei extrem niedrigen Temperaturen nur sehr langsam bewegt, empfindet man die kalte Luft wie Gewicht auf der Haut und das Atmen fällt schwer. Der Schnee ist bei starker Kälte sehr fein, aber auch Puderzucker muss mit dem Traktor weggeräumt werden, will man den Schulbus erreichen oder selbst in die Stadt fahren. Dann ist es auch erlaubt, unfreundlich aus der Unmenge Kleidung zu gucken, die man gerade trägt.

Die Geschäfte in der Stadt sind natürlich offen, auch wenn kaum einer kommt. *Business as usual* – auch in der Schule. Erst ab -32° C gibt's kältefrei.

Wenn man diesen Extremen ausgesetzt ist, lernt man was wirklich wichtig ist. Kommt dann noch Stromausfall dazu, staunt man, wie abhängig man doch von der gewohnten Technik geworden ist. Wirklich wichtig ist es, genügend Lebensmittel im Haus zu haben.

Wasserversorgung brauchen wir auch für die Tiere. Bei uns will keiner ein Loch in das Eis des Sees hauen und zig Tiere mit Wasser versorgen. Außerdem kann man die nicht alleine auf das Eis lassen. So kommen viel zu viele Tiere im Winter um. Ein Generator sorgt also dafür, dass das Wasser in unserem Brunnen nicht einfrieren kann. Es ist einfach grauenhaft, wenn man zugefrorene Tränken bei Eiseskälte reparieren muss, weil der Temperatursturz viel größer war als erwartet – oder das Material in der Kälte den Geist aufgegeben hat. Die Tiere trinken das Wasser auch nicht, wenn es fast kocht. Ein funktionierender Thermostat an den Viehtränken wäre schön.

Eigentlich könnte man zur Erheiterung bei solchen Gelegenheiten die alte Schnulze: »Es war Wiiiinteer in Kanada« auflegen. Aber der Plattenspieler ist ja nicht an den Generator angeschlossen.

»Es war Wiiiinteer in Kanada, so weiß war das Land« – als ich im Alter von sechs Jahren vor dem Loewe-Opta-Radio liegend von Fernweh gepackt wurde. Bei der nächsten Schellackplatte floss ich dann über vor Mitleid: Ach, der arme Freddy »… fern, so fern dem

Heimatland«. Und irgendwo bauten sich irgendwelche fröhlichen Liedermacher »ein Cassette in Kanada …«
Freddy hat wieder nach Hause gefunden, und mein Mann und ich bauten uns tatsächlich ein paar Jahrzehnte später ein Haus, ein *Cassette*, in Kanada. Bären sind auch noch immer da, wie es uns dieser alte Ohrwurm versprach.
Ja, und nun haben wir ihn vor der Haustüre, den Winter in Kanada, das weiße Land. Während ich so vor mich hin träume, friert derweil im Trockner, den ich nicht sofort angestellt hatte, die nasse Wäsche zu einem harten Klumpen zusammen. Irgendwann ist aber dann der Winterspuk auch endlich wieder vorbei. Die Temperaturen dümpeln nur noch zwischen -5° und +5° C. Man geniesst -5° C – und die Kanadier tragen bereits wieder Socken und Shorts.

Ach, wie ist das doch idyllisch. Wir sind eingeschneit, der Ofen bullert, der Kamin brennt und gelegentlich fällt der Strom aus. Alles ganz nett, nur krank werden darf man jetzt nicht. Gesetzt den Fall, ich hätte eine Blinddarmentzündung, wäre das ganz schlechtes Timing. Auf Tauwetter warten kann man da nicht.

Es hat letzte Nacht nicht nur geschneit, es war auch ganz schön windig, was bedeutet, dass an verschiedenen Stellen die Schneewehen zu hoch sind, um mit dem Jeep durch zu kommen. Also müssen wir Schnee räumen, bevor wir mit dem Auto auf die öffentliche Straße gelangen können. Das Ganze ist definitiv Männerarbeit.

Während ich es idyllisch finde, sieht Jürgen nur Arbeit auf sich zukommen. Der Schnee taut zwar irgendwann von selbst, aber er kann es auch ohne Notfall nicht leiden, eingeschneit zu sein. Er steigt also in den Schneeanzug, bedeckt Gesicht und Kopf mit einer Mütze, die nur an Augen, Mund und Nase Öffnungen hat, und stellt sich dem Abenteuer Kälte. Draußen, bei -30° C startet er den Traktor, und: nichts.

Das hatte er sich fast schon gedacht. Der Traktor war zwar mit dem *Blockheater* (eine Art Tauchsieder im Motoröl) an Strom angeschlossen, aber durch den Stromausfall letzte Nacht konnte der Blockheater nicht arbeiten. Das Motoröl ist eine einzige zähe Masse und es wird noch dauern, bis sich das Öl wieder verflüssigt. Mist. Erst wenn geräumt ist, kann man mit dem Auto rausfahren, das dann hoffentlich auch brav anspringt, und die öffentliche Straße erreichen.

Wenn es so kalt wird, dass der Tauchsieder nicht mehr hilft oder

der Strom ausgefallen war, ist man dennoch nicht ganz verloren. Ein Griff in die Trickkiste, und dann startet der Traktor doch. In selbiger Kiste befindet sich ein Propangasbrenner, die *Tiger Torch*. Man(n) muss bloß die Gasflamme anzünden, die lodernde Flamme durch ein Ofenrohr (das hat man einfach zu haben) leiten, so dass die Wärme bis zur Ölwanne gelangen kann. Schon, oder sagen wir besser bald wird das Öl flüssig, und der Start kann erfolgen – wenn man vorher nicht die Batterie leergejuckelt hat. Tiger unter dem Tank und hoffentlich Winterdiesel in demselben. Alles klar?!

Wenn wir dann die öffentliche Straße erreicht haben, sollten wir spätestens in einer Stunde in der Stadt sein; vorausgesetzt, der Straßendienst war schon aktiv und hat nicht inzwischen beim Straßenräumen den Schnee von der Straße vor unsere Zufahrt geschoben. Wenn einem das passiert, fährt man am besten gleich wieder im Rückwärtsgang zurück, wärmt sich am Holzofen auf und hofft, die Blinddarmentzündung war nur Luft.

Die Ausfahrten freihalten muss man auf jeden Fall, wenn man Schulkinder hat. Dann heißt es, wenn es geschneit hat, früh raus, da die Kids immer pünktlich an der Kindersammelstelle für die Schulbusse sein müssen. Bei tiefer Kälte (ab -32° C) wird morgens durch das Radio bekanntgegeben, ob ›kältefrei‹ sein wird. Dann fahren nämlich auch die Schulbusse nicht mehr. Andere öffentliche Verkehrsmittel gibt es sowieso nicht.

Schon alleine um die Nachricht, dass kältefrei ist, nicht zu verpassen, rentiert es sich, dass man Strom hat und diese Mitteilung im Radio hören kann. Alle Kinder halten den Atem an, dass doch, »Bitte bitte, lieber Gott« die Schulbusse morgen früh nicht fahren werden, und alle Mütter hoffen, dass es nur -31° C wird.

Für die Kinder ist es auch bei weniger kalten Wintertemperaturen schrecklich, mit dem Schulbus fahren zu müssen. Durch das häufige Anhalten an den Sammelplätzen wird der Bus überhaupt nie richtig warm. An den Haltestellen warten jeden Morgen die Kleinen und

Großen in den vorgeheizten Autos der Eltern bei laufendem Motor auf dessen Erscheinen. Bei diesen Temperaturen ist es kein Luxus, die Motoren zum Anwärmen und beim Warten laufen zu lassen. Manche Eltern haben aber auch Erbarmen und fahren die Kids in die Stadt, denn der Bus ist endlos lange unterwegs, um dann noch eine halbe Stunde vor Unterrichtsbeginn in der Schule anzukommen. Wir haben das auch oft getan. Nach einigen hundert Metern hört das arme Auto dann auf zu ächzen und auch die eiskalten Reifen, die durch das Stehen in der Kälte wie eckig gefroren sind, laufen wieder rund.

Als Neuankömmling fragt man sich, warum Leute in diesem weiten Land ihr Haus ganz nahe an den Highway bauen. Im Winter dämmert es einem, und man wünscht sich heimlich, ebenfalls nur eine kurze Einfahrt freischaufeln zu müssen. *Splendid Isolation* ist, wenn man einen Kilometer Schnee räumt, überhaupt nicht mehr splendid.

Fährt man in der kalten Jahreszeit nach Vancouver, lässt man besagtes Kabel besser unter der Motorhaube verschwinden. Die allermeisten Vancouveraner haben von den Bedingungen im *Interior*, dem Landesinneren, keine Ahnung. Die knapp zwei Millionen Menschen in Vancouver und all die Leute im *Lower Mainland*, dem gesamten Küstengebiet um das *Fraser Delta* herum bis hinein in die Küstenberge, spannen im Winter die Schirme auf und reden sich den Regen schön.

Unser Heizkabel verstecken wir also vorsorglich. Man müsste im nassen, aber grünen Vancouver, wo es vielleicht einmal im Jahr schneit und dann der Verkehr total zusammenbricht, lang und breit erklären, wieso, weshalb, warum. Haben wir auch schon gemacht. Die Kommentare zu unseren Ausführungen sind aber immer so fassungslos mitleidig und bedauernd, dass wir uns das lieber ersparen. Auch auf die verständnislosen Blicke, die man unvermeidlich erhält, wenn man mitten im Blütenmeer in Vancouver, bei +18° C Ende Februar erklärt, dass man dieses Kabel braucht, um das Auto dort, wo man lebt, benutzen zu können, kann man verzichten. Da herrschen nämlich zugegebenermassen zur gleichen Zeit -29° C. Also rund 50 Celsiusgrade Differenz.

Aber auch diesseits der kleinen Stadt mit dem schönen Namen Hope, hier oben in den Bergen haben wir die Hoffnung (*hope*), dass es wieder Frühling wird mit blauem Himmel und ohne Schlamm.

Während ich dies schreibe, schneit es draußen leise. Ich weiß, unser Motoroil im Pick-up schmurgelt friedlich vor sich hin. Ich werde mir jetzt einen Kaffee aufgießen, mich freuen, dass wir alle gesund sind und werde den herrlichen Winter durchs Fenster betrachten. Vielleicht lese ich später die Wettervorhersage aus dem Kaffeesatz.

SNOW IS COOL

Ich sehe uns noch am 15. September 1992 freudig aufwachen: »Hurra, unser neues großes Baumhaus wird heute geliefert.« Wir krabbelten aus den Betten im Gästehaus, wo wir während der Bauzeit wohnten, und schauten aus dem Fenster.
Oh Boy! 10 cm Neuschnee lagen auf der hölzernen Kellerdecke des Neubaus. Wir waren schlagartig wach, mit Besen bewaffnet, und fegten, fegten, fegten. Obwohl uns der Morgenkaffee fehlte, brachten wir genug Humor auf.
Ja, doch, Kerstin, Katrin und ich fanden das sehr amüsant, machten sogar Bilder. Snow is cool!!! sagten wir uns. So ist das hier. Wer hat schon Schneebälle mitten im September, außer uns?
Wenn die LKWs mit den vorbereiteten Stämmen, den *Logs*, drauf ankamen, sollte es sofort losgehen. Die Trucks waren bereits auf dem Weg zu uns. Auf der Anlage der kleinen Log House Company, wo die Stämme geschält und aufeinander gesetzt wurden, das Haus also schon mal vollkommen aufgebaut wurde, hat man es am Tag davor von oben nach unten abgebaut, numeriert und aufgeladen. An diesem Tag sollte es nun hier wieder zusammengesetzt werden – wie aus Streichhölzern, nur eben in groß. Die das Dach tragenden Logs liegen immer ganz unten auf dem LKW und kommen dann zum krönenden Abschluss auf den Bau.
Es war einfach herrlich mitanzusehen, wie die Wände wuchsen. In schwindelnder Höhe dirigierten die Männer auf den Stämmen stehend und sitzend die von einem Kran gehaltenen schweren Logs in die richtige Position. Als dann die das Dach tragenden Logs an der

Reihe waren, hatten die beiden jungen Log-Hausbauer ein Problem. Die Hausteile waren unterschiedlich hoch. Dies war ihr erstes gemeinsames Projekt, denn solch ein großes Haus hatten sie noch nie gebaut. Während des Baus hatten sie sich verkracht und von da an nicht mehr miteinander geredet. Jetzt mussten sie. Sie wurden ganz hektisch, aber das auszugleichen war für sie keine große Angelegenheit. Als der ganze Rahmen stand, alle Fensteröffnungen, die Hauseingänge, die Innentüren und Durchgänge fertig waren, erfüllten sie mir noch einen besonderen Wunsch: Ich wollte wenigstens eine gerade Wand im Wohnzimmer. An die Wände in einem Loghaus kann man nur ganz schlecht Bilder hängen. Man kann das gut mit Toilettenpapierrollen ausgleichen, aber eine gerade Wand wollte ich wirklich gerne. Ich bekam sie.

Wenn ich mich richtig erinnere, war die ganze Aktion innerhalb von nicht ganz zwei Tagen abgeschlossen und mit dem Dach konnte begonnen werden. Wir beteten, dass wir nicht noch einmal von Schnee heimgesucht würden, bevor das Schindeldach fertig war und luden erstmal alle Handwerker und Helfer zu einem Richtfest mit geschmücktem Bäumchen und deftigem Essen ein. Jürgen hielt eine Rede und dann traute sich sein Nachbar ebenfalls. Diesem netten Menschen hatten wir zu verdanken, dass das alte Haus rechtzeitig abgerissen wurde und der Keller termingerecht fertig war. Das Richtfest war für unsere kanadische Mannschaft eine absolute Premiere und alle genossen es.

Der nächste Schnee kam tatsächlich, bevor alle Schindeln auf dem Dach waren. Jeden Morgen musste der Dachdecker erstmal die Flächen von Schnee und Eis befreien, bevor er mit der eigentlichen Arbeit beginnen konnte. Kein Spaß auf steilen Satteldächern. Gegen die Kälte wurden die Fensteröffnungen mit Plastikplanen zugetakkert und zum Heizen wurden riesige Gasbrenner aufgestellt. Ausgerechnet dieser Winter kam extrem früh mit massiver Kälte.

Am 8. April in einem anderen Jahr. Schnee!
Da waren wir dann schon länger im Land. Diesmal suchten wir den Rest unseren Galgenhumors aus unserem tiefsten Inneren zusammen. Wir machten Bilder von Osterglocken (aus dem Laden) in der Vase auf der verschneiten Veranda, vor dem verschneitem Haus, vor dem verschneiten Wald. Eine zähe romantische Grundhaltung überlagerte unseren Frust.

»Was, da seid Ihr freiwillig hingezogen?! In Deutschland blüht es überall …« mussten wir uns zusätzlich anhören.

»Also, mit denen telefonieren wir erst wieder im Sommer«, entschieden wir. Es gibt bessere Jahre, auch schlechtere, wie dieses. Wir saßen zum erstenmal Ende Juni auf den nassen Gartenmöbeln. In Winterklamotten. Die kamen in dem Jahr erst im August in den Keller. Wo waren sie hin, die heissen, trockenen Sommer, wo war der Frühling geblieben?

Dass man sich fast das ganze Jahr mit Nachtfrost konfrontiert sehen kann, das haben wir ja gewusst, aber dass wir nicht nur in ein kaltes Land, sondern dort auch noch auf einen 1000 m hohen Berg gezogen sind, das war uns vor lauter Begeisterung entgangen.

Deshalb ist es bei uns noch ein bisschen cooler als cool.

Tierisch kalt ist es, wenn man die Eier, die man aus dem Hühnerstall holt, in dem zwei Heizlampen brennen, zum Auftauen erstmal in den Kühlschrank legen muss.

Die Nächte sind erbarmungslos, die Temperaturen morgens am niedrigsten. Wie zum Hohn scheint am Tag die strahlende, warme Sonne ins Fell der Tiere. Dann stellen die ihre Breitseite zur Wärme, saugen sie förmlich auf. Am Küchenfenster, in der Sonne, zeigt das Thermometer mitten im Winter durch die Rückstrahlwärme ungelogene +28° C.

Vergessen sind die Nächte, in denen es goss und dann nachts grausam in das nasse Fell der Tiere hinein fror. Dagegen schmort man gern am Tag im Windschatten. So, wie wenn wir Menschen Gänsehaut bekommen, und sich bei uns die Härchen stellen, haben auch die Tiere einen kleinen Muskel am Haaransatz, mit dem sie durch Aufstellen oder Anlegen der Haare die Außentemperatur einigermassen ausbalancieren können.

Tiere sind anders als Menschen. Sie stellen sich z. B. auch nicht unbedingt bei +45° C in den Schatten und fressen auch nicht erst dann, wenn es kühler wird. Sie halten Kälte bei Windschutz und guter Fütterung gut aus. Unseren Tieren geht es da genauso wie den *Cougars*, den gelben Berglöwen, die es hier gibt, wie den Elchen, den Hirschen, den Eichhörnchen und unfassbarerweise auch den Vögeln, die den Winter über hierbleiben.

Ein bisschen Schutz finden Wildtiere vor dem scharfen eisigen Wind im Gebüsch oder unter Bäumen. Wenn die Kühe, an deren Fell

Eiszapfen baumeln, sehnsüchtig den Stall anstarren und so gerne reingehen wollen, muss ich immer ganz fest an die Elche draußen denken. Die hiesigen Nutztiere sind wie die Elche. Sie sind ebenfalls, wie man das so schön nennt, winterhart. Im ganzen Land überleben die Tiere Jahr für Jahr diese Bedingungen.

Wir hätten unsere Herde nicht mal in den Stall bringen können, dazu waren es einfach zuviele Tiere, und diese Rassen sind es seit Generationen so gewöhnt. Als wir noch viele Kühe über den Winter hielten, ging es dann, wenn die Sägespäne im Februar angeliefert wurden, drunter und drüber. Schwanger wie sie waren, tobten die Kühe durch die Spänehaufen, rasten drin herum, pflügten sie mit ihren Köpfen durch und veranstalteten ihr eigenes Rodeo. Keine legte sich dann mehr auf den kalten Boden. Recht hatten sie.

Ein Kälteeinbruch im März ist schrecklich. Ohne Sägespäne und die Hilfe der Menschen erfrieren viele der Neugeborenen. Sie frieren einfach am Boden fest. Viele Rancher arbeiten rund um die Uhr, um so viele kleine Leben wie möglich retten zu können. Die meisten haben kleine Ställe, in denen die schwierigen Geburten stattfinden können. Wenn die Kälber schon das Glück haben und im Stall auf die Welt kommen, müssen sie, wenn sie trocken sind und die erste Milch getrunken haben, mit der Mutter in die Kälte raus.

Wenn es nach den Kühen ginge, hätten alle einen Winterstall und ihre Kälber kämen im Mai.

Wenn es nach mir ginge auch. Alle. Hunderttausende im Cariboo.

Pferde dagegen sind auch bei tiefen Temperaturen am liebsten draußen. Kälte macht ihnen wegen des dicken Winterfells nichts aus, nur nasse Kälte und scharfer Wind. Wenn der Schnee auf oder in ihrem Fell taut, und es dann in das nasse Fell hinein friert, wird es zumindest für kranke und alte Pferde gefährlich. Ist es nur kalt, bleibt der Schnee auf ihrem Fell wie auf Teppichboden liegen. Da wärmt er dann zusätzlich. Viele unserer Pferde sind älter, so dass wir dafür sorgen, dass alle im Winter geschützt stehen können.

Pferde sind allerdings, wenn es irgend geht, draußen. Sie sind Beutetiere und haben deshalb gerne ihre nahe Umgebung im Blick und Gehör. So fühlen sie sich sicherer. Man muss sich wehren können, rennen können, wenn der Feind kommt. Pferde sind immer auf der Hut, schlafen auch nie alle zur gleichen Zeit und nie für einen längeren Zeitraum. Eines hält immer Wache. Und, ja, sie legen sich auch bei -30° C auf und in den Schnee. Sie finden Schnee gut, er isoliert. Im ersten Schnee wird sich immer gebalgt und gerollt. Ein Mordsspaß.

Bei kaltem Wetter fressen die Pferde wie die Kühe den ganzen Tag. Sie bewegen sich kaum. Gehen höchstens dorthin, wo zuerst am Morgen die Sonne scheint. Und wehe, es ist nichts zu fressen da, weil der Traktor, den man zum Füttern braucht, nicht anspringt.

Während wir uns noch mit dem Traktor abquälten, sind uns unsere Pferde mal entkommen. Sie konnten über das Viehgatter laufen, weil sich jedesmal, wenn man mit dem Auto darüberfährt, Schnee von den Reifen löst und hineinfällt. Bald hatte sich das Loch unter dem Gitter ganz aufgefüllt. Folglich hatten unsere Pferde kein Problem mehr, drüber zu marschieren. Hat man erst einmal seine Pferde bei -30° C bei dem 2 km entfernten Nachbarn abgeholt und nach Hause geführt, vergisst man nie wieder, darauf zu achten, dass entweder das Viehgatter schneefrei ist, oder die Pferde eingesperrt sind.

Sie wissen auch nicht, dass unter dem Eis der gute alte See vom Sommer ist, auch wenn man das gerne so hätte. Natürlich sind unsere Pferde über den zugefrorenen, verschneiten See abgehauen. Damals hat *Yellow* einfach ein Gatter aufgeschoben. Zuerst besuchten sie mitten in der Nacht unsere deutschen Nachbarn. Deren Außenlicht ging an, und die Hunde bellten. Bis Walter und Corinna erkannten, wer ihre Nachtruhe störte und angezogen waren, waren unsere Pferde schon wieder auf dem See und in Richtung Straße unterwegs. Gott sei Dank war dicker Winter und die Eisschicht auf dem See fünfzig Zentimeter dick. Unser kanadischer Nachbar hat das irgendwie mit-

gekriegt und sie netterweise nachts bei sich in einen Korral gesperrt.
Wir waren sehr dankbar.
Am nächsten Morgen trotteten sie brav mit uns nach Hause. Wieder mal war es tierisch kalt.
Jetzt haben wir pferdesichere Verschlüsse an allen Ställen und Weidetoren – ein teurer Spaß.
Wir kaufen auch nur noch dumme Pferde. Die kommen billiger, sommers wie winters.

UNVERFRORENHEIT

Unter all der Tieren, die diese Winter ertragen müssen, bewundere ich die Vögel am meisten, besonders die ganz kleinen. Eines Wintermorgens wachte ich früher auf als sonst. Draußen zeterte so ein kleiner Matz einen Riesenspektakel zusammen. Mein Blick auf das Thermometer zeigte -34° C. Ich kann es noch immer kaum glauben, dass so ein kleines Kerlchen auf so dünnen Beinchen eine so bittere Kälte überhaupt überstehen kann, und dann hatte dieses noch die Kraft so einen Krach zu machen.

Dann sah ich die Bescherung. Das Futterhäuschen war runtergefallen. Wahrscheinlich hatte das fette Eichhörnchen, das sich da bedient, es runtergeschmissen und die Pfaue fraßen gemütlich das Vogelfutter. Dabei waren die Pfaue über Nacht im geheizten Hühnerstall und konnten sich sattfressen. Es musste am Vorabend schon kälter als -15° C gewesen sein, denn unsere freiheitsliebenden Pfaue gehen erst rein, wenn es sehr kalt ist. Sie schlafen im Winter, so lange sie es nur aushalten können, lieber hoch oben in den Tannen.

Manchmal ist mir noch immer danach, alle Tiere zu uns ins Haus zu holen: Kühe, Pferde, Elche und Rehe, die ganze Fauna, die ergeben die brutale Witterung erträgt. Wir wissen aber aus Erfahrung, dass Tiere einfach anders mit der Kälte umgehen. Unsere Hunde machten uns das mal sehr deutlich klar. Sie durften, während unser neues Haus gebaut wurde, nicht bei uns im Gästehaus schlafen. Nur die altersschwache *Monroe*, unser blonder Labrador, durfte mit hinein. Guten Willens hatten wir aber die große Hundehütte mit einer Wärmelampe ausgestattet.

Maxi und *Ossi* waren aber nicht in der Hütte, sie saßen nicht nur Tag und Nacht *vor* der Hütte, sondern sind uns auch noch bei -30° C abgehauen und drei Tage weggeblieben. Das, fanden wir, war der Inbegriff von ›Unverfrorenheit‹.

Wenn es so kalt ist, dass die Wimpern zusammenfrieren, die Härchen in der Nase zu Stacheln werden, wenn man gegen das Gewicht der Kälte wie gegen eine Wand anlaufen muss und dabei kaum atmen kann, fehlt einem jedes Verständnis für solchen Bewegungsdrang. Tiere sind eben anders. Jedenfalls so lange sie jung und gesund sind. Die Großtiere, Kühe und Pferde suchen Windschutz im Wald wie die Elche, Rehe und Hirsche auch. Sind die Wildtiere alt, überleben sie die Winter nicht. Da sortiert Mutter Natur aus. Erbarmungslos.

Alles, was wir für unsere Tiere tun können ist, sie gut zu füttern und sicherzustellen, dass sie immer Schutz vor dem eisigen Wind finden können. Kälte scheint ihnen nicht viel auszumachen, nur kalte Nässe. Eines unserer Pferde hat sich auf seine Weise für unsere Sorgfalt bedankt. *Prinz* wurde vierzig Jahre alt.

Die Kanadier sehen das mit der Kälte nicht so eng. Die richtige Kleidung muss her, dann ist das gar nicht so schlimm. Bald ist man als Einwanderer auch erfahren und kommt gut zurecht.
Am Weihnachtstag waren wir wie jedes Jahr bei Bea eingeladen. Großes Fest mit vielen Leuten. Unser gesamter kanadischer Freundeskreis feierte dort gemeinsam Christmas Day.
Auf der Fahrt von uns dorthin hat man vom Highway aus einen sehr schönen Blick auf den Williams Lake. Wir konnten es kaum glauben: Waren da doch tatsächlich Menschen auf dem kaum zugefrorenen See! Wir ließen uns nach der Begrüßung ganz ungehemmt darüber aus, was wir von Leuten halten, die bereits jetzt auf dem Williams Lake herumspazierten. Aber wir beeindruckten niemanden mit unserer Aufgeregtheit. Alle saßen gemütlich mitsamt ihrer Weihnachtsstimmung in den Sesseln oder kümmerten sich um die Zubereitung des Christmas Dinners und lächelten.
Dies war übrigens das erste Mal, dass wir von unserem kanadischen Freundeskreis dazu eingeladen wurden. Natürlich waren wir total overdressed. Meine wunderbare Freundin Bea, die liebe, meinte: »Angelika, wenn ich Euch so anschaue, denke ich, wir sollten uns eigentlich auch ein bisschen schöner anziehen, schließlich haben wir ja keine kleinen Kinder mehr.«
Da fiel mir auf, dass keiner der vielen Jugendlichen, die eigentlich hätten zugegen sein müssen, zu sehen war. Ich fragte: »Wo sind eigentlich all die Kids?« Man antwortete uns total entspannt grinsend: »Oh, die sind alle draußen auf dem See, Schlittschuh laufen. Wie je-

des Jahr an Weihnachten.« Unsere erschrockenen Gesichter wurden mit Nachsicht betrachtet. Wir blieben erstmal sprachlos. Was sagt man denn in einer solchen Situation? Sicher hat man, wenn man in Kanada aufwächst, ein anderes Verhältnis zu Kälte, Eis und Risiko. Ob wir wohl auch eines Tages im Dezember auf einem gerade erst zugefrorenen See herumspazieren werden?

Bea war im letzten Winter mit einer Bekannten ebenfalls auf dem Eis. »Nur so am Rand«, sagte sie. Da hörte sie ein leises Zischen und – weg ist die andere Frau, ist durch die Eisdecke gebrochen, kann zwar wieder stehen, steckt aber drin bis zur Brust. Die Klamotten wurden natürlich sofort bleischwer, und obwohl sie noch Boden unter den Füssen hatte, musste Bea ihr raushelfen. Ein paar Wochen später segelte ihr Mann mit dem Eisboot, das ist ein Windsurfer auf Kufen, über das Eis. Er hörte nichts krachen oder brechen, sondern nahm nur plötzlich wahr, dass er nass wurde. Am Mast seines Surfsegels hievte er sich aus dem Wasser. Wie ein gefrorenes Michelinmännchen bekam ihn seine Frau wieder zu Gesicht und durfte ihn auftauen.

Das erinnert mich daran, wie zum Kummer aller bei -40° C die historischste Bar im Ort abbrannte. Die Feuerwehrmänner konnten nicht viel machen. In ihren Schutzanzügen wurden sie durch das sofort gefrierende Löschwasser total unbeweglich.

Wir gehören jedenfalls noch nicht zu den Mutigen, die es nicht erwarten können. Ich wünsche mir einen freundlicheren Tod.

Irgendein Ignorant hat mal behauptet, Erfrieren sei ein schöner Tod. Wenn die Fingerspitzen anfangen, einzufrieren, und die Oberschenkel aufgrund der Kälte schmerzen, diese Gefühle kennen wir aus eigener Erfahrung, das tut einfach höllisch weh. Ich kann mir nicht vorstellen, dass Erfrieren ein angenehmer Tod sein soll.

Man kann es ja mal ausprobieren: Man lege sich in die Gefriertruhe. Da drin ist es noch vergleichsweise mild.

Auch im Winter wollen unsere Hunde früh raus. Da sitzen sie dann und ›sehen fern‹, d. h. sie beobachten die Eisfischer auf dem See. Da kann man sich so richtig schön aufregen. Vor Begeisterung sitzen die zwei lieber im Schnee als in der Hundehütte, und bellen sich die Seele aus dem Leib.

Das Vormittagsprogramm beginnt schon um 7 Uhr. Es ist noch nicht mal hell, da hören sie die Eisfischer schon kommen. Auch wir können aus der Küche die Scheinwerfer der Motorschlitten und die dunklen Gestalten, die mit einer über die Wollmützen geschnallten Lampe auf Langlaufskiern quer über das Eis in unsere Richtung ziehen. Unser See ist ein Geheimtipp bei den Eisfischern. Am gegenüberliegenden Ufer stellen sie ihr Auto ab. Aber – Eisfischen kann man offensichtlich auf unserer Seite besser als am *boat access*. Da kann einen Eisfischer die Wanderung über den zugefrorenen See auch nicht abhalten.

Wie jeder kanadische See hat auch unserer einen öffentlichen Zugang. Kanada ist für alle da. Nur die Seen, die total von Privatland umgeben sind, haben diesen Zugang nicht. Im Sommer kann man auch an unserem See – wie an den anderen achttausend Seen – angeln. Eine Stelle, um Boote sicher ins Wasser lassen zu können, gibt es an jedem See.

Das gilt für alle, die man über eine *dirt road* oder eine *gravel road* erreichen kann. Gravel roads sind Schotterstraßen, ohne Asphalt, dirt roads nur bei Trockenheit befahrbare Feldwege bis weit hinein in die Wildnis.

Als wir unseren ersten Eisschrank, die sind hier mannshoch, in diesem Land kauften, haben wir uns schon sehr gewundert, dass der aufrechtstehend auf einem Pick-up-Truck und ohne Verpackungskarton geliefert wurde: Die großen Eischrankkartons sind nämlich sehr gesucht. Inzwischen wissen wir warum. Sobald die Seen zugefroren sind, sieht man, wie die Eisfischer ›unseren‹ Karton und andere im Schlepptau übers Eis ziehen. In diesen Kartons sitzen sie dann und starren mit sehnsuchtsvollen Augen – und einem ›Wärmfläschchen‹ in der Tasche – in das zuvor ins Eis gedrillte Loch. An einer Angel taut derweil im kalten Wasser langsam eine gefrorene Krabbe als Köder auf.
Mit den Jahren wurde allerdings aus den Kartons die eine oder andere stabile Spanplattenluxusmodellkonstruktion auf Kufen, die mehrjähriges Anglerglück verspricht. Zum jährlichen Sommerschlaf nehmen sie die dann mit nach Hause. Der nächste Winter kommt bestimmt. Dann kann man gleich ausprobieren, ob das Eis an der Nordseite schon fest genug ist und man schon mal die Angel ins Wasser halten kann. Ich wette, die Eisfischer glauben, der liebe Gott lässt die Seen nur deshalb zufrieren, damit sie Löcher bohren und kalte Fische mit gefrorenen Krabben fangen können.
Auf der Südseite des Sees sitzen sie schon vor Weihnachten über den Löchern. Dort ist der See bereits zugefroren, während er in der Mitte und hier bei uns, wo noch mehr Sonne hinkommt, noch offen ist. Ab Januar ist es dann auch bei uns so weit. Unser Blick über den See auf den Winterwald wird nun durch ein oder zwei Hüttchen bereichert. Man wird kleinlich, wenn man in die menschenleere Natur ausgewandert ist, und plötzlich stehen da Kartons und Menschen auf dem See. Manchmal fahren sie auch mit großen Pick-up-Trucks aufs Eis, und es finden kleine Parties statt. Dann gucken gleichzeitig mehrere Leute ins gleiche Loch und lassen die Fläschchen und Fischchen kreisen.
Ein Eisfischer kam viele Jahre lang jeden Morgen mit seinem Skidoo

zu seiner Hütte. Immer folgte ihm sein großer Hund. Zur Freude von unseren beiden. Der schwarze Hund saß dann von Sonnenaufgang bis nachmittags um drei wie hypnotisiert auf dem Eis vor der Hütte seines Herrn – und unsere Hunde saßen wie hypnotisiert vor ihrer Hütte, starrten hinüber und bellten gelegentlich, ich nehme mal an, um sich aufzuwärmen.
In der Vorstellung des hypnotisierten Eisfischerhundes wurde sicherlich der Fisch, den der Mann bestimmt nur für seinen treuen Hund fangen würde, immer größer. Na, wenigstens saßen die Hunde in der Sonne … Zugegeben, ich verstehe den Reiz des Ganzen nicht. Und jetzt bin ich bei dreiundneunzig Prozent der Kanadier unten durch. Eisfischen ist heilig. Nur Hockey ist heiliger.

Im Frühjahr kommen jedes Jahr die Eistaucher. Ich meine nicht nur die wunderschönen entenähnlichen, aber Fische fangenden schwarzweißen *Loons*. Es tauchen nämlich, sobald das Eis geschmolzen ist, auch in diesem Jahr Froschmänner bei uns am See auf, bzw. unter, und das hat seinen Grund.
Im letzten Jahr z. B. sahen wir ein großes Loch im Eis unseres Sees. Der Nachbar erzählte, da sei mal wieder ein Pick-up-Truck eingebrochen und versunken. Die Eisdecke ist zwar irgendwann dick genug, um auch Trucks ohne weiteres zu tragen, aber hier konnte es wohl wieder mal einer nicht abwarten. Vielleicht hat man(n) aber auch ein Feuerchen auf dem Eis gemacht, um die Fische zu grillen???! Wenn es einem mit dem Eisfischen so richtig auf den Nägeln brennt, bleibt die Vorsicht oft zuhause. Keine Angst, Menschen waren nicht im Auto, als es unterging.
Es gibt auf den Seen allerdings immer mal wieder Unfälle, auch im Sommer. Manchmal gehen Boote mit schwerem Gerät, das beim Holzfällen eingesetzt werden soll, auf dem Transport unter. Das muss geborgen werden. Im Quesnel Lake sind im vergangenen Winter zwei Skidoos untergegangen. Mit den Fahrern. Jede Hilfe kam

zu spät. Bei Kälte kann man zwar eingemummt und mit Gesichtsschutz auf dem See mit den Motorschlitten herumrasen, aber wenn man dabei in eine noch weiche Stelle im Eis gerät – no chance.

Beim ersten Mal, als Walter gesehen hatte, wo ein Truck untergegangen war, hat er sich heftig engagiert, um den Berufstauchern der Firma, die sich auf das Bergen von Maschinen spezialisiert hat, behilflich zu sein. Ein andermal setzte sich auch unser Noah ins Boot, fuhr zu den Tauchern hin und beschrieb hilfsbereit, wo genau das große Loch im Eis war, durch das der Pick-up verschwunden war. Er kam ganz frustriert zurück. »Das macht denen bestimmt Spaß, die suchen weiter an der verkehrten Stelle, vielleicht werden die ja nach Stunden bezahlt.« Walter grinste nur: »Sag ich doch! Ich fahr da schon lange nicht mehr raus, um denen bei der Suche zu helfen.«

Da gibt es nichts, die Trucks müssen aus Umweltschutzgründen geborgen werden, egal wie lange es dauert und wie alt die Kiste ist! Und das kostet. Zahlt so was die Versicherung?

Die schönen Loons werden uns auch im nächsten Frühjahr wieder erfreuen und vielleicht die anderen ›Eistaucher‹ auch?!

DER WARMDUSCHER

Ich erinnere mich noch gut an den 15. März 1993.
Da wohnten wir bereits seit drei Jahren im Inneren British Columbias, das man hier das *Interior* nennt. Nun konnten wir endlich in unser neues Blockhaus ziehen. Wir freuten uns auf unsere Möbel, die drei Jahre bei einer deutschen Spedition eingelagert waren.
Der langersehnte Möbel-Container aus Deutschland war im Hafen von Vancouver entladen worden. Pünktlich zum 15. März sollte er hier ankommen. Aber so einfach ging das nicht. Mein Mann musste tatsächlich ins frühlingshafte Vancouver fliegen, um persönlich die Zollformalitäten zu erledigen.
Wochenlang hatten mehrere große Gasbrenner feurig zischend das halbfertige Haus geheizt, damit die Handwerker unter den erschwerten Bedingungen mit dem Innenausbau fertig werden konnten. Es war seit Wochen lausig kalt. Tageshöchsttemperatur -30° C. Und endlos Schnee. Mitte März! Mit solcher Kälte hatten wir nicht mehr gerechnet.
Unsere Nachbarn waren gekommen, um uns beim Ausladen des Containers zu helfen. Wir warteten und warteten. Dann endlich tat sich etwas. Wir sahen eine verfrorene Gestalt, die unsere mehr als einen Kilometer lange Zufahrt entlanggestapft kam.
Grimmiger ging es nicht: »Oben an der öffentlichen steht der Truck mit Eurem Vierzig-Fuß-Container. Da könnt Ihr Euren Kram selbst abholen. Ich fahre hier auf keinen Fall runter! Da ist überall Eis! Ich hab es satt! Auf der gesamten Strecke habe ich mit dem Truck Probleme gehabt. Man hat mich mit ganz normalem Diesel im Tank

und mit Sommerreifen auf die Strecke geschickt. Natürlich hatte ich auch keine Schneeketten dabei. Kein Mensch hat mich auf das vorbereitet, was mich im Interior auf der Strecke durch die Berge erwartet. Ständig lag ich unter dem Truck, um das Motoröl anzuwärmen. Die Hölle war das, die reine Hölle … Und jetzt auch diese glatte Zufahrt! Das hat mir grade noch gefehlt. Ich habe die Nase gestrichen voll!«

Der schimpfende Trucker bekam erst einmal einen heißen Tee und dann nötigten wir ihn, seinen Chef in Vancouver anzurufen.

»Komm her und fahr die Kutsche hier selbst runter!«, schrie er ins Telefon. Oh Boy! So ein unfreundlicher Ton will für einen Kanadier schon was heißen.

Irgendwann beruhigte sich dann der geplagte junge Mann. Sein Chef übernahm die Verantwortung, und unser gutmütiger Nachbar versprach, den Truck, wenn dieser ausgeladen sei, mit seinem Traktor den Hang wieder hochzuschleppen.

Zitternd fuhr der Mann die Straße zu uns runter. Nichts ist passiert.

Wir luden aus, trugen die Möbel ins Haus und entfernten die Verpackung. In Snowboots und Skianzügen rubbelten die lieben Nachbarn und wir in Windeseile das Eis von den Möbeln, die, aus dem warmen Container kommend, beim Auspacken sofort über und über weiß beschlugen. Wir bangten, ob die Farbe der Bauernschränke halten würde, und ob die Intarsien wegen des Kälteschocks wohl aus dem Sekretär fallen könnten. Aber nein. Alles überstand den Gefrierschock. Nur das Klavier war verstimmt.

Während wir die letzten Kartons hineintrugen, spannte der liebe Nachbar mit klammen Händen schon mal seinen Traktor vor den Truck. Kaum war der Container leergeräumt, sprang der junge Mann aus Vancouver ins Führerhaus. Der Traktor zog an und das ungleiche Gespann fuhr los.

Oh, Gott! Die Türen des Containers waren noch offen! Wir wedelten mit den Armen und brüllten. Zu spät. Die Traktorreifen mit den Schneeketten rasselten. Die Männer konnten uns nicht hören. Mit hin- und herschlagenden Türen verschwand die Show hinter der ersten Biegung.

Am nächsten Tag, auf der Fahrt zu unserer Postbox an der Tankstelle, trauten wir unseren Augen nicht. Stand da doch der Container-Truck aus Vancouver samt seiner Sommerreifen und dem Sommerdiesel einsam und verlassen in der Kälte.

Der Fahrer hatte den Greyhound-Bus nach Vancouver genommen: »Hol' der Teufel den Truck und das Interior!« hat er sich gesagt. Und weg war er.

Das hat doch was, oder?

Wir wollten nicht nur nach Kanada, sondern unbedingt auch in eine Gegend mit vier Jahreszeiten. Wir zogen ins Cariboo und bekamen fünf.

Wenn im März und April bei Tag eine freundlichwarme Sonne den Schnee und das Eis zum Schmelzen bringt, die Wege und Wiesen im Schlamm versinken, und dieser Schlamm über zwei Monate jede Nacht wieder beinhart zusammenfriert, nennt man das *Break up*.

Wenn tagsüber das Tauwasser von den Dächern trieft, die Stiefel im Schlamm steckenbleiben, träumen wir Caribooster in dicken Pullovern unseren Wunschtraum vom Frühling. Wir erklären für grün, was selbst die optimistischste Kanada-Gans, die sich zu früh in den Norden aufgemacht hat, mit schräg gehaltenem Kopf nur belächeln würde.

Die Luft riecht nach Osterferien in Oberstdorf, nach Bergfrieden. Aber der Frost sitzt siegessicher im Boden. Noch dringen die Sonnenstrahlen nicht zu ihm durch, und das Schmelzwasser bleibt stehen. Ab mittags schon kommt man auf den unbefestigten Straßen nur mit Allradantrieb vorwärts, und am nächsten Tag kann es durchaus sein, dass man wegen des Neuschnees nicht mal aus der Garage kommt.

Die *Logging Trucks,* die das Holz aus dem Wald holen, dürfen jetzt nicht mehr fahren. Es ist zu gefährlich. Die schweren Fahrzeuge würden wegrutschen und gleichzeitig zu viel im Boden zerstören.

Während im Winter der Ostwind schon mal das Dröhnen der Trucks auf der Straße über den See zu uns trägt, sind die Nächte jetzt still. Doch ganz still ist es nicht. Die Jahreszeiten kämpfen auch bei Nacht um Vorrang. Der See, der tagsüber stellenweise aufreisst, friert nachts wieder voller Getöse zusammen. Es wummert, peitscht und knallt. Man könnte glauben, der Himmel feierte eine Party mit dröhnenden Bässen, aber es ist nur das Eis auf dem See. Einfach nur das Eis.

Ist es in der fünften Jahreszeit zu warm und taut es zu schnell, versinkt man völlig im Schlamm, will gar nicht mehr aus dem Haus. Fachbegriff: *Cabin-Koller*. Dann werden auch die freundlichsten Leute grantig und wollen weg, nur noch weg. Halluzinationen von Tomatenhainen in Spanien kommen auf.

Der morgendliche Blick auf das Thermometer: wieder weit unter Null. Der Nachtwind hat ruppige, wie in Eis erstarrte Wellen auf dem See verteilt, die sich am Tag wie kleine zackige Eiszipfel in Wartestellung der Sonne entgegenrecken. Sie wollen als erste zu Wasser werden.

Die Eisschicht ist längst nicht mehr fünfzig Zentimeter dick. Wasserratten trauen sich aus den hinterlassenen Angellöchern herauf und schmeissen haufenweise Wasserpflanzen und Schlamm auf die Eisdecke. Zufrieden aalen sie sich dann in der Sonne.

Sobald zuviel Tauwasser auf dem See stehen bleibt, ziehen die Eisfischer ihre Hüttchen vom See und prüfen schon mal, ob nach dem harten Winter der Bootsmotor auch wieder brav startet. Noch liegt stellenweise ein Hauch Eis auf dem See – und schon sitzen die Angler in ihren kleinen Booten. Fließender Übergang.

Wird die ganze Oberfläche des Sees dunkel, ist es geschafft. Der See ist aufgetaut. Der Morgenfrost verschwindet immer eher. Herrlich! Jeder Tag ist ein bisschen länger und wärmer, die Sonne gewinnt

Und alles hält die Luft an, damit der Frühling sich nicht erschreckt.

FRÜHLING, ENDLICH

Hunderte schreiender Wildgänse fallen ein. Die Kraniche suchen sich mit lautem Gegurre einen Tanzplatz für die Liebe. Das Geschrei der ›Kurzwellensender‹ durchdringt schnarrend die Luft. So haben wir die amselartigen *Blackbirds* nach ihrem Getöne genannt. Entenkonzert, Froschkonzert, Kojotengeheul.

Zur Begrüßung des Frühlings heulen unsere jungen Hunde mit. Waren unsere vorherigen Hunde taub?

An den Nordhängen im Schatten noch immer der Schnee von gestern. Am Südhang bejubeln wir Ende April den ersten Löwenzahn und die Eichhörnchen schmeißen wie immer Tannenzapfen aufs Garagendach, dass es nur so knallt …

Erster Mai, der zweite Löwenzahn. Na bitte!

Und dann kommen die Kolibris. Ja, die Kolibris, die in Brasilien überwintert haben, und die Loons, die Enten und die Adler. Alles quakt, ruft, krächzt und singt.

Hungrige Bären erwachen gähnend und saugen blinzelnd und mit weiten Nasenflügeln die erwachende Natur in sich auf. Der Frühling ist da. Endlich.

Des einen Freud, des andern Leid.

Der Biber ärgert sich über das Tauwasser. Er macht den Abfluss des kleinen Sees zum größeren hin zu. Wir machen ihn wieder auf, weil das Wasser langsam die Straße überschwemmt. Der Biber macht den Abfluss wieder zu, wir machen den Abfluss wieder auf, weil das Wasser … der Biber macht den Abfluss wieder zu …

Plötzlich wieder -20° C am Morgen. Wieder Kälte und Winter, den

jetzt wirklich niemand mehr will. Soll man nicht einfach ein Schild *For Sale* an die Straße stellen und hoffen, dass ein Deutscher mit Kanada-Fieber unbedingt die ganze gefrorene Matsche und die Kälte kaufen wird?
Dann ziehen wir nach Vancouver. Da blüht es längst. Mitte März schneit es dort Blütenblätter. Und bei uns – schon wieder dicke Flocken.
Doch nachts: Nordlichter, taghelle Nächte, Mondschein auf dem See, und die Milchstraße zum Greifen nah.
Naturspektakel. Kein Schild!!
Außerdem regnet es in Vancouver den ganzen lieben Winter lang. Es heißt nicht umsonst Raincouver!!
Kein Schild!!!
Am Tag: Eiskristalle, strahlender Sonnenschein, klirrende Kälte. Diamantenhochzeit auf blau-weiß-grünem Hintergrund. Kein Schild!!!! Ach, und hält Kälte nicht auch länger jung?

Es ist der 8. Mai 2002. -4° C am Morgen, Schnee. Autos im Straßengraben. Ungelogen! Unser Freund Arctic-Tim jubiliert. Die Seen sind nicht zugefroren. Endlich kann er wieder einmal wie in vergangenen Zeiten, als er noch als *Mountie* in der Arktis für Ordnung sorgte, bei Schnee kajaken. Na, wenigstens ist einer glücklich. Ich treffe mich zum Lunch mit meinen kanadischen Freundinnen in der Stadt. Ich freue mich schon, da ist es nämlich immer fünf Grad wärmer als bei uns auf dem Berg.
Danielle hat eingeladen. Auf dem gedeckten Tisch pro Gedeck eine Blume. Sie braucht sich keine Gedanken darüber zu machen, ob der Frühlingsgarten auch schön aussieht, wenn ihre Freundinnen kommen. Blumen wachsen derzeit nur im Laden. Nichts blüht draußen. Gar nichts.
Meine Kanadierinnen sind barfuß in Sandalen und mit kurzen Ärmeln erschienen. Es ist der 8. Mai, inzwischen +8° C – kein Grund, sich warm anzuziehen. Die Fenster in Danielles Haus stehen weit offen. Ich sitze im Wintermantel am Tisch.
Es gibt Gazpaccio! Ich grause mich vor der kalten Suppe und ulke, ob man unter den gegebenen Umständen diese nicht eventuell warm machen könne. Man nimmt mich ernst. »What? Aber natürlich nicht! Die Suppe hat die ganze Nacht im Kühlschrank gestanden, bis sie kalt genug war.« Wieso eigentlich im Kühlschrank?
Alle Gesichter um mich herum glühen. Nicht etwa vom Wein.
Zur kalten Suppe gibt es kalten Shrimps-Salat. Die Fenster stehen noch immer weit offen. Es zieht.

Michelle, Arctic-Tims Frau, schwärmt von ihrem Sommerurlaub in der Arktis. Ich spiele im Geiste mit dem Wort Klima. Klima. Klima? …Klima …kterium? Klimakterium!!! Ich hab's! Ja klar, daher die glühenden Gesichter, oder?
Ich fühle mich elend und ziehe mich immer mehr in mich zurück. Ich friere nämlich mit der kalten Suppe im Bauch am offenen Fenster.
Nicht einmal den Begriff Klimakterium kennt man hier. Dabei wollte ich mich mit einer ironischen Bemerkung aufheitern. Nix is. Mir ist zum Heulen, ich fühle mich unverstanden, leicht irritierbar – fremd.
Auf Hitzewallungen kann ich auch nicht mehr hoffen. Was tun? Durchhalten.
Ich weiß aber jetzt, woher das Global Warming kommt: Weltweit befinden sich die Babyboomer in der Menopause.
Sonst wäre es jetzt hier drinnen unter Null und die Gazpaccio gefroren.

MEGA BITES

Ende Mai.
Da war doch noch was? Hm, ja, das peinliche Thema – Mücken!

Wir hatten uns das Land unserer Träume vor der Einwanderung ausgiebig angesehen. Im Sommer fanden wir 40° C trockene Hitze toll und im Winter -40° C trockene Kälte spannend.

Und dann kam, nachdem wir eingewandert waren, das erste Frühjahr. Na ja, nicht so früh, eher Mitte bis Ende Mai. Warme Sonne auf der Haut und plötzlich – Schnaken, Millionen davon. Hätten wir doch nur mal im Juni eine Reise nach Kanada unternommen!

Hatten wir aber nicht, hatten sogar aus purer Ignoranz den Kopf über unsere bereits hierher ausgewanderten deutschen Freunde geschüttelt, die uns per Brief vorgejammert hatten, wie fürchterlich die Moskitos hier sind. Noch in Deutschland kommentierten wir das Ganze mit: »Typisch Alexa und Jörg, die müssen wirklich immer übertreiben.«

Die *Bugs*, wie die Moskitos hier heißen, haben das dann richtiggestellt. Wo Wasser, da Mücken. Ja, schon, aber sooo viele? Eines ist gewiss: daran, dass man sich hier mit Schnakenbergen im Juni und Juli und, ach, ja, zugegebenermaßen auch im August noch auseinandersetzen muss, daran ist überhaupt nichts Reizvolles.

Fast hätten wir im ersten Jahr, wortwörtlich total verbissen, die Koffer gepackt und wären geflohen. Was tun? Verfolgt, verstochen und gepeinigt kam uns der Gedanke: »Nix wie weg!« Zurück nach Deutschland, wenn nötig als Flüchtlinge: Asyl bitte, Asüül!!!! Aber wir sind geblie-

ben, haben uns mit wedelnden Armen an die Tierchen gewöhnt und haben immer mehr Schwalbennistkästen aufgehängt und freuen uns jedes Jahr über deren Hunger.
Natürlich zweifeln wir manchmal an unserem Verstand, erklärten aber das Unvermeidliche für akzeptabel. Denjenigen, die sich auf den weiten Weg machen, uns zu besuchen, verheimlichen wir das in weiser Voraussicht.
Als wir im ersten Jahr bei den Einheimischen nachfragten, ob das wohl immer so sei, bekamen wir die Antwort: Das sei in diesem Jahr ganz »ungewöhnlich«. Na denn.
Hm, vielleicht ist das ja der wahre Grund, warum hier so wenige Menschen leben. Andererseits: Da geht man zurück zur Natur, um sich mit Fliegen*gift* einzusprühen? Aber, wie war das noch, wollten wir es nicht einsam haben? Vielleicht hätten wir mal gründlicher nachdenken sollen, warum hier nicht mehr Menschen leben, obwohl es so schön ist??
Und es trifft nicht nur Mensch, es trifft auch Tier. Als unser *Palomino*, das ist ein blondes Pferd mit weißer Mähne, aus Idaho zu uns kam, sah er nach wenigen Stunden wie ein ekliger Streuselkuchen aus. Wir haben das arme Tier zwar gefüttert, aber nicht geritten. Wer will auf hundert Moskito-Bites hocken? Das Pferd muss ja zappelig und bockig werden.
Manche Pferde sind äußerst empfindlich, andere weniger, aber alle werden irgendwann immun gegen die Stiche. Dann gibt es zwar keine Beulen mehr, doch unsere kleine Pferdeherde, obwohl einheimisch oder schon viele Jahre hier, wird abends noch immer richtig wild. Dann rennen sie sich den Schnakenfrust von der Seele, was dummerweise noch mehr von diesen widerlichen Kreaturen aus dem Gras auftreibt. Die Nerven werden nicht immun.
Wie wir hören, sollen die *Bugs* im Beaver Valley am schlimmsten sein. Die fressen ganze Pferde auf und übrig bleibt nur der Sattel. Wer den bekommt, entscheidet, wer beim Zielen mit Hufeisen auf Stangen,

die im Boden stecken, gewinnt. Außer dem Sattel sind auch noch die Hufeisen übrig (haha).
Dann plötzlich 2001 etwas Neues: Die Mücken sind da. In Schwärmen, aber sie *stechen nicht*. Dieser Jahrgang sticht einfach nicht! Daraufhin gibt es Mückenspray zu Sonderangebotspreisen. Uns fällt nichts mehr ein.
Das Unheimliche ist, diese Schnakenansammlungen brummen in einer Art und Weise, dass wir glauben, hinter dem Wald, in einiger Entfernung, mäht der obere Nachbar zu Unzeiten mit dem Traktor. Nein, es sind nur die Mückentürme, die zwischen den Bäumen in der Luft stehen und sich auf eine geheimnisvolle Information hin laut dröhnend mit einem Ruck und en bloc zwei Meter weiter in der Luft verschieben. Nur das. Brumm, brummbrumm. Verrückt. Das gab's noch nie. Wovon leben die? Die müssten doch eigentlich eingehen, wenn sie kein Blut saugen.
2002 beweist: Sie sind nicht eingegangen. Meine Sorge war unbegründet, keine einzige ist verhungert, wenigstens nicht, ohne Nachkommen zu hinterlassen.
Mein Mann hatte eine grandiose Idee und hat den kleinen Sumpf in der Nähe des Hauses ausbaggern lassen, damit dort ein kleiner See entstand, in dem sich aus verschiedenen Richtungen das Tauwasser vom Winter sammeln kann. Seitdem ist es in dem Gebiet etwas trockener und tatsächlich ist denen da das Brüten vergangen und die Biester sind umgezogen. Also kann es nicht nur an unserem deutschen Blut gelegen haben, dass wir anfangs so entsetzlich leiden mussten.
Mit der Zeit ging es uns immer besser, auch wir Menschen wurden tatsächlich bis zu einem gewissen Maß immun – höchstens zwei, drei Beulen am Anfang der Saison und dann war der Spuk vorbei. Die Schnaken sind zwar nicht weniger lästig geworden, aber wir leiden wenigstens nicht mehr so.
Und noch einen Trick kennen wir. Seit wir hier sind, benutze ich als

Parfüm folgende Duftnoten: entweder *Deep Woods* oder *Off.* Beide sind Mückensprays und man/frau nehme reichlich! Das, was man sonst als Parfüm kennt, lässt man hier besser im Schrank. Die Moskitos finden das nämlich sehr anziehend. Die Bären angeblich auch. Wir benutzen also Spray gegen die *bugs,* und wenn das nicht hilft, lächeln wir freundlich und schlagen zu. So wie die richtigen Kanadier auch.

Sommer heißt für Jürgen Fischen gehen, wann nur immer möglich. Er liebt Quesnel Lake.

Mit sechshundert Kilometern Uferlänge ist dieser See nicht nur der größte im Norden British Columbias, sondern auch der tiefste Fjordsee Nordamerikas. Er ist jedenfalls groß genug, um uns zu beeindrucken. Die 600 km Ufer verteilen sich auf drei große Arme. Da kann unser kleiner See vor dem Haus einpacken.

Kürzlich waren wir wieder mal gemeinsam mit dem Boot auf diesem grandiosen See in den schneebedeckten Vorläufern der Rocky Mountains unterwegs. Da war richtig viel los: Fünf Anglerboote zählten wir in drei verschiedenen Armen!

Letzte Nacht war Sommersonnenwende, der längste Tag des Jahres; für meinen Mann sowieso. Ein Tag auf dem Boot mit mir, und auch noch ohne Angelschnur, ist ein sehr langer Tag für ihn. Noch katastrophaler wäre es für ihn, wenn seine Töchter auch noch mitgekommen wären. Dann wird das Boot erst recht zum Kaffeedampfer.

Er tuckerte also mit mir zu der kleinen Bucht mit dem Sandstrand. Die Sonne wärmte Haut und Seele. Immer gleiche Ewigkeit zog am Ufer an uns vorbei und langsam dämmerte ich hinüber ins ›Lalaland‹. Wie jedesmal, wenn der Bootsmotor läuft.

Auf dem Wasser hat mich mein Mann noch nie vermisst.

Als das Boot langsamer wurde, erwachte ich wieder. Wir hatten unsere einsame Lieblingsbucht erreicht. Um uns herum nur Wildnis pur. Ja, hierher ging damals unsere Sehnsucht, als wir von Kanada nur träumten und vom Auswandern nur redeten.

Und nun leben wir diesen Traum, atmen ihn ein, nehmen ihn in uns auf. Noch immer ganz bewusst.
Nach dem Ankern transportieren wir den Picknickkorb durchs Wasser an Land. Wir laufen ein bisschen zwischen den angetriebenen Stämmen im Sand hin und her, ich schaue, welche Tierspuren zu finden sind. Nur ein paar Elchspuren sind diesmal zu sehen. Sehr beruhigend. Ich glaube nicht, dass uns bei dem Krach, den wir mit dem Boot verbreiten, noch ein neugieriger Grizzly besucht hätte. Man weiß im Wald sowieso schon, dass ein Boot gekommen ist. »Vorsicht Menschen!!!« denken die Wildtiere. »Vorsicht Bären!!!« wir.
Brav packen wir nach dem Picknick die Reste wieder ein, jonglieren alles zurück aufs Boot und verstauen es dort wildnisperfekt, geruchsneutral und bärensicher. Dann geben wir uns am Strand der Stille hin, lassen Kiesel und warmen Sand durch die Hände rinnen und werden zum Teil dieser Ewigkeit.
Schwimmen wir auch manchmal in dem See? Aber ja. Ganz am Rand ist er nicht so tief und ›heizt‹ sich daher wenigstens im Hochsommer zwischen 17° und 20° C auf (wie gesagt, ganz am Rand). Es gibt keine Piranhas und auch keine Haie. Glasklar liegt dann der Grund unter der im Sonnenlicht silbern flirrenden Oberfläche. Friede. Märchenhaft.
Als wir dann zurückfuhren, tummelten sich Schwärme von Forellen auf dem Echolot. Im Stillen dachte mein Mann schon an den nächsten Tag: »Morgen, wartet nur, wir sehen uns noch.« Er drehte den Motor auf Volldampf und ich schlief prompt wieder ein. Nach einer halben Stunde waren wir zurück am Steg. Wir machten ein Feuerchen und grillten Steaks.
Anschließend packte ich zusammen. Jürgen blieb noch für ein paar glückliche Anglerstunden ein paar Tage am See zurück.
Genau sechs PKWs begegneten mir auf der insgesamt eineinviertelstündigen Rückfahrt. Außerdem sprang noch ein dicker, zimtfar-

bener Bär über die Fahrbahn, nahm mit einem mächtigen Satz die Böschung und wurde sofort vom Wald verschluckt. Beeindruckende Kraft. Dann noch ein Vielfraß, ein ganz seltener Anblick. Hatte ich ein Glück.
Als ich in unsere Zufahrt einbog, war es schon sehr spät und fast ganz dunkel. Im Scheinwerferlicht sah ich ein ganz friedliches Bild: Etwa zwanzig Kälbchen lagen da im Gras und auf dem Weg. Wie immer stand eine der Mütter dabei und wachte über die Kleinen. Neugierig standen ein paar auf, als ich herankam.
Ich stellte die Musik sehr laut: Mary und Gordy's »Was ist schon dran an einem Mann, das an 'ner Frau nicht dran sein kann …« dröhnte ganz laut in ihre gespitzten Ohren. Kühe liiiieben Musik. Wie Gespenster erschien eine Dicke nach der anderen. Staunend blieben sie stehen und kamen dann vorsichtig näher. Alle. Alle starrten sie ins Auto, die Augen und Ohren wurden immer größer. Dann fingen die Kälbchen an, den Jeep abzulecken. Die Tiere dachten überhaupt nicht daran, sich zu bewegen und mich weiterfahren zu lassen. Jetzt aber!!! Ich schob sie langsam aus dem Weg.
Als ich das Haus aufschließen wollte, bemerkte ich mit Schrecken, dass ich keinen Schlüssel mitgenommen hatte. Es war schon gegen Mitternacht. Nirgendwo konnte ich durch ein offenes Fenster in unser Haus einsteigen. Ich musste also tief durchatmen und unseren Rancharbeiter aus dem Bett holen. Peinlich, peinlich.
Oh oh, so hatte ich in noch nie gesehen.
Erleichtert schloss ich das Haus auf, schnappte mir in der Küche ein Glas Wein und machte überall das Licht aus. Ich legte mich in meine Hängematte auf der Veranda, schaute mir den Mond an und ließ den längsten Tag des Jahres noch nicht zu Ende gehen.

Dann kam die Hitze, kam das Feuer, kam der Wind. Sonnenuntergang mitten am Tag. Durch Qualm und Rauch müht sich die Sonne. Blutrot.
Blutrot der Mond auch bei Nacht.
Im Herzen – Angst. Wind – böser Wind.
Löschflugzeuge suchen die Feuer im Rauch. Die Feuerwehr ist total erschöpft.
Hilflosigkeit, Warten, Beobachten, Bangen, Hoffen, Warten.
Neuer Wind – böser Wind. Kein Regen. Nirgendwo eine Wolke.
Straßensperrungen. Verhaltene Stimmung – Ferienzeit.
Rauchwolken ziehen über Berg und Tal. Warten – dann doch evakuieren. Kisten, Kasten, Mensch und Tier. Schleichende Autoschlangen bewegen sich durch qualmende Hügel.
Neue Feuer. Verbrannte Hufe, verbrannte Euter, verbrannte Tiere. Tod. Böser Wind.
Dann dreht der Wind auf die Stadt. Angst. Dann das Feuer.
Mutter Natur spielt Krieg. Der Feind ist der Wind. Angst. Kein Regen – nur Feuer und Wind. Keine Hoffnung. Kapitulation. Verlust. Trauer.
Wir sind an diesem Wochenende in Vancouver und beunruhigt wegen unserer Rückfahrt durch das Landesinnere nach Hause. Im Hotelaufzug treffen wir auf einen frisch-fröhlichen Eingeborenen, einen Indianer.
»Heute regnet es bestimmt«, sagt er strahlend. »Ich habe einen Regentanz aufgeführt. Eine halbe Stunde lang! Vor dem Frühstück!

Heute regnet es bestimmt!« Verblüfft schauen wir uns an. Hat er wirklich erst heute angefangen, zu tanzen? British Columbia brennt seit Wochen.

Sommerstimmungsbild, ohne Rauch und Angst, heiße Tage, kühle Nächte, wie gemacht, um sich dran festzuhalten an diesem Zauber. Wie damals in den Jahren, als wir nur zu Besuch hierher kamen, uns ansteckten mit dem Fieber, das Kanada heißt, das einem unter die Haut geht und das Herz ergreift mit seinem Frieden.
Ach, Kanada.
So wie damals schwimmt Jürgen auch heute wieder quer durch unseren Lieblingssee, dort hinüber, wo das kleine Haus auf dem kleinen Hügel vor dem dichten Wald stand, Alexa und Jörgs Haus mit dem besagten Küchentisch. Jetzt sind sie wieder in Deutschland, beide, geschieden, getrennt von Bett und Küchentisch. Sie fehlen uns, ihr Lachen und ihre Träume hängen noch wie Spinnwebfahnen in den Bäumen. Wenn die sich manchmal leicht zitternd im Windhauch bewegen, sagen sie leise: Es war einmal.
Aaah, Jürgen hat es wieder mal geschafft, kommt triefend aus dem See und freut sich über einen heissen Kaffee. Er ist hungrig. Nach unserem ausgiebigen Picknick ruhen wir ein bisschen im Baumschatten, geschützt vor der flirrenden Hitze, Labrador *Lucy* springt durch das Wasser, spielt. Der See ist so schön warm, wir waten durch die Seerosen, bringen Unruhe in den dunklen Samt. Die Seerosen taumeln auf den kleinen Wellen, die Wildnis ist still und sanft.
Die zauberhaften schwarzweißen Eistaucher, die *Loons*, beäugen uns aus kleinem Abstand. Nirgendwo sonst sind diese Wasserschönheiten so neugierig und gesprächig wie hier. Immer wieder blicken sie sorgsam nach ihren Jungen, sie rufen und sie lachen. Ja, sie lachen! Die

Loons können lachen. Kommen wir ihnen zu nah, heißt das Lachen: ›Kids! Abtauchen!‹ Und die Jungen verschwinden – husch – in der beschützenden Tiefe.
Mit der Zeit wird es langsam Abend. Der See liegt ruhig, die kleine Insel verliert sich in der Silhouette des gegenüberliegenden Ufers. In der Dämmerung zieht der lange Ruf der Loons durch unsere Herzen und versetzt uns in die sehnsuchtsvolle Stimmung des Nordens, die unversehens wieder durchbrochen wird durch erneutes Lachen der Loons, das Gequake der Enten und das Getöse der Kanada-Gänse im Landeanflug.
Die versteckten Wasserarme zwischen den Seen dieses Tals sind Heimat für Elche, Rehe, Bären und Biber. Mit viel Glück können wir eine Biberfamilie mit ihren wie Babies quäkenden Jungen beim Dinner beobachten. Sie übertreffen sich gegenseitig beim Schmatzen, und die kleinen Biber quengeln ungeduldig nach noch mehr Seerosenstengeln.
Ein fetter Biber gleitet ins Wasser, zieht einen großen Ast hinter sich her. Kraniche steigen auf. Ihre Schwingen zerteilen laut zischend die Luft. Ein Bär am Waldrand wäre jetzt schön.
Unser Wein war längst schon zur Neige gegangen. Es wurde zunehmend kälter und die Schnaken vertrieben unsere genussvolle Ruhe. Wir packten zusammen und fuhren glücklich und zufrieden nach einem paradiesischen Tag nach Hause …
Nachtrag, damit es nicht zu idyllisch wird: Unser Verhältnis zu den Bibern war vorübergehend nicht unerheblich abgekühlt. Sie hatten an eben diesem Ufer ein ganzes Areal von dicken Espen umgelegt, einen ganzen Hektar. Kreuz und quer lagen da die dicken Stämme. Die Zweige hatten sie bereits in den See geschleppt, was an dicken Schleifspuren zu sehen war. Die Biber hatten richtige kleine Autobahnen geschaffen und es uns überlassen, den ganzen Bruch aufzuräumen.
Dennoch werden wir beim nächsten Mal, wenn wir wieder im Boot

sitzen und Familie Biber beim Dinner beobachten, wie immer ganz hingerissen sein.

Nicht nur wegen der Biber fallen Bäume um.
Unser Grundstück sieht heute ganz anders aus als vor zwanzig Jahren, als wir es kauften.
Ich erinnere mich sehr gut an diesen schrecklichen Sturm.
Ich war mutterseelenallein, und es stürmte wie verrückt.
Es stürmte seit Stunden. Aber es half nichts, ich musste raus, die Pferde müssen bei jedem Wetter gefüttert werden. Mitten in dem üblen Sturm rannte ich über den Hof direkt in den Stall.
Ich warf schnell ein paar Heuballen vom Heuboden runter, verteilte sie windgeschützt hinter dem Stall, damit die Pferde nicht hinter dem davonfliegenden Heu herlaufen mussten. Eigentlich erwartete ich zwölf hungrige Mäuler, aber die Pferde wollten nicht fressen. Die kleine Herde stand stocksteif vor Angst in einer Ecke der Koppel und starrte mit weit offenen Augen und gespitzten Ohren in den Wald: »Holt uns jetzt der Teufel?!! Und Dich auch??« schienen sie zu fragen.
Die Bäume bogen sich. Wieder krachte es. Das obere Drittel eines Baumes donnerte neben mir auf den Waldboden.
Das war nicht der erste kaputte Baum. Beim Geräusch splitternder Bäume und dem Knallen der aufgeblähten Plastikplane, die wir damals noch zum Abdecken der frischen Stalleinstreu benutzten, hielt ich jedesmal den Atem an. Meine Nerven waren zum Zerreißen gespannt.
Vor meinem inneren Auge erschien die Votivtafel, die ich in einer Kirche im Bayerischen Wald gesehen hatte. Auf dem Hinterglasbild lag ein Mann auf dem Boden, quer über ihm ein umgefallener

Baum. Darunter stand: *»Mein Gott! Es war ein Baum … und aus der Traum. Er wurde erschlagen. Amen.«* Ausgerechnet jetzt musste mir das einfallen.

Als das Getöse für einen kurzen Moment ruhiger wurde, rannte ich, die Beine unter den Armen, wieder zum Haus. Geschafft.

Am Haus angekommen, stand ich – vor verschlossener Tür. Die war inzwischen zugeflogen.

Oh Gott! Ich hatte zwar einen Schlüssel mit, aber die Jacke lag noch im Stall. Ich riss mich zusammen. Schließlich wird ja nicht jeder gleich von einem Baum erschlagen, machte ich mir Mut und schaffte es ungewöhnlich schnell dorthin und wieder zurück zum Haus.

Abends rief unser Noah an und erkundigte sich, ob bei mir alles in Ordnung sei. Aber ja. Ich war weder vom Pferd geweht worden, noch mit dem Auto irgendwo im Straßengraben gelandet, und der Teufel hatte mich auch noch nicht erwischt.

Ein paar Minuten später klingelte das Telefon wieder. Seine Frau war dran, ob ich nicht ein bisschen zu ihnen rüberkommen wolle.

Das tat gut.

Mit Todesverachtung fuhr ich ganz schnell an den Bäumen vorbei.

Als ich dann von Noahs Haus wieder zurückkam, fand ich drei Anrufe von Freunden, die wussten, dass ich alleine war, auf der Antwortmaschine. Wie es mir denn bei dem Sturm ergangen sei.

Ich war ganz gerührt.

Es kann schon sehr einsam sein, wenn's stürmt.

Am nächsten Tag erzählte uns ein Nachbar aus der Nähe, dass der Sturm siebzehn Bäume auf seinem nur fünf Hektar großen Grundstück umgehauen hatte.

Bei uns sah es jetzt auch anders aus. Hinter dem kleinen Haus konnte man durch den Wald gucken und wir mussten wegen umgefallener Bäume eine Menge Zäune flicken.

Es sind also nicht immer die Biber schuld.

HERBST

Morgenfrost und Herbstgewitter.
Morgennebel, Hagelkörner, Regenströme, Sonnenschein. Sonnenschirm zur Mittagszeit. Duft von Heu und Holz vorm Haus. Kartoffelernte. Pilzgerichte.
Kein Boot mehr im Wasser. Sonnenuntergänge, bestechend und schön.
Dunkelgrün erträgt der Nadelwald den immerwährenden Wechsel, und wir schaffen die Gartenmöbel in den Keller – holen sie wieder rauf und – bringen sie wieder runter.
Noch liegen die Katzen ausgestreckt auf der Veranda und genießen die späten warmen Sonnenstrahlen.
Kein Ton mehr – nur noch das Knallen der Tannenzapfen, die die Eichhörnchen aus den Bäumen aufs Garagendach schmeissen. Nie daneben.
Gold im Wald und Jagdtourismus. Schüsse im Wald.
Vorsicht im Wald!
Bären rascheln in den Beeren. Winterspeck und Winterfell, Höhlensuche. Lachse kommen, laichen und sterben. Fischbüffet für Adler und Bär.
Kojoten heulen, jede Nacht.
Sternschnuppen, Nordlichtfahnen, klare Nächte.
Kälteeinbruch.
Zitterpappelblätter rascheln gelb im Wind, wollen bleiben, nicht gehn.
Abschied oder doch noch nicht?

ZUGVÖGEL

Die lachenden Loons, die Eistaucher, sind weg. Die Gänse auch. Kein einziger frecher kleiner Kolibri ist mehr zu sehen, die eleganten Sandkraniche sind nicht mehr zu hören.

Wildgänse aus dem Norden fallen ein. Hunderte. Schlagartig. Laut. Vogelzug.

Und die Zweibeiner, die es sich nur irgendwie leisten können, ziehen hinterher. Die ältere Generation ist ausgeflogen, sonnt sich in ihren Winterrefugien in Kalifornien, Arizona, Mexiko und Südamerika. Die sogenannten *Snowbirds* sitzen dann in ihren Motorhomes auf irgendeinem Dauercampinggolfplatz im Süden und unterhalten sich über ihre Handicaps. Die beim Golfen – und die anderen.

Man ist unter sich im *Good Life Recreational Park.* Gleichaltrige und Gleichgesinnte singen im Chor, golfen, kämpfen mit dem Computer oder nähen eine dicke, warme Patchworkdecke für zuhause.

Das ist das *good life.*

Das *tough life,* das harte Leben, hat man zuhause auf Eis gelegt.

Auch die Immigranten packen Geschenke in die Koffer und fliegen in ihre Heimatländer nach China, Indien und Europa, wo sie im Jetlag Familien- und Freundesbande pflegen und wochenlang mit den Kalorien kämpfen.

Und siehe da, im Frühjahr kommen die Zugvögel wieder. Alle.

In Bezug auf das Wetter kann man sich bei uns im Inneren British Columbias, ganz im Westen dieses riesigen Landes, nur auf eines verlassen: Es ist auf jeden Fall ungewöhnlich.
Nördlich, zwischen den Küstenbergen und den Rockies, wo wir wohnen, wird es normalerweise unglaublich kalt. Nur nicht in diesem Winter. Auf dem Thermometer am Küchenfenster in der Sonne zeigen sich +19° C. Das letzte bisschen Schnee geht gerade zum Teufel, *Break-up*-Stimmung. Es taut, und wir werden sicher bald mit dem Schlamm kämpfen müssen.
Break up nennt man die Tauperiode, die hier sehr lange anhält, weil der Frost sehr tief im Boden steckt. Den muss ich aber wohl in diesem Jahr ebenfalls suchen. Es war bisher erst nur kurz unter -20° C, da ist der Bodenfrost nicht so beeindruckend.
Vielleicht ist übermorgen ja schon Sommer.
Früher konnte man sich darauf verlassen, dass es an *Stampede*, dem jährlichen Rodeo am letzten Wochenende im Juni oder dem ersten im Juli, garantiert regnete. Entweder regnete es am ersten, ganz bestimmt aber am zweiten Tag und von da an schien nur noch die Sonne. Die Rancher konnten gleich nach *Stampede* Heu machen, und die Touristen konnten jubeln. Wie gesagt, das war früher.
Im Moment weht draußen der *Chinook*, ein warmer Wind. Die Bäume biegen sich, und der Schnee schmilzt. Es ist Mitte Januar. Letztes Jahr im Januar geschah um die gleiche Zeit Folgendes: Man maß -40° C und innerhalb von 24 Stunden stiegen die Temperaturen auf +8° C. Es goss drei Tage lang in Strömen und der Regen wurde

auf den kalten Straßen sofort zu Eis. Nach dem Regen war es gleich drauf wieder -20° C kalt. Eis überall, ohne genagelte Stiefel ging gar nichts mehr.
Ein bitterkalter Winter ist allerdings keine Garantie mehr auf einen heißen Sommer. Leider auch keine darauf, dass die Borkenkäfer eingehen. Zur Zeit überziehen sie das Land und zerstören die Kiefernwälder und verursachen ungeheuren wirtschaftlichen Schaden.
Bevor wir hierher auswanderten, habe ich mir tatsächlich überlegt, ob es wirklich richtig ist, in eine so trockene, staubige Gegend zu ziehen, um dann feststellen zu müssen, dass nach unserer Einwanderung, wie zum Hohn, die Sommer feuchter und die Weiden grüner wurden.
Anfangs haben wir das sehr genossen: »Grün!!! Ach, schau mal, wie ungewöhnlich schön grün. Wir müssen uns dieses Jahr gut merken, es wird nie mehr so sein.«
Das war 1991. Pusteblume. Heute sind die Sommer gemischt. Ein extrem trocken-heißer Sommer ist fast schon ungewöhnlich.
Ungewöhnlich nennt man auch Schnee im August oder Mai, Nachtfrost im Juli, plus 15° C im Januar, einen Winter ohne Schnee. Wir haben das alles schon erlebt.
Also ist offensichtlich das Ungewöhnliche das einzig Verlässliche.
Ein explizites kanadisches Wetter gibt es nicht.
Wie in dem kleinen Deutschland gibt es auf diesem Kontinent selbstverständlich große Unterschiede. Ich wüsste auch nicht, wie ich das Wetter in Deutschland verallgemeinernd beschreiben könnte. Ich werde hier immer mal wieder danach gefragt. Es macht auch in Deutschland einen großen Unterschied, ob man sich in Oberstdorf, an der Bergstraße oder in Hamburg befindet.
Der Reiz, die Herausforderung, die dieses Extremklima am Anfang für uns darstellte, ist einer sehr pragmatischen Gänsehaut gewichen. Auch wir verlassen das Cariboo gelegentlich im Winter, sind zu Zugvögeln geworden und denken in Deutschland voller Sehnsucht nach dem knackigen weißblauen Winter bei uns auf dem Berg.

Jetzt sind die Neuen, die jungen Einwanderer, dran, sich über die Extreme zu freuen und Adrenalin auszuschütten, wenn sie im Winter unter dem Traktor ein Feuerchen machen dürfen, irgendwann in diesem Winter, der bestimmt noch kommt.

ON SALE

Es ist saukalt. Definitiv Zeit, den Bestand an langen Unterhosen zu erweitern. Vielleicht sind es ja morgen schon -45° C. Also rein in den Laden, der sich auf Arbeitskleidung spezialisiert hat und Winterbekleidung für diese Klimazonen führt. Schließlich gibt es ja auch Leute, die bei diesen Kältegraden draußen arbeiten müssen, Motorschlitten- oder Skifahren wollen.

Es gibt alles – nur keine langen Unterhosen.

Jetzt ist es zwar kalt, aber *Longjohns* gibt es erst im Frühjahr wieder, dann aber als Sonderposten und *On Sale.* »Sorry«, sagt die Verkäuferin, schaut aber dann doch noch einmal in den Computer und siehe da, ein Zweiggeschäft in Sonstwo, Manitoba, hat noch eine. Dieselbe wird dann sofort nach hierher geordert. *Special Order:* eine Unterhose, lang, für Herrn Jürgen Grossmann – und schon innerhalb einer Woche soll sie da sein. Kommt auch. Hurra. Die Kälte hat sich inzwischen natürlich verabschiedet.

Wieso lernen wir nur so schwer? Wieso kaufen wir die Sachen nicht dann, wenn es sie gibt? Wann begreifen wir dieses System endlich? Eigentlich haben wir doch schon genug Lehrgeld gezahlt; aber nein, es soll immer schön so gehen, wie man es gewöhnt ist. In Kanada kauft man alles, wenn es gerade ›On Sale‹ ist, ob man es braucht oder nicht. Man wartet nicht mit dem Kauf von langen Unterhosen, bis es kalt wird.

Mit dem Frühjahr kommt dann auch das jährliche Missvergnügen: Zäune reparieren.

Dazu braucht man Draht, Isolatoren und Krampen, manchmal auch neue Pfosten. Jedes Jahr, jedes, müssen wir die Schäden beseitigen, die durch Wild oder umgefallene Bäume entstanden sind. So wie alle anderen Leute auch, die ihre Tiere auf die Weiden lassen wollen. Diesmal wollen wir aber zusätzlich Elektrodraht ziehen.

Jürgen geht in den Laden, will Draht, Krampen und Isolatoren kaufen. Oh je. Er will Draht. Es ist zwar Frühjahr, aber Draht haben sie nicht. Draht ist ausverkauft. Zwölf Isolatoren seien noch im Regal. Zwölf. Krampen – ein ganzer Kasten voll. Aber nur die kleinen! Die Augen weiten sich erschrocken. Auf beiden Seiten. Mein Mann ist bereits bekannt – ich halte die Luft an.

Erst gestern habe man bei dem Lieferanten eine große Bestellung aufgegeben. Allerdings wären kein Draht und keine Isolatoren, geschweige denn große Krampen mit auf der Bestellung. Die Sachen sind zwar ausverkauft, aber wen kann das schon motivieren! Es wird einmal in der Woche bestellt. Und das war gestern. Also in einer Woche wieder. Natürlich ohne Garantie, dass dann bei der Lieferung nach einer weiteren Woche das Bestellte auch wirklich dabei ist. Wenn dann wieder nichts davon geliefert wird, kann man ja nochmal aufs Neue bestellen.

Mit etwas Glück kommt es dann vielleicht mit der Lieferung in einer Woche darauf. Aber man weiß ja nicht, ob man Draht, große Krampen oder Isolatoren überhaupt gleichzeitig beziehen kann. Eins davon wird es aber bestimmt geben … Was soll man bloß mit Isolatoren ohne Draht oder isolierten Krampen? Vice versa.

Der kleine Konkurrenzladen hat natürlich auch nichts, willigt aber ein, es mit einer Bestellung zu versuchen. Heute. Irgendetwas werden wir schon bekommen.

Im nächsten Frühjahr werden auch wieder Zäune zu reparieren sein, oder etwa nicht? Dann hat man schon einmal die Krampen, und vielleicht gibt's ja irgendwann vor dem nächsten Wintereinbruch Elektrodraht. Wenn man dann nur die Lieferung nicht verpasst. Haha.

Wie war das noch mit dem Land der unbegrenzten Möglichkeiten? Zählte Kanada nicht auch dazu? Immerhin lernen wir durch die beiden Läden, dass es auch sehr gut ohne Lagerhaltung und Engagement gehen kann. Was wir bloß immer nur haben!
Endlich kommt die Lieferung, die Hälfte fehlt. Klar doch! »It's good enough for us«, sagt sie, schiebt dann noch ein trockenes und ganz bestimmt nicht ernst gemeintes »Sorry« nach. Darauf können wir jetzt aber auch verzichten.
Richtig, *wir* müssen umdenken.
Ach, übrigens, Hundeleinen sind jetzt ›On Sale‹. Vielleicht sollte man die jemandem schenken, der keinen Hund hat, damit er dann, wenn er sich einmal einen anschafft, nicht vor einem leeren Regal steht. Der arme Hund.

Vom Wilden Westen

Jedes Jahr am ersten Wochenende im Juli ist Showtime! Die Stadt blüht auf und quillt über vor Menschen, Motorhomes und Pferdehängern. Williams Lake ist im *Stampede*-Fieber. So heißt das Rodeo offiziell.

Ja, da sind sie zu sehen, die echten und die Möchtegern-Cowboys. Fast alle in nagelneuer Ausstattung, frisch aus dem Western-Store. *High Noon:* Die Hüte sind groß, die Stiefel blank, die Jeans hauteng und in der silbernen Gürtelschnalle spiegelt sich die Sonne des Wilden Westens. Manchmal schreit es förmlich ›Tourist‹. Aber wie man sich doch täuschen kann. Am Nachmittag balanciert genau der ›Tourist‹ auf einem Bullen!

Wer mit dem Rodeo nichts am Hut hat, hat längst die Flucht ergriffen oder versteckt sich in der Kunstgalerie. Andere dagegen genießen durchaus den Wirbel aus Menschen, Tieren, Wagen und Gesängen, den die *Williams-Lake-Stampede* mit sich bringt.

Alles, was Beine hat, ist auf denselben: Professionelle und andere Cowboys, Rancher, Touristen, Schaulustige, Immigranten, Landvolk und die *First Nations* (Indianer). Alle sind sie gekommen, aus der Stadt und aus den entlegensten Winkeln des Westens, alle.

Die Crème de la crème der Cowboys kommt am Veranstaltungstag mit ihren Sätteln unter dem Arm eingeflogen. Auf Rodeos dieser Größenordnung kämpfen richtige Profis gegeneinander.

Endlich Rodeo! Und Williams Lake macht Umsatz. In allen Geschäften sind die Schaufenster und Auslagen mit Cowboy- und Saloonszenen bemalt oder dekoriert. Man trägt *Western Look* selbst

in der Bank. Für alles gibt es ein Komitee, und Preise gibt es. Yee hew!
Die Geschäfte brummen, beim Zahnarzt surrt der Bohrer und in der Bank werden die Warteschlangen länger. Man erledigt Einkäufe, Behördengänge, gibt Reparaturen ab, schaut beim Sattler rein und holt den bestellten Sattel ab. Man kann endlich wieder ausgiebig Leute treffen, Bars bevölkern und zum Bingo gehen! Bingo!!!
In den Bars der Stadt ist jetzt richtig was los. Bald kann man so manchen mit Schräglage in den Straßen beobachten, der feuchtfröhlich, nein, eigentlich eher feucht-traurig, zwischen den Autos umherwankt. Kein Problem, in Williams Lake haben Fußgänger immer Vorrecht.
Polizei gibt es natürlich auch in der Stadt. Am Stampede-Wochenende wird der Einsatz verstärkt, aber nicht etwa zu Pferd, wie man während des Rodeos erwarten könnte, schließlich ist die *Royal Canadian Mounted Police,* die Königliche Berittene Polizei Kanadas, eines der wesentlichen Symbole des Landes. Nein, die königlichen Mounties reiten Fahrräder. Fahrräder!!!
Auch in Williams Lake müssen offensichtlich Menschen vor anderen Menschen geschützt werden, ob vom Pferd oder Fahrrad aus, ist wohl zweitrangig.
Zu Beginn der vergnügten Tage zieht die *Parade*, die unbedingt zum Fest gehört, durch die Stadt. Sie endet auf den *Stampede Grounds*, dem Rodeoplatz. Wie bei uns zu Karneval ziehen die Williams Laker mit Jubel, Trubel und originellen Themenwagen am Stampede-Samstag durch die Stadt.
Meine Freundin Danielle ist immer mit von der Partie, längst selbst über Fünfzig ist sie doch durch nichts zu bremsen. Sie bringt ihre Familie in Schwung, und man montiert ein großes Floß auf einen Anhänger. Ihre Söhne haben eine *River Rafting Expedition Company* und Promotion tut immer gut.
An diesem Wochenende hat Danielle außer ihren vier erwachsenen

Kindern noch die Kinder ihrer fünf Geschwister aus ganz British Columbia zu dem jährlichen ›Summer Camp bei Tante D‹ zu Besuch. Zusammen sind es fünfzehn Kids. Als es losgeht, tragen alle ein *The Water People*-T-Shirt. Auch der Hund *Major.*

Die Stimmung ist grandios, obwohl man schon um sieben in der Früh mit seinem Wagen zur Prämierung aufgereiht bereitstehen muss. Damit die Stimmung noch besser wird, kommen Freunde und bringen Kaffee und Goodies. Und Yessss! Danielles Wagen gewinnt den ersten Preis – und wieder kommen Freunde und bringen Kaffee und Goodies. Hooray.

Es ist gleich neun und dann geht die Parade los. Danielle schaut nach einer Toilette. Nichts, nirgendwo. Na, sie wird's schon schaffen.

Inzwischen sind ihre Eltern gebracht worden. Die werden ganz oben auf dem dekorierten Wildwasserfloß postiert. Es ist außerdem Großvaters achtzigster Geburtstag und er beweist es: beim River Raften gibt es kein Alterslimit. *Im Water People*-T-Shirt ist er wortwörtlich ganz oben auf.

Es geht los. Jeder hat seine Rolle in der Show. Danielle fährt. Großvater mit seinem weißen Stetson-Hut sitzt wie ein allseits bekannter Würdenträger im Boot. Genüsslich pafft er seine dicke Zigarre und winkt jovial der Menge zu. Außen am Boot hängen neben dem ›The Water People‹-Banner auch große ›Happy 80 th Birthday Grandpa‹-Fahnen. Die Menge jubelt, ruft Glückwünsche und singt ›Happy Birthday‹. Danielles zauberhafte kleine Mama sitzt strahlend neben ihm, winkt ebenfalls huldvoll, das T-Shirt und der weiße Cowboyhut stehen ihr fabelhaft. Sie winkt. Sie ist glücklich, trotz Alzheimer.

Langsam zieht die Wagenschlange weiter … und Danielle leidet. Sie sieht sich schon an den Rand fahren, halten, aber nirgendwo, nirgendwo eine Toilette. Noch mindestens zwanzig Minuten zu fahren! Sie sieht keinen Ausweg mehr. Sie kommandiert die Kids, die die Broschüren an die Zuschauer verteilen: »Sofort ins Boot«, sie schreit:

»Festhalten«, und los geht's, scharf nach links um die Ecke, nach Hause. Bloß schnell nach Hause.

Ihr Vater, oben im Boot, kann's nicht fassen. Sein Jubeltag ist vorüber. Die Mama schaut perplex, die Kids ebenfalls. Mit weißen Fingerknöcheln hängen sie am Bootsrand. *Majors* Ohren wehen im Wind.

Als Danielle am ersten Berg Gas gibt, sinkt ihre Mama zurück in die Arme der anderen und starrt, zufrieden lächelnd, in den Himmel.

Danielle schaut im Rückspiegel nach ihrem Vater. Der hält mit einer Hand seinen Stetson, und in der anderen erlischt die Zigarre im Gegenwind. Mit dem Daumen fuchtelnd signalisiert er, sie solle halten. Haaalten!!!!

Welch köstlicher Anblick.

Sie kann fast nicht mehr. Je mehr sie lacht, desto schlimmer geht's ihr. Gleich platzt die Blase. Noch zwei Kurven: Festhalten!!!

Da, sie ist zuhause, bremst, rennt ins Haus …

Sie erzählte das alles genau so, als ich sie fragte, wo denn ihr Floß auf der Parade gewesen sei. Lachend sagt sie, sie musste sich eine Menge anhören, aber alle Familienmitglieder kriegten sich auch wieder ein, und in der Erinnerung war das die Parade, an die sich alle am besten erinnern können. Es war ja auch ihre letzte.

Ja, so kann es gehen. Inzwischen war die Parade auf den Stampede Grounds angekommen. Mit der Nationalhymne und der Eröffnungsansprache wird nun das große Spektakel eingeleitet. Die Rodeo-Queens in ihren prächtigen Outfits und Krönchen galoppieren fahnenschwingend durch die Arena, aber erst nach dem Cowboygebet, da ist es nochmal ganz still, öffnen sich die Tore:

A Cowboy's Prayer

Oh Lord, I reckon I'm not much just by myself
I fail to do a lot of things I ought to do.

But Lord, when the trails are steep and passes high,
Help me ride it straight the whole way through.
And when in the falling dusk I get the final call,
I do not care how many flowers they send
Above all else the happiest trail would be
For You to say to me, Let's ride, My friend.

Ich weiß, oh Herr, ich bin nur unbedeutend
und ich habe nicht alle Aufgaben, die mir auferlegt waren, erfüllt.
Aber, oh Herr, wenn die Wege abschüssig sind
und der Scheideweg weit oben auf der Höhe liegt,
hilf mir, diesen Weg dort hinauf aufrecht bis zum Ende zu reiten.
Und wenn ich in der Dämmerung meines Lebens Deinen Ruf höre,
soll es mir nicht darum gehen,
wieviele Blumen man auf mein Grab legen wird,
nur eines kann mich dann glücklich machen, würdest Du sagen,
komm, lass uns reiten, mein Freund.

»Let's rodeo!!!« – Gong!!!!!!!!!!

Vor diesem gefährlichen Sport und Spiel wird nicht umsonst gebetet. Hier wird Leben riskiert, und hier geht es auch um sehr viel Geld. Mag sein, dass man auch beim lieben Gott um gutes Wetter bittet, denn gewöhnlich gewittert und schüttet es an diesem Wochenende. Nicht so in diesem Jahr, vielleicht hatte der liebe Gott ja diesmal ein Einsehen. Denn wenn es regnet, fallen triefnasse Cowboys von triefnassen Bullen und Pferden in den Schlamm.
Erst bei Weltuntergang wird das Rodeo eingestellt. Während eines Gewitters, das wir vor ein paar Jahren gut geschützt auf der Tribüne verbrachten, wurde ein Pferd unseres Nachbarn direkt neben unserem Zaun vom Blitz erschlagen. An dem Tag waren auf dem Platz

sämtliche Aktionen unterbrochen worden. Erst nach einer Stunde stiegen die Teilnehmer mit zusammengebissenen Zähnen wieder auf. Im Grunde ging gar nichts mehr, aber weil Geld involviert war, ging es irgendwie dann doch. Und gebetet haben wollte man ja auch nicht vergebens. Schlammbrocken flogen. Let's rodeo!

Neben dem großen Rodeo in Williams Lake gibt es viele kleine, ländliche. Die sind viel unfallträchtiger, weil es sich hierbei nicht um Profis handelt. Da wird noch Staub gefressen, und die Abgänge häufen sich. Irgendwann – mit etwas Glück – schafft man es dann und ist in Williams Lake auf dem großen Rodeo mit von der Partie. Fortgeschrittenes Alter ist übrigens kein Grund, nicht mehr teilzunehmen. Graue Haare, Brille, na und!? Man wechselt einfach die Disziplin, wirft jetzt Lasso, statt sich selbst beuteln zu lassen, springt halt nicht mehr mit 30 km/h von einem neben einem Stier herrasenden Pferd auf diesen, und »ergreift den Stier bei den Hörnern«, um den dann in den Sand zu werfen. *Steer Wrestling,* in Bestzeit natürlich.

Das klingt brutal? Das ist es auch. Aber bei der alltäglichen Arbeit der Cowboys auf den Ranchen geht es auch nicht zimperlich zu. Natürlich ist das dann weniger spektakulär, aber viele der Disziplinen im Rodeo zeigen die Anforderungen der Arbeit auf den Ranchen in komprimierter Form. So muss man z. B. beim **Cattle Penning** mit dem Pferd ganz bestimmte Rinder aus einer Gruppe aussortieren, um sie dann in einen Paddock zu treiben. Oder beim **Cutting** ein Tier aus einer Herde separieren und für eine bestimmte Zeit auf Abstand zu den anderen halten. Darin liegt die Schwierigkeit, denn es will nicht getrennt sein von der Gruppe. Dabei geht es um blitzschnelle Reaktionen des Reiters und des Pferdes. Da muss das Pferd selbst mitdenken. Man sagt, es hat *cow sense*, wie ein Hütehund. Cutting ist außerordentlich spannend zu beobachten, vor allem, wenn man aus eigener Erfahrung weiß, wie schwierig das ist.

Bull-Riding ist zweifellos die Krone des Rodeos. Hier wird das mei-

ste Geld verdient. Das Los entscheidet, wer welchen Bullen reiten wird. Die Kolosse sind unterschiedlich gefährlich, haben so nette Namen wie ›Hurricane‹, ›Stepdancer‹ oder ›Cliffhanger‹ und ›Widow-maker‹. Es sind bekannte ›Größen‹ und der Cowboy weiß dann sofort, wohin mit seinem Adrenalin Rush.
Es geht auch nicht nur darum irgendwie draufzubleiben, sondern die Art und Weise, wie der Cowboy den Bullen oder das Pferd ›aktiviert‹, wird beurteilt. Action, Stil, nennt man das. Richtig. Stil!
Die Bullen, die vorher in aller Ruhe in den geräumigen Corrals warten, bis sie in die Boxen zum Fertigmachen gesperrt werden, kommen erst in den Boxen richtig in Stimmung. Sie buckeln ja nicht einfach nur so aus Spaß oder Übermut. Selbst wenn – das wäre ja kein Rodeo wert, schon gar kein professionelles. Beim Verlassen der Startboxen, in denen der Cowboy aufsteigt, wird nämlich ein Band um die Lenden fest angezogen, das die Genitalien zusammenkneift. Die Reaktion kommt prompt. Klar! Und ab gehts. Let's rodeo!
Nach acht Sekunden ertönt die erlösende Glocke oder Hupe, und der Spuk ist vorbei. Acht Sekunden können lang sein, aber auch kurz. Von den Bullen steigen alle Reiter von selbst ab. Vor den acht Sekunden, oder danach. Dabei löst sich hier das kneifende Band, das der Cowboy, während er sich an einem Gurt festhielt, ebenfalls in der Hand hatte, von selbst. Die Bullen bocken und kicken viel unberechenbarer als Pferde, so dass es zu gefährlich wäre, an einen solch tobenden Koloss heranzureiten.
Liegt der Junge vor dem Gong im Dreck, hat der Bulle gewonnen. Hurray! Dann macht sich der Cowboy besser ganz schnell aus dem Staub. Wenn er noch kann. Wird der Wagemutige abgeworfen, trotten die erfahrenen Bullen meist sofort Richtung Ausgang. Andere dagegen rechnen erst noch ab. Das sieht nicht so charmant aus. Hat der Bulle dem Looser nicht schon während dessen Abgang einen Tritt verpasst, kann er ihn sich jetzt mal so richtig vornehmen …
Aber auch dafür ist vorgesorgt. Der **Bullfighter** lenkt die Aufmerk-

samkeit des Bullen auf sich – unbewaffnet! Der Bullfighter riskiert alles, damit der Cowboy entkommen oder rausgetragen werden kann. Sein eigenes Leben kann er retten, indem er zur Not hinter ein leeres Plastikfass springt. Aber gewöhnlich ›handhabt‹ er den Bullen durch Ablenkung, Irreführung und Reaktionsschnelligkeit.
Es gibt auch immer einen **Rodeo-Clown**, der seine eigene Showeinlage hat, auch dann, wenn die Sanitäter gerade einen Teilnehmer aufladen und im bereitstehenden Krankenwagen verstauen: *The Show must go on!* Und Ablenkung tut Not. Gelegentlich geht's nämlich auch böse aus. Rodeo ist Risiko: Zähne fehlen, Daumen auch, die Knochen brechen, es gibt bleibende Nervenschäden, Lähmungen fürs Leben, aber bis dahin: Let's have some fun! Let's rodeo!

Nach dem Rodeo lassen sich ›Stepdancer‹ und ›Hurricane‹ wieder auf den Transporter verladen, und nach Hause geht's. Dort sieht man sie dann gemeinsam auf der Weide friedlich wiederkäuend in der Sonne liegen – bis zum nächsten Rodeo.
Die Rodeobullen und die Bucking Horses verdienen sich in den unangenehmen acht Sekunden auf dem Platz ihren Lebensunterhalt. Die Tiere stellen für ihre Besitzer einen hohen Wert dar. Jedenfalls ist dies eine Karriere, die nicht schon im Alter von knapp zwei Jahren – letztlich auch bei der Fleischrinderproduktion in Freiheit – in der Kühltruhe endet. Ein Rodeobulle wird auch nicht zum Vergnügen einer herzlosen Masse Mensch, wie in einer spanischen Stierkampfarena, zu Tode gequält und mehr oder weniger gekonnt abgestochen. Im Rodeo haben Mensch und Tier etwa die gleichen Chancen, und die Tiere kommen so gut wie immer unverletzt durch. Acht Sekunden, oftmals weniger – und sie haben wieder ihre Ruhe für den Tag.
Bei uns in der Gegend gibt es eine Ranch, die sich darauf spezialisiert hat, die jeweiligen Rodeos mit den entsprechenden Bullen und *Bucking Horses* zu beschicken. Inzwischen züchtet man diese Pferde

sogar. Es handelt sich also nicht um Tiere, die einfach nur unreitbar sind. So hat Rodeo zwar mal angefangen, aber mittlerweile ist es zu einer Wettkampfsportart mit verschärften Kriterien geworden.
Auch wenn man dem Rodeo kritisch gegenüber steht, zeigt es den Alltag des Ranchens in der Wildnis, bei dem man es mit Pferden und Kühen zu tun hat, die kein Halfter kennen, dennoch eingefangen und festgehalten werden müssen.
Und ist es da ein Wunder, wenn die Jungs in *The Olden Times*, die vor altersbedingter Energie nicht wissen, wohin mit sich, mal sehen wollten, ob da vielleicht einer schneller, sattelfester oder ausdauernder ist? So erschuf sich das Rodeo zwangsläufig wie von selbst.
Let's rodeo!
Jetzt sind die *Bucking Horses* dran, entweder mit Sattel, *saddle bronc*, oder ohne, *bare back*. Wenn der Cowboy nach den acht Sekunden noch auf dem Pferd sitzt oder hängt, treten sofort die Männer auf den ›Pick-up-Pferden‹ in Aktion. Der eine zieht den Reiter zu sich auf sein Pferd, während der zweite mit seinem Pferd auf der anderen Seite ebenfalls parallel zu dem noch bockenden Pferd reitet und das Band, das das Pferd nach dem Bullen-Schema kneift, löst.
Und siehe da, es gibt neben den Männern auch jede Menge *Cowgirls*, Frauen, die auf den Ranchen genauso zupacken wie die Männer. Die zeigen dann beim *Roping* (Tiere mit dem Lasso fangen) oder beim *Cattle-Penning* (siehe oben) wie gut sie zuhause bei der Rancharbeit sind, dort, wo nichts zu gewinnen ist, außer der Gewissheit, einen Job anständig und schnell gemacht zu haben. *Kälberropen, Calf Roping* ist abgeschafft. Das *Barrel-Racing* dagegen wird von den Frauen dominiert. Offensichtlich rast kein männlicher Cowboy freiwillig mit seinem Pferd in Bestzeit um drei leere Tonnen herum.
Wenn die ganzen Männer dann etwas Angemessenes trinken wollen, gehen sie in die Bar. Nach britischer Tradition bedeutet das, dass sie sich mit ihrem gekauften Bier, Whiskey oder was auch immer hinter einem Zaun in einem abgesperrten Bereich aufhalten müssen. Das

ist wirklich wahr. Die Queen, unser Staatsoberhaupt, will das so. Und wir sind ja hier in British Columbia. Deshalb halten wir noch einige wesentliche, von den Engländern übernommene Lebensregeln hoch.

Und wie wird man zum *Cowboy Star?* Wo kommt der Nachwuchs her? Jede dieser Karrieren beginnt ganz früh auf Mamas Schoss: »Hoppe, hoppe Reiter, wenn er fällt, dann schreit er!« Später setzt der Papa den kleinen Mann auf die erste Tonne, bald drauf geht's auf das erste Schaf, die erste Kuh, den ersten Steer, das erste Pferd, den ersten Bullen! Und: Auf geht's zum Highschool-Rodeo und mehr. Yessss!

Mancher bleibt dabei. Und keiner wird gezwungen. Ganze Generationen sind mit von der Partie und berühmte Namen wiederholen sich in der *Cowboy Hall of Fame.*

LET'S DANCE!

Ach, die gute alte Zeit, als die Zahl der Kinder noch groß und die Einsamkeit in der Wildnis nicht nur atemberaubend war. Da sehnte man das erste Wochenende im Juli herbei. Rodeo. Und Tanz! Die ganze Nacht. Endlich. Man war ja ganz ausgedörrt nach Amüsement.

Eigentlich war es viel zu schwierig, mit allen Familienangehörigen in die Stadt zu ziehen, aber egal. Rodeo! »Wieder mal ausgelassen, sorglos sein, das wäre so schön!«, dachte man, und machte sich auf den langen, beschwerlichen Weg in die kleine Stadt.

Aber was sollte man bloß mit dem Baby machen? So ein kleines bisschen flüssiges Spülmittel mit der Milch ins Fläschchen konnte doch so schlimm nicht sein, oder? Aber genug Bauchweh und Durchfall würde es schon hervorrufen, so dass das Krankenhaus die Aufnahme des armen Würmchens nicht zurückweisen konnte – und überhaupt, wo wäre das Kind sicherer untergebracht und versorgt gewesen als im Krankenhaus? Auch ein paar Alte aus der Umgebung wurden plötzlich ›krank‹ und fanden sich im Hospital wieder. Das war doch sehr verantwortungsbewusst gedacht, oder? Rodeo-Wochenende bedeutete regelmäßig Großkampftag im Krankenhaus.

Und da gab es noch jemanden, den man nicht für mehrere Tage alleine zuhause lassen konnte: Die Milchkuh. Rauf auf den Wagen mit den Kindern und der Kuh, und auf ging's: Let's rodeo, let's dance – nach dem Rodeo brauchte man ja schließlich auch wieder Milch für's Baby.

Manch einer schaffte es nur auf Umwegen abends zum Dance. Da gab es schon am Nachmittag so manche Schnapsleiche. Die Polizei aber war – und ist heute noch – gut vorbereitet. Man schaffte die Übeltäter weit raus aus der Stadt, gen Westen. Aber das war (und ist) noch nicht das Ende vom Lied.
Dieser Fuhre folgte ein anderer Wagen, der für viele im Vorhinein bezahlte Dollar die inzwischen leicht Ernüchterten wieder in die Stadt zurückbrachte.

Peter ist gebürtiger Schotte. Er kam als Soldat Ihrer Majestät von England nach Kanada und ging als Cowboy zurück – aber nur um seine Sachen zu packen. Sein britischer Humor ist ihm geblieben, Schottenrock und Dudelsack trägt er nur noch am St.Patrick's Day. Seine ersten kanadischen Jahre verbrachte er auf dem Pferderücken, schlief, wenn es sein musste, im Straßengraben und lernte so British Columbia in- und auswendig kennen.

Er jobbte auf Ranchen, fand die richtige Frau und heiratete. Den beiden gehörte die Welt. Zumindest dort, wo es Rodeos gab. Man bekam zwei Töchter, kaufte eine Ranch, baute eine Reithalle, trainierte Pferde. Das Leben hätte nicht besser sein können. Denn solche Möglichkeiten, sagt er, hätte ihm die alte Heimat niemals geboten. Er ist seiner neuen Heimat zutiefst dankbar.

Dann schlug das Schicksal zu. Seine Frau starb während eines Rodeos, als sie mit ihrem Pferd stürzte und das schwere Tier auf sie fiel. Die Mädchen wuchsen ohne ihre Mutter auf, doch nicht ohne Rodeo. Es war ein Unfall, genauso, als ob in einer Familie jemand bei einem Autounfall stirbt. Man fährt weiter. Sie ritten weiter.

Jeden Abend werden in der Halle oder auf dem Platz alle Disziplinen trainiert, die auch auf einem Rodeo zu sehen sind. Und natürlich *Barrel Racing*, d.h. man rast im vollen Galopp um Tonnen herum, rechtsrum, linksrum, in Bestzeit. Um mehr Anlauf nehmen zu können, habe ich gesehen, wie eine der Töchter das Hallentor öffnete und mit ihrem Pferd schon von draußen Anlauf nahm, um drinnen

mit mehr Speed um die Tonnen sausen zu können. Rodeo ist ihre Leidenschaft, die Pferde sind ihr Leben.
Ich habe bei ihnen viel gesehen, viel gelernt. Ich kann vom Pferd aus Gatter öffnen und schließen, ohne dass irgendwelche Kühe mit durchrennen können. Ich kann aus dem vollen Galopp stoppen, ohne im Maul zu zerren, ein Pferd auf der Hinterhand um sich selbst drehen lassen, wobei, anders als in der Dressurreiterei, das innere Bein wie eine senkrechte Achse (*pivot foot*) stehenbleibt (*spinning*). Ich kann in einem Affenzahn die Richtung wechseln und nebenbei lernte ich noch eine Menge an Western-Pferdeverstand. Dabei hatte ich doch ein ganz anderes Pferdealphabet in Deutschland gelernt …
Das alles verdanke ich Peter. Bei ihm konnte ich eine Menge dieses anderen Reitstils beobachten und nachfragen. Und ich war angetan von der Freundlichkeit, mit der er immer wieder alle meine Greenhorn-Fragen beantwortet hat. Hin und wieder sind Peter und ich auch zusammen ausgeritten. Dann hat dieser leidenschaftliche Pferdeliebhaber auf dem Weg über seine Ranch gegrinst und gemeint: »*Lots of work, lots of work.* Aber dafür scheine ich nur schwer zu motivieren zu sein. Pferde! Das ist es. Erst auf dem Pferd macht das Leben Sinn.«
Pferde sind seine Welt, sie sind es immer noch. Auch noch mit zwei künstlichen Hüft- und Kniegelenken.
Love actually.

Stolz und glücklich brachten wir unser erstes Westernpferd namens *Brownie* nach Hause, um es gleich wieder dahin zurückzubringen, wo wir es her hatten. Auf unseren Weiden herrschte nämlich der Wallach *Prince*, der unserer damaligen Hausbetreuerin gehörte. Prince war hier der Platzhirsch und verteidigte seine zwei Stuten mit Zähnen und Hufen. Zwischen ihm und meinem Brownie, dem Neuen, begann eine große Keilerei.

Ich brachte mein Pferd also erstmal wieder in Sicherheit. So dachte ich jedenfalls. Aber es kam anders: Der nette Mensch, der es eigentlich hätte besser wissen sollen, stellte unseren Brownie zu einem zweijährigen Hengst auf die Koppel. Jetzt wurde mein Brownie von einem jungen Hengst verprügelt statt von einem alten Wallach.

Am Kopf schwer verletzt, sprang Brownie über den Stacheldrahtzaun, rannte über die Straße zurück zu Peters sicherem Pferdestall. Er rettete sich zu den anderen Pferden, die in den Boxen standen und ihm so nichts tun konnten. Am nächsten Morgen erst wurde er dort gefunden. Unser Fachmann kratzte sich zwar hinterm Ohr, meinte aber im Nachhinein ganz locker, die hätten »zwar ein bisschen gekämpft«, aber er hätte gedacht, das gäbe sich schon. Ich war sprachlos.

Nun lernten wir den Kanadier kennen, mit dem wir es in der ersten Zeit am häufigsten zu tun haben sollten, den Tierarzt. Der hat beim Zusammenflicken von Brownies Kopf einen grandiosen Job getan und die Haut, die noch irgendwo hing, über Silikonschichten wieder an den Schädel genäht. Wie am ganzen Kopf mit Perlen geschmückt, haben wir unser Pferd dann wiederbekommen, konnten es aber nicht mit nach Hause nehmen. Dort wartete ja Prince, unser späterer ›Opa‹ auf ihn. Ich bat Peter daraufhin, Brownie bei sich irgendwo separat zu stellen, wo kein Stacheldraht war, und er auch nicht rausspringen konnte. »Oh, yes, of course«, sagte er und stellt den armen Brownie in einen großen Korral. »Ja, aber da steht doch eine Scheibenegge!« stöhnte ich. Peter wollte nicht glauben, dass mir das auch nicht gefiel. Auf mein Bedenken hin, das Pferd könnte sich aus Versehen an der Egge verletzen, weil es, alleine eingesperrt, ja auch herumrennen würde, meinte er nur: »Yeah, Pferde sind dumm, right?!«

Erschöpft bat ich um ein freundliches Leihpferd, damit ich Brownie mit nach Hause nehmen konnte und mein Herdentier Gesellschaft haben würde. Pferde sind nämlich Beutetiere und fühlen sich nur in einer Herde sicher. Also setzen sie alles daran, zu Artgenossen zu kommen, um ›sicherer‹ zu sein. Die Hackordnung gibt es als Bonus. Auch wenn ein Pferd die letzte Nummer in der Hierarchie ist, fühlt es sich dort sicherer als alleine.

Peter meinte auf meine Bitte nach einem Begleitpferd: »Klar, nimm doch gleich zwei mit. Die Stute hier und das Viermonatspferd dort.« Es klappte. Sie vertrugen sich sofort, weil sie sich Brownie unterordneten. Er war sehr zufrieden und verspürte keine Lust mehr auf Kontakt zu Prince und dessen Anhang.

Als Wiedergutmachung kam Peter jeden Tag zu uns und gab Brownie die notwendigen Antibiotikaspritzen, meinte aber, dafür hätte es auch eine billigere Lösung gegeben: »There is always another horse. Pferde gibt es doch genug! 25 Cent und der Fall ist gelöst.«

Zwei Tage später sagte er dann unverhofft: »Jetzt lernst Du mal, die Spritzen selbst zu geben! Du kannst hier nicht immer auf den Tierarzt warten. Die Rancher, die weit draußen wohnen, machen bei ihren Kühen zur Not sogar die Kaiserschnitte selbst!«

Danke. Genaueres musste ich darüber nicht unbedingt wissen. Er drückte mir eine Spritze in die Hand und feuerte mich an: »Stell Dir vor, der Pferdehals sei eine Dartscheibe.« Hm. »Do it hard, hard, hard!!« riet er, und ich wusste nicht mehr, was vorn und hinten war. – So ging es nicht. Die Nadel baumelte irgendwo an Brownies Hals. »Ich hab noch nie Dart gespielt, Himmel!«
»Morgen bin ich besser«, schwor ich mir. Ich holte eine Orange und taute Fleisch auf. Dann war es soweit. So! Zuerst in die Orange, dann ins Fleisch … mit den Nadeln. Und mit Schwung!!!! Später erfuhr ich vom Tierarzt, dass Peter mit viel zu dicken Nadeln, die eigentlich für Kühe gedacht waren, angerückt war, um meinem Pferd eine Spritze zu geben. »Hard, hard, hard«, animierte er mich auch am nächsten Tag und siehe da, es klappte. Ich gab Spritzen, wusch Wunden aus, las Fachbücher über Wundversorgung und Hackordnung zwischen Pferden – nur zum Reiten kam ich nicht. Irgendwas war verkehrt.
Wir schauten uns weiterhin nach anderen Pferden für uns um. Schließlich wollten wir ja alle reiten. Die niedliche aber noch ungerittene Stute ging wieder zurück. Das Fohlen blieb. Das wurde unser *Jumps A Lot,* der *Jumpie*, der seinen Namen nicht umsonst bekommen hat. Dieser Kerl sprang, noch lange nicht ausgewachsen, zwischen den Ranchen hin und her, über Gatter und Zäune, wie er wollte, und hat sich dabei nie verletzt.
Mit jedem neu hinzukommenden Pferd ging die Keilerei wieder los. Nach einer Weile hatte ich genug davon und bestelle kurzerhand den Tierarzt zwecks Entmannungsrundumschlags. Das sollte wohl helfen. Der Doktor krempelte die Ärmel hoch, orderte heißes Wasser und legte Jumpie, das Hengstfohlen, mit der ersten Ladung Narkosemittel flach auf den Rasen vorm Haus.
Basta! Als die Wunden verheilt waren, und die Hormone sich beruhigt hatten, war endlich Schluss mit lustig, Wunden auswaschen und Spritzen geben.

Wo mein Mann war? In Deutschland, wo er anfangs immer war, wenn hier was los gewesen ist. Er meint: Gott sei Dank!

DIE ANTIQUITÄT

Ich liebe Trödelläden. Es gibt sie überall, auch im Cariboo. Glücklich komme ich immer wieder mit Beute zurück: Altmodische Waschschüsseln und Krüge, Nachttöpfe, Seifenhalter, Spiegel, Tafeln, Schulmobiliar, Trensengebisse, gusseiserne Wasserkessel, Teppichklopfer, alles Mögliche – und Unmögliche. Kriterium ist allerdings, dass man die Sachen auch benutzen kann, oder könnte, wenn man wollte.

Ah, da ist ja eine Suppenkelle, die innen eine Maßeinteilung hat! Das nenn' ich praktisch! Die Leute früher hatten uns doch einiges voraus. Außerdem kann man nie zu viele Suppenschöpfer haben. Der wird gekauft, schön geschrubbt und desinfiziert. Jetzt hängt er am Herd an der Wand und wird natürlich auch benutzt. Ich sag' doch, nur fürs Abstauben kaufe ich nichts.

Unsere echt-kanadischen Rancherfreunde Ryan und Helen grinsen beide übers ganze Gesicht: »Angelika, weißt Du, was das ist?«

Natürlich weiß ich, was das ist. »Jaaa! Das ist ein Suppenschöpfer.«

»Hm, eigentlich benutzen wir das, um damit Wurmmittel über die Rücken der Kühe zu gießen, bevor wir sie im Sommer in die Wälder lassen. Siehst Du die Einteilung da? Aber Du hast recht, man kann damit auch Suppe verteilen…«

Und beide grinsen noch breiter.

Sarah und ihr Mann waren Anfang Zwanzig, als sie aus den Staaten in den Norden zogen. Weltflucht in die harte Realität des einsamen Westens Kanadas. Flowerpower und Vietnamkrieg hatten ihr Leben und ihre Sehnsucht nach Frieden und einem anständigen Leben geprägt. Viele junge Männer entkamen diesem wahnsinnigen Krieg, indem sie in die Einsamkeit der kanadischen Wälder zogen und später Kanadier wurden.

Hier konnten sie ihn leben – ihren Traum von Frieden und Naturnähe.In British Columbia gab es die Möglichkeit, Land zu erwerben, indem man es in den ausgewiesenen Grenzen urbar machte. Sarah und ihr Mann suchten sich weit draußen im Chilcotin ein Stück Land und stellten sich dieser ungeheuren Aufgabe. Nach mehreren Jahren und nach der Erfüllung aller damit verbundenen Auflagen ging das Stück Land dann wirklich in ihr Eigentum über.

Ein harter Weg. So gar nichts für Träumer. Nicht Flowerpower – sondern Muskelkraft, und viel davon war angesagt. Aber die reichte auch nicht immer aus. Zuerst einmal musste eine richtige Straße den Berg hoch geschoben werden. Dafür mussten Maschinen her, das Ersparte auch. Das Viehgatter bauten sie eigenhändig aus gefällten Bäumen, davon gab es ja genug. Ganz vorn, an der Spitze des Berges, sollte das Haus einmal stehen. Der Blick von da war märchenhaft. Kanada im Großformat, Bildband, Ferienprospekt: Schneebedeckte Berge, grünblauer See im Tal, Grizzlys auf der gegenüberliegenden Seite.

Sie rodeten Wald, kauften eine Milchkuh, bepflanzten im Mai im wattierten Anorak den Garten, zogen bei brütender Hitze Zäune, bauten eigenhändig weitere Viehgatter aus Holz, taten, was sie konnten und noch mehr, während die gnadenlos beißenden *Blackflies* Mensch und Tier zermürbten und zerfraßen. Die kleine Tochter purzelte durch die Gegend, während die erbarmungslose Sonne niederbrannte. Gemeinsam fütterte man Schafe, Hunde, Katzen, Hühner und Pferde. Man hackte Holz, molk und sägte, fluchte und liebte, lachte und heulte. Und New York war unendlich weit weg.

Oft war Sarah mit ihrer Kraft am Ende. Sie fragte sich, ob es das war, was sie wollte, wunderte sich: »Bin das wirklich ich? Hier? So?« Doch die Entscheidung war gefallen, es gab inzwischen kein Zurück mehr. Trotz der endlosen Arbeit blieb ihnen zu wenig zum Leben. Den schönen Blick konnten sie nicht essen, also mussten sie dazuverdienen. Kein Job war zu niedrig, zu schwer, zu weit entfernt.

Heute, in ihrer Erinnerung an diese Jahre, überwiegt das Schöne: Im Sommer die Picknicks am See, das Baden, wo es niemanden sonst gab, nur Stille und Freiheit, das selbstbestimmte Leben. Wenn Sarah an die Winter denkt, erscheint zuerst das Schlittschuhlaufen auf dem kleinen zugefrorenen Sumpfsee am Ende der Straße vor ihrem inneren Auge.

Dort traf man sich mit den ›Nachbarn‹, die sonst zu weit entfernt wohnten und im Sommer immer ebenfalls bis über die Ohren in Arbeit steckten. Aus der Rutschpartie wurde jedesmal ein Fest. Man lief Schlittschuh, bis man nicht mehr konnte. Die Kinder genossen es, mit den wenigen Gleichaltrigen zusammen zu sein und mussten förmlich nach Hause geschleppt werden.

Aus den Nachbarn wurden unentbehrliche Freunde. Besonders die, die damals schon ein Telefon hatten. Der Telefonanschluss war eine sogenannte *Party Line,* daran waren mehrere Familien, die viele Kilometer auseinander wohnten, gleichzeitig angeschlossen. Wenn gerade kein anderer Teilnehmer telefonierte, hatte man selbst eine Chance. Wer zuerst kam, war *on line.* Jeder konnte sich einschalten, mithören, sich einmischen, wortwörtlich teilnehmen. Als ihr zweites

Baby geboren wurde, wollte Sarahs Mutter alle Details der Geburt ganz genau erzählt bekommen. Sarah und sie vergassen völlig, dass das ganze Tal mithören konnte.
Irgendwann hatte Sarah dann genug von den schlecht bezahlten, geistig anspruchslosen Jobs, mit denen sie sich abmühte und ließ sich zur Lehrerin ausbilden. Dafür musste sie Mann und Tochter für ein Jahr verlassen. Die Universität war eine Tagesreise entfernt. Also musste das Kleine mit. Es gab keine andere Lösung. Das Töchterchen blieb beim Vater. »Ich schaffe das schon«, hat sie sich gesagt, wohnte bei Bekannten und träumte von zuhause.
Dann war sie endlich Lehrerin in der kleinen Zwergschule im Tal, Klassen 1 bis 10 in zwei Räumen, und sie, die nie Lehrerin werden wollte, war glücklich. Die Kollegen waren nett. Genau wie sie kämpften alle darum, den Lehrplan in Pädagogik umzusetzen.
Nach der Schule setzten die Kinder und sie sich auf ihre Pferde und ritten nach Hause, die Rancharbeit wartete. Pferde sind zuverlässig, auch bei Schlamm und Eis kommen sie eher durch als ein Auto.
Sarah genoss das Glück, dass sie nicht mehr wochenlang in einem Turm auf einem Berg einsam Feuerwache schieben oder in dem einzigen Café bei der Tankstelle bedienen musste, um ein bisschen Geld dazu zu verdienen. Erst als das zweite Kind in die 11. Klasse kam und für zwei Jahre ins Internat in Williams Lake, vier Stunden entfernt von zuhause, hätte wechseln müssen, entschied sich die Familie, in die Nähe der Stadt zu ziehen.
Wie anders ist doch ihr Leben verlaufen, als sie es sich nach dem Kunststudium am Schreibtisch in der Werbeagentur in New York vorgestellt hat. Aber dann war er ihr begegnet, der Prinz, ihr späterer Mann, und mit ihm die Entscheidung für das ganz andere Leben im Busch in British Columbia …
Das war eine unglaubliche Herausforderung, die sie zu bewältigen hatte. Und sie hat.
Sarah, my hero!

DER PFLANZENFREUND

Mein Mann mag Pflanzen. Pflanzen sind berechenbar und riechen gut. Tiere dagegen. Naja. Nach der ganzen Mutterkuhhaltung wollte er sich nun endlich vermehrt dem Grünzeug widmen.

Die Vegetationsperiode von nur drei Monaten trieb ihn ganz schön um. Nun begann der grüne Stress. Die drei Monate gibt es ja nicht am Stück, zwischendurch hat es nämlich Nachtfrost, eventuell Schnee. Wieder zweifelte er an seinem Verstand. Auf was hatte er sich da nur eingelassen?

Manchmal sehnte er sich zurück nach Deutschland, an die Bergstraße, wo alles wächst, oder nach Spanien – und sah sich Tomaten pflanzen, Orangen pflücken. Manch deutschstämmiger Caribooster, bei dem er sich ausweinte, betrachtet seinen eigenen Garten und nickte stumm.

Aber der Pflanzenfreund kam aus seinem Tief wieder heraus und setzte sich ein Ziel: Er würde drei tolle Monate lang pflanzen, was das Zeug hielt. Er würde diese kanadische Ranch zum Blühen bringen! Beschwingt betrat er die Gärtnerei, um sich beraten zu lassen. Man wies ihn freundlich darauf hin, dass die Pflanzen Etiketten mit Nummern hätten.: Er solle sich nach Klimazone 3 orientieren. Alaska sei 2. Der Nordpol die 1.

Jürgen hat gestutzt, gesucht, gefunden, gekauft und – gepflanzt.

Mit Ungeduld wartete er auf das nächste Frühjahr. Es kam wie immer spät, aber es kam. Endlich! Es zog ihn hinaus zu Baum und Strauch. Wie hat er sich auf seine blühenden Gärten gefreut!

Gespannt schaute er zuerst nach den im letzten Jahr gepflanzten Bäumchen.

Doch sein Herz zog sich bei dem Anblick, der sich ihm bot, zusammen. Der grimmige, kalte Wind, der auf der Höhe über den See bläst, hatte fast alle umgebracht. Was war bloß aus seinem Blütentraum geworden? Das konnte doch nicht sein!

»Egal«, sprach er sich Mut zu: »Ich kann kämpfen. Es muss doch auch Pflanzen geben, die dieses Klima aushalten!«

Also ging er erstmal wieder in die Gärtnerei und ließ eine umfangreiche Beschwerde los. Der gute Mann hörte sich seine Story von Höhenlage, pfeifendem Wind über dem See und Misserfolg geduldig an, kratzte sich am Kopf und meinte mitleidlos: »Ja, was Du gekauft hast, war für Klimazone 3. Aber nicht in solcher Lage. Gib's auf!«

Was war jetzt das? Der Gärtner schickte ihn geradezu weg! Der Pflanzenfreund war entsetzt. Auf was hatte er sich da nur eingelassen? Die Tiere wollten nicht wie er – und die Pflanzen konnten nicht, auch wenn sie wollten, und dem einzigen Bäumchen, das dem Winterwind standgehalten hat, hatte so ein miserabler kleiner Specht – wieder so ein Tier – gnadenlos die Rinde zerhackt. Blieb ihm nur noch der Küchengarten …

Die Vegetationsperiode von nur neunzig Tagen macht aus dem Hobby Küchengarten einen Dreimonatsvollzeitjob. Alles wird immer am selben Tag reif, und wenn der stolze Gärtner mit vollen Armen und Körben in der Küche erschien, erntete er dort nur Stöhnen.

Der Pflanzenfreund braucht Mitgefühl.

Wenn er sich erstmal von diesem Schrecken erholt hat, wird er allen beweisen, dass die Tomatenhaine auf eintausend Meter Höhe, am See, mit Wind, kein Problem für ihn sind!

Er kauft ein Gewächshaus. So!

Kein Wind. Kein Specht.

Nur er und seine zarten Triebe.

Mein Hund *Maxi* ist krank. Mandelentzündung. Gegen den Juckreiz in ihrem Hals frisst sie Heu, ihre Hundedecke und den Teppichläufer vom Vorplatz. Sie hustet, spuckt und Schlimmeres. Da erscheint er wieder, der Teppich. Also müssen *Ossi* und sie wieder draußen schlafen. Ich kann nur hoffen, dass die Antibiotika helfen.

Als wäre das alles nicht schon aufregend genug, fängt gleichzeitig eine unserer Kühe an zu kalben. Ich renne zwischen drinnen und draußen hin und her. Die werdende Mutter freut sich so sehr auf ihr Junges. Sie muht schon ihre Begrüßung, bevor es überhaupt auf der Welt ist. Die Fruchtblase platzt, das Kälbchen ist geboren. Jetzt wird die Mutterliebe richtig stürmisch. Es ist ein Kuhkälbchen, und Mama leckt es trocken und muht und schubst und muht. Na, das war ja mal eine unkomplizierte Geburt. Schön. Mutterglück total.

Ich verpasse den Hunden draußen Futter und Medizin, füttere die anderen Tiere und setze mich mit einem Tee in den bequemsten Wohnzimmersessel. Leider habe ich nicht bemerkt, dass ich die Eingangstür zum Flur nicht richtig geschlossen habe. Plötzlich nehme ich im Wohnzimmer einen widerlichen Geruch wahr. Keine Ahnung, was das sein kann. Das will nach so vielen Jahren Rancher-Dasein schon etwas heißen!

Schnell habe ich die Katzen in Verdacht, die wir für ein paar Tage in Pflege genommen hatten. Ich schau mal nach, aber an den Katzen kann es nicht liegen. Ich irre im Haus umher. Es stinkt immer mehr,

bestialisch, wie eine Mischung aus verwestem Fisch, Moschus und verschmorendem Elektrokabel.
Wie gut, dass ich nicht mit Jürgen nach Kamloops gefahren bin. Unser Farmarbeiter ist auch nicht da, er hilft im Winter nur kurz beim Füttern und geht wieder nach Hause. Also zerbreche ich mir den verwirrten Kopf alleine. Ist das vielleicht ein Chemiebrand? Nein, dazu ist unsere Müllkippe zu weit entfernt. Brennt der Hühnerstall samt Hühnern? Nein, auch das nicht. Sind im Keller die Sicherungen durchgebrannt? Nein. Aber was ist es dann? Und wo? Ich werde immer aufgeregter, renne von hier nach da und merke allmählich, dass der Gestank in Richtung Vorplatz, in dem sich inzwischen die Hunde tummeln, am grässlichsten ist.
In einer Stunde bin ich in der Stadt verabredet. Ich kann nicht absagen, erreiche niemanden mehr. Also beisse ich die Zähne zusammen, schnappe einen Mantel aus der Garderobe und ziehe mit angehaltenem Atem Stiefel an. -20° C. Schnell in die Garage. Oh Gott, das Auto stinkt auch. Ich werde mit offenem Fenster fahren müssen. Also zurück ins Haus, noch dickere Klamotten anziehen. Dann rein ins Auto, Fenster auf und nix wie weg. Ich atme ganz flach. Das geht gerade so bis zur ersten Ampel in der Stadt. Ich kriege kaum noch Luft. Was zum Teufel ist das bloß?
In Lokal treffe ich meine kanadische Freundin Helen, eine gestandene Rancherin und überschütte sie mit den Ereignissen. Ich nehme ein Taschentuch aus der Packung, die im Auto gelegen hatte, und, oh Gott, der Gestank sitzt auch da drin. Ich habe keinen Nerv mehr dafür, höflich zu fragen, ob sie mal dran riechen will, und halte es ihr einfach unter die Nase. Helen lacht schallend: »Skunk!!! Stinktier!«
Ich lache schon längst nicht mehr, dazu muss man nämlich vermehrt atmen. Und jetzt?? Wie soll ich den Gestank wieder loswerden – im Winter??? Wenigstens weiß ich jetzt, was das ist.
Unsere erfahrene Freundin schickt mich los, aus Tomaten hergestellte Enzyme besorgen. Wir sind nämlich nicht die ersten, denen

das passiert ist. Wieder nach Hause gekommen, reiße ich sämtliche Fenster auf und tauche, so gut es bei der Kälte eben geht, das Auto, die Garage, das Haus, die Hunde, die Katzen, den Fußboden, einfach alles in Tomatenenzyme. Es ist verdammt schattig für so eine Aktion!

Nicht, dass der Gestank nun weg wäre, aber ein angenehmerer Duft variiert das Übel. »Monatelang habt ihr damit zu tun«, hat sie uns prophezeit. Na fabelhaft.

Am nächsten Tag findet Jürgen die Reste des Skunks an unserem Zaun. Gegen Übelkeit ankämpfend, beseitigt er die Fellfetzen und den ganzen Schnee darum herum ebenfalls. Alles kommt in Plastiksäcke, die er sofort zum Müllplatz fährt. Offensichtlich haben unsere Hunde das arme Tier in der Garage gestellt. Ihr Jagdtrieb besiegte die Halsentzündung, und *Ossi* und *Maxi* nahmen die Herausforderung Skunk an. Das war dessen Ende und die beiden waren entsprechend parfümiert, Auto mit Garage ebenfalls.

Und so war es passiert: Die Haustür war nicht fest zu. Die Hunde kamen stinkend in den Vorplatz, in den sie immer dürfen, und dann hat sich der Gestank über die Frischluftzufuhr der Heizungsanlage in unserem Haus verteilt. Dadurch hatte ich die Katastrophe zuerst im Wohnzimmer gerochen. Ich hatte aus Versehen die Außentür nicht richtig geschlossen!

In Windeseile hat sich unser Drama herumgesprochen. Plötzlich werden wir zu einer Attraktion. Wer selbst noch keine Skunk-Erfahrung hat, kommt neugierig zu Besuch, schnüffelt herum und würgt seinen Kaffee bei uns runter: »Also, sooo riecht Skunk.«

Während Corinna, unsere Nachbarin, mich tröstet, kalbt draußen wieder eine Kuh, und wir können gerade noch rechtzeitig helfen. Die Mutter hat erschöpft eine Pause einlegt. Also befreien wir schnell das hübsche, rehbraune Kälbchen von der Fruchtblase. Als die Mutter wieder auf den Beinen ist, und offensichtlich die Chemie zwischen den beiden stimmt, gehen wir zufrieden ins Haus.

Wir köpfen eine Flasche Sekt. Der Kaffee bleibt stehen und ganz schnell ist uns der Gestank völlig egal.

Sarah, Nelly und ich kamen auf die Idee, im Chilcotin, weit draußen in der Einsamkeit des Westens, ein Picknick zu veranstalten. Nelly und ich wollten wissen, wie und wo Sarah zwanzig Jahre ihres Lebens freiwillig unter Pionierbedingungen gelebt hatte. Acht Stunden Fahrt hin und zurück kamen auf mich zu. Solche Distanzen bedeuten in Kanada gar nichts. Ganz früh am Morgen sollte es losgehen.

Die Warnung, dass es im Chilcotin unberechenbar kalt sein könne, da es sich um Hochgebirge handelt, hatte ich noch im Ohr, als ich die blauen Emailteller spülte, die schon ganz verstaubt auf einen Ausflug warteten. Ich kam richtig in Stimmung, packte das riesengroße weiße gebügelte Tischtuch, ein Erbstück, ein, vergass auch nicht die Servietten mit dem aufgedruckten Elch, und suchte Pfeffer, Salz, Zucker und Milchpulver zusammen. In meiner Lamdpartieeuphorie entschied ich mich für das Silberbesteck und richtige Rotweingläser.

Vier gemütliche Faltstühle, eine Wolldecke für auf den Boden unter das Damasttischtuch, Sonnencreme, Foto, Fernglas waren schnell im Auto verstaut, und die Kreditkarte hatte ich auch dabei. Sarah und Nelly wollten das Essen und die Getränke einkaufen gehen, meine Aufgabe war die des Chauffeurs.

Ich ließ meinen Jeansrock an, nahm aber, wegen der Warnung, es könnte kalt werden, eine dicke Jacke mit. Wir fuhren vier Stunden durch menschenleeres Nichts, nur ganz hin und wieder tauchte ein Haus auf, dann ein Reservat. Direkt am Highway lag der Friedhof,

der zu dem Reservat gehörte. Auf dem Rückweg halten wir an, nahmen wir uns vor.
In dieser Hochgebirgsbilderbuchlandschaft hatten Sarah und ihr Mann also gelebt. Wir statteten ihren Erinnerungen einen kurzen Besuch ab, der sie sichtlich mitnahm. Anschließend schlug sie uns vor, eine Freundin, die noch hier draußen wohnte, auf einen Sprung zu besuchen, wir könnten dabei auch die ungewöhnlichen Boxen ihres Mannes ansehen. Ich verstand *Boxers*, also die Bezeichnung einer Herrenunterhose, und fand dies doch leicht befremdlich. Aber da war keine Zeit mehr nachzufragen, mir fiel nur auf, dass Sarah ebenfalls stutzte.
Sie dachte, ich meinte Boxer (Hunde), nein, auch die waren nicht gemeint. Der Ehemann künstlert: er gestaltet extravagante Schachteln, Holzboxen mit Schublädchen, die verrückte Fabelwesen auf Beinen darstellten. Diese verkauft er erfolgreich auf *Granville Island.* Granville Island ist eine kulturell und touristisch lebendige Insel in der Mitte Vancouvers. Es lohnt sich, die kleinen Kunstgalerien und Theater zu besuchen und auch den faszinierenden Granville-Markt mit allen Köstlichkeiten und Genüssen aus der ganzen Welt. Da sitzt man dann in der Sonne, sieht die Boote, die Glaspaläste, und wenn man Glück hat, scheint auch die Sonne.

Zurück zu unserem Abenteuer.
Am Strand des Sees angekommen, schnappte sich jede etwas für's Picknick und ich dazu noch meinen Rock, denn wir mussten uns erstmal durch ein Flüsschen kämpfen, um zum schönsten Teil des Strandes zu kommen. Die Strömung war ganz schön heftig, und die Kieselsteine in den Schuhen taten verflixt weh.
Stühle, Fernglas, Decke, Sonnenhut blieben prompt im Auto. Das stellte ich mit Schrecken fest, als ich gerade froh und glücklich trocken auf der anderen Seite angekommen war. Auf gar keinen Fall war ich bereit, zurückzugehen, um noch etwas aus dem Auto zu ho-

len. Das Essen und der Picknick-Korb waren dabei, und ich schwor mir, ich gehe nur noch einmal im Leben durch diesen Fluss, und zwar, wenn das Picknick vorbei ist.

Zwischen den Hinterlassenschaften der Kanada-Gänse breiteten wir das Tischtuch aus. Weiß war definitiv die falsche Farbe. »Grizzlies lieben dieses Tal am See sehr, vielleicht sehen wir ja einen«, hörte ich neben mir sagen. Die wildnisbewanderte Freundin verschwendete kein bisschen Nervenkitzel an diese Vorstellung. Nelly und ich schon. Dann saßen wir mitten in der Postkarte: Schneegipfel im Sommer am knallblauen See in der kanadischen Bergeinsamkeit.

Der See lag brettruhig. »Das hat man so gut wie nie«, sagte Sarah. Die Wildnis strahlte grün, die Luft flirrte blaugrauweiß, die Sonne brannte erbarmungslos. Ich befürchtete Sonnenbrand. Aber kein Mensch hätte mich dazu gebracht, Sonnenhut und Creme zu holen. Zieht Euch warm an, im Chilcotin kann es kalt werden, so hieß es doch immer. Und nun diese Brüllhitze. Das Ozonloch lässt in British Columbia eine Menge Strahlen durch, da war ich mal besser vorsichtig. Also zog ich dezent mein Unterhemd aus, machte einen Knoten hinein und stülpte es mir auf den Kopf.

Ich hatte vier Stunden Autofahrt hinter mir. Die Hitze und das Glas Rotwein machten müde. Die letzte Nacht hatte ich wegen unserer Hunde nicht geschlafen, weil sie jede Gans, die nachts auf dem Grundstück gelandet war, verbellt hatten. Ich hörte noch ein bisschen beim Gespräch über die alten Zeiten zu und schlief dann mit meinem ganzen Putz ein.

Ich glaube, ich trinke nie wieder ein Glas Rotwein am See in der Sonne mit meinem Unterhemd auf dem Kopf.

Während ich schlief, hatten sich auf dem See Wellen eingestellt, und die Damen mahnten zum Aufbruch. Der kleine Fluss war nicht mehr derselbe. Oh Gott, wieder Rock hoch und durch. Ich versuchte zu lächeln und mir nicht die Beine von der Strömung unter dem Körper wegziehen zu lassen.

Sarah, die ich da noch nicht lange kannte, meinte auf der Rückfahrt, es sei nett, mich etwas besser kennengelernt zu haben. Haha. Wieder lagen vier Stunden Fahrt vor uns. Mein Blick fiel auf die Tankanzeige. Wir hatten mehr Benzin verbraucht, als ich dachte. Die Tankstelle am Highway war geschlossen – und das im Niemandsland. Es gab zwar kein Benzin, aber Kaffee in dem kleinen Coffeeshop neben der Tankstelle, sogar einen Apfelstrudel.

Ein paar Deutsche kamen rein, und wir dachten alle: »Aha, Touristen!« Doch siehe da, beim Verlassen des Cafés sah ich, dass es sich um die beiden einzigen Menschen handelte, die ich da draußen im fast unbesiedelten Westen kannte. Die nächste Tankstelle liege im Indianer-Reservat, hörte ich. Wie überall könne man auch bei den Natives mit Karte bezahlen. Bald darauf hielten wir am Straßenrand und schauten uns den Friedhof an. Es war ein christlicher Friedhof. Jedes Reservat hatte eine Kirche. Die Namen auf den Gräbern sind englische, weil man erbarmungslos versuchte, aus den *Natives* englische Kanadier zu machen. Man steckte die Kinder in die Missions-Schulen, weit weg von ihren Familien, gab ihnen neue Namen, englische, und presste sie in eine andere Kultur und Religion.

Die Generationen, die durch diese Schulen gegangen sind, geben sich heute alle Mühe, mit ihren Wurzeln wieder in Kontakt zu kommen und ihren ursprünglichen Lebensstil zu leben. Es ist schwierig, eine neue Identität zu finden, von welchem Aspekt aus man das auch betrachtet, trotz und auch wegen des monatlichen Schecks vom Government, der die Natives gleichzeitig zu einem Leben in den Reservaten verdammt.

Auf dem Friedhof sahen wir neue Gräber mit Inschriften und sehr persönlichen kleinen Beweisen der Liebe und der Trauer neben älteren, verfallenen, ungepflegten und verwilderten Ruhestätten. Obwohl die Ahnen, die Alten und Verstorbenen von großer Bedeutung sind, besucht man nach Bestattung und Trauerfeier und einer Gedenkfeier nach einem Jahr, wenn man den Grabstein setzt, die

Gräber nicht mehr. Wie würden wohl die ethnisch authentischen Bestattungsorte aussehen? Es gab ja auch Bestattungsriten, bevor die Missionare kamen.
Auch nach mehr als zwanzig Jahren in diesem Land ist uns noch vieles fremd, gibt es noch viel zu entdecken und zu lernen. Aber für diesen Tag hatte ich erstmal genug erlebt. Auch Sarah war wie erschlagen von all ihren Erinnerungen. Wir waren einfach todmüde. Mit halb geschlossenen Augen assen wir in Williams Lake eine Pizza und beendeten den Tag.
In dieser Nacht drang kein bisschen Hundegebell in meinen Schlaf.

Eigentlich hätte neulich der Schmied kommen sollen. Es wird schon seinen Grund gehabt haben, dass er gar nicht erschienen ist. Er war zwar nie pünktlich, aber versetzt hatte er uns auch noch nie. Der andere Handwerker war auch nicht erschienen. Merkwürdig.

Jürgen fuhr derweil mit dem Pick-up zu einem Rancher, bei dem er bestelltes Heu abholen wollte. Trotz Verabredung war keiner da. Nichts klappte an diesem Tag. Er war richtig sauer und fuhr wieder nach Hause. Wir waren froh, dass wir noch ein paar Ballen Heu vorrätig hatten.

Am nächsten Tag klingelte uns der Schmied um 7 Uhr morgens aus dem Bett und entschuldigte sich. Er habe leider nicht kommen können, sein 96-jähriger Freund habe sich erschossen und die Witwe habe ihn um Beistand gebeten. Er hatte unser ganzes Mitgefühl.

Etwas später bekamen wir einen Anruf von dem Handwerker, der uns ebenfalls versetzt hatte. Er entschuldigte sich, ein Freund von ihm, 96, habe sich erschossen und er habe der Witwe beistehen müssen. Er sei, wenn's recht sei, in einer Stunde da. Natürlich war uns das recht.

Mein Mann war noch immer überzeugt von der Qualität des Heus, das er am Vortag bei dem Rancher Joe gesehen hatte, und rief nochmal dort an. Er bekam folgende Antwort: Also, der Heulieferant müsse sich erstmal dafür entschuldigen, dass er gestern zur verabredeten Zeit nicht zuhause gewesen sei. Er habe plötzlich wegfahren

müssen. Ein Freund von ihm, 96, habe sich erschossen, und er habe der Witwe Beistand leisten müssen … Ach so.
Joe und Jürgen verabredeten sich für den nächsten Tag. Dort angekommen, erfuhr mein Mann die ganze Geschichte: Der 96-jährige hatte immer betont, dass er lieber Selbstmord begehen würde als ins Altersheim zu gehen. Keiner hatte offensichtlich richtig hingehört und ihn ernstgenommen. Irgendwann kam dann der Tag, von dem an sich seine um zwanzig Jahre jüngere Frau nur noch im Rollstuhl fortbewegen konnte. Es war also angezeigt, den Schritt ins Altersheim genauer unter die Lupe zu nehmen. Beide waren allerdings dem Alkohol nicht ganz abgeneigt …
Als die Frau wieder aus ihrer Umnachtung auftauchte, fand sie ihren Mann auf der Veranda. Er war bereits seit zwei Tagen tot.
Soweit diese traurig-makabre Geschichte, die sich wohl auch so zugetragen hat.

Es fing ganz harmlos an. Ein paar Frauen, die sich in der Stadt kennengelernt hatten, wollten ein gemeinsames Wochenende bei Elisabeth auf deren Ranch verbringen, auch ich war eingeladen. Jede von uns versprach, etwas Gutes zum Essen mitzubringen. Übernachten konnten wir auf dicken Schaumstoffmatratzen in mitgebrachten Schlafsäcken. Alle wollten sich bei Elisabeth auf der Ranch treffen, eigenartigerweise wollte jede von uns mit dem eigenen Auto fahren.

Auf diese Ranch musste man erstmal kommen. Nach etwa einer Stunde Fahrt ging vom Highway ein besserer Feldweg ab. Auf dem sollte man etwa zehn Kilometer bleiben. Es ging durch Busch und dichten Wald. Es kam kein anderer Weg mehr, kein Haus, nur Strauch. Da ich die Gegend etwas kannte, kam eigentlich nichts ganz unerwartet.

Wir fuhren und fahren oft und gerne mit Besuch aus Deutschland abgelegene Straßen, erkunden die Gegend, genießen gern ein bisschen Nervenkitzel. Mit der Zeit wurden wir immer wagemutiger. Am Anfang sind wir im wahrsten Sinne des Wortes in einiges reingeschlittert, wie es sich so für Greenhorns gehört. Irgendwann glaubten wir dann aber, genug Lehrgeld bezahlt zu haben und dass wohl nicht mehr viel Aufregendes auf uns zukommen könne. Von wegen.

Auf meiner einsamen Fahrt veränderte sich die Landschaft radikal. Der Boden wurde trocken und sandig. Auf einmal ging es nur noch bergab. Die Straße war schmal, hausgemacht, eher ein unbefestigter

Feldweg ohne Begrenzung. Mehrere hundert Meter Höhendifferenz mussten überwunden werden. Auf einmal befand ich mich zwischen den windgeformten Sandtürmen eines Canyons, und es ging noch steiler bergab. Nach einer Weile stellte ich vor Aufregung das Radio ab. Mit angehaltenem Atem fuhr ich Kurve um Kurve auf meinem Feldweg die Sandberge runter. Die Abschüssigkeit verschlug mir fast den Atem. Mir blieb keine Zeit die dramatische Landschaft zu genießen. Es schien gar nicht enden zu wollen, doch plötzlich erschienen mitten in den gelben Sandsteintürmen prallgrüne Weiden, ein reißender türkisfarbener Weißwassergebirgsfluss und die fast schwarzen Blockhäuser der historischen Ranch und ein riesiger Garten. Ich war angekommen.

Erleichtert schaute ich mich um und war beeindruckt von der Bilderbuchidylle, die sogar Aprikosen- und Walnussbäume beinhaltete. Der Pioniergeist schwappte vollends in mir über. Dies war das Paradies!

In diesem Kleinklima, erfuhr ich, hält sich die Wärme des Tages und alles was gepflanzt werden kann, kann auch wachsen. Wasser gibt es genug, selbstgezogenes Gemüse und Obst in Hülle und Fülle, das Fleisch kommt von eigenen Rindern und eine Milchkuh versorgt die Familie mit »dem weißen Sortiment« – man ist wirklich unabhängig. Geschichten, die ich über frühe Siedler gelesen hatte, wurden in mir lebendig. Es gab also wirklich Familien, die heute noch so abgeschieden lebten.

Und hier sammeln sich die Erfahrungen von mehreren Generationen. Die harte Pionierarbeit war längst getan. Natürlich hat man hier Petroleum- und Gaslampen, und neben den Holzöfen auch Gasherde. Trotzdem: Wo sonst ist man noch so frei, so sein eigener Herr, so unabhängig, kann man noch alles, was die Alten konnten – und ist dennoch über Satellit mit der Außenwelt verbunden. Im Notfall könnte man heute sogar einen Hubschrauber anfordern. Die Autarkie geht so weit, dass die Kinder zuhause von der Mutter unterrichtet werden. Diese Straße (und vielleicht auch das Schulsystem) machten die Wahl bestimmt nicht zur Qual.

Bei diesem Lebensstil gibt es für uns heute ganz ungewöhnliche Herausforderungen: Manche kann man sich vorstellen, andere wieder eher nicht. Mir ist besonders in Erinnerung geblieben, dass man Kühe, die bei Niedrigwasser zur Weide auf der anderen Seite des Flusses marschiert sind, vor dem Winter wieder zur Ranch zurücktreiben muss. Allerdings und besonders, wenn der Wasserstand wesentlich höher sein sollte als normal. Das machen sie, indem sie mit ihren Pferden durch den ziemlich reißenden Fluss reiten, die Tiere dort einsammeln und dann durch das Wasser zurück treiben. Manchmal muss man halb schwimmend dafür sorgen, dass kein Tier vom Wasser abgetrieben wird. Wann wird das gemacht? Im November. Wieso? Weil die Kühe nicht von alleine zurückkommen, wenn das Wasser zu hoch ist. Würden sie dort bleiben, könnten sie nicht überleben. Ich hoffe, man hat mir mit dieser Geschichte keinen Bären aufgebunden.

Aus so einem Paradies kann man wohl nur vertrieben werden. Regnet es oder liegt Eis und Schnee, wird dieses Paradies allerdings ganz schnell zur Hölle. Woher ich das weiß? Ich habe es erlebt.

Am Ende des gemeinsamen Wochenendes kam das dicke Ende. Vor unserer Abreise regnete es zwei Stunden lang. Zwei Stunden strömender Regen in einer trocken sandigen Gegend bedeutet höchste Alarmstufe. (Ich hätte aus Erfahrung mit Sandboden wissen müssen, wie die Folgen aussehen würden.)

Die Schlauen sind, als die ersten Tropfen fielen, sofort abgefahren. Der sandige Feldweg in den Bergen des Canyons verwandelt sich nämlich in wenigen Minuten in seifenartige Schmiere, und es bleibt keine Zeit, vor dem Dunkelwerden darauf zu warten, dass die Straße wieder trocken wird. Die Gastgeber meinten nebenbei: »Wenn Ihr bei der Rückfahrt die ersten 200 m Anstieg geschafft habt, solltet Ihr es eigentlich geschafft haben …« Was hieß hier »eigentlich«?

Von uns Nachzüglern, die erst nach dem Regen abfahren wollten, fuhr ein Auto nach dem anderen mit fünf Minuten Abstand los. Ich war hoch nervös. Hatte Elisabeth nicht gesagt, dass »die Straße kein Problem darstellt, wenn alles trocken ist«? Das war, als wir uns bei unserer Ankunft erstmal lang und breit über die abschüssige Sandbahn ausgelassen hatten. »Ach, das ist doch kein Problem, Ihr seid das nur nicht gewöhnt. Im Regen«, sagte sie, »ist das anders.« Und jetzt hatten wir es. Allrad rein und los.
Mein Gott, war ich froh, dass ich mich in letzter Minute dazu entschlossen hatte, den Jeep zu nehmen, da mein kleiner VW so voller Katzen- und Hundehaare war. Ich wette, jede Werbeagentur verzichtet gerne auf den Auftrag, hier einen Werbespot für Geländefahrzeuge zu drehen. Ich dachte bloß: Augen auf, tief und ruhig atmen und los. Nur nicht nach links und rechts die Abhänge runter schauen. Zentimeterweise ging es die Schmiere hoch. Das Auto, das vor mir losgefahren war, musste es geschafft haben, sonst wäre es jetzt meine Straßenblockade.
Stossgebet! Die Worte kommen ganz von selbst. Naturträumereien nachzugehen wäre jetzt völlig absurd. Zum Wenden oder Umkehren war kein Platz. Aussteigen, Laufen war unmöglich. Die Stiefel wären sofort voll Schlamm, würden einfach steckenbleiben und – wohin denn dann mit dem Auto? Es war ja noch ein weiteres Fahrzeug hinter mir. Heulen hätte auch nichts gebracht. Die Scheiben waren eh schon nass. Es regnete schon wieder und die Scheibenwischer waren in vollem Einsatz. Ich musste mich voll konzentrieren und hatte diesmal wirklich Angst.
Das Hinterteil des Jeeps schmierte immer wieder weg. Langsam, langsam, langsam schlich der Jeep bergan. Ich fragte mich, ob die Frau im Auto hinter mir es wohl schaffen würde? Vielleicht hatte sie ja bessere Nerven als ich. Wieder war ich froh darüber, dass ich im Jeep saß. Gott, wie liebte ich dieses Auto, während ich mich weiter in Zeitlupe durch die Schmiere bergauf bewegte. Endlich, endlich

mal ein grades Stück, dann wieder Pfützen, Steigung, Schmiere. Nur gut, dass ich wusste, dass mir niemand auf dieser Straße entgegenkommen würde. Dieser Weg ging nur von und zu dieser Ranch und wir alle fuhren nach Hause.
Alle vor mir haben es geschafft. Ich auch. Noch nie war ich so glücklich, asphaltierte Straße zu sehen und ich werde nie wieder so glücklich sein, asphaltierte Straße zu sehen. Schlimmer hatte es nicht kommen können. Oder vielleicht doch? Wer weiß, was die dort ansässige Familie schon alles erlebt hat. Jedenfalls fahre ich dort nie wieder hin.
Ich küsste den Boden des Highway nach Williams Lake, den asphaltierten, und trank gleich zwei Glas Wein, als ich wieder zuhause war. Ein Glas wäre total unangemessen gewesen. Total.
Später bekam ich noch den Rest der Geschichte erzählt: Die beiden, die mit ihren allradgetriebenen Autos nach mir rausfahren wollten, erlebten Folgendes: Das Auto nach mir blieb gleich am ersten Hang stecken. Der darauf folgende Wagen versuchte es erst gar nicht. Also erhielten beide Schneeketten!!!
Mit Schneeketten hat es dann geklappt.
Heia Safari.

HAPPY HALLOWEEN

Endlich war mal wieder das jährliche Freuden- und Geisterfest gekommen, wie immer am 31. Oktober. Kein Schnee lag wie sonst, aber die ersten Weihnachtslichterketten glitzerten an den Häusern. Seit 46 Jahren geisterten in diesem Jahr die Gespenster mal wieder bei Vollmond. Hurray! Überall in den Straßen drohten frierend kleine und große Hexen, Teufel, Batmen, Vogelscheuchen und Fabeltiere.

Kleine Kinder und auch große ziehen an diesem Tag von Haus zu Haus und versprechen fiese Gemeinheiten, wenn sie nicht ein paar Bonbons oder andere *Goodies* bekommen. Manche Kids tun das das ganze Jahr, aber an Halloween dürfen alle.

Familien von weit draußen waren in die Stadt gekommen, damit die Kids dort in den Einkaufszentren ihre *Trick-or-Treats*-Runden drehen konnten. Da drinnen war es nämlich schön warm. Fünf Stunden Autofahrt müssen sich lohnen. Seit Tagen quäkte es uns aus dem Radio entgegen: Es gibt Feuerwerk und Tanz. Feuerwerk, Yeah! Tanz, Yeah!

Unsere Kids waren schon lange aus aus dem Haus, nur zufällig war Kerstin zu dieser Zeit hier. Auch Jürgen war nicht da. Also hatte ich nicht mal einen Kürbis ausgehöhlt.

Seit unser Angestellter mit seiner Familie weggezogen war, kamen keine kleinen Kinder mehr für *Trick or Treat* zu uns. Ich war ein bisschen traurig. Die schöne Zeit mit den Kindern war endgültig vorbei. Immerhin, wo Spaß und Spiel waren, ist Freundschaft zwischen Eltern und Töchtern geblieben. Kerstin und ich gingen also in der Stadt essen. Wir wurden satt und verließen das Lokal fluchtartig. Den als »phänomenal« angepriesenen, aber leider schrecklichen *Pumkin Pie* hatten wir stehen lassen. Wir überlegten, was wir mit der übrig gebliebenen Stunde bis zum Feuerwerk anstellen konnten und fuhren durch die Straßen, schauten uns die dekorierten Häuser und die Kinder in Kostümen an. Von Prinzessin bis Skelett war alles vertreten. In einem Vorgarten stand ein Kürbismann in Lebensgröße auf dem Kopf.

Das Feuerwerk! Gleich sollte es losgehen. Smart stellten wir uns mit unserem Auto unter das angestrahlte Kreuz der Lutheranischen Kirche. Von den achtundzwanzig verschiedenen Kirchengemeinden in Williams Lake bot diese den besten Blick auf unsere kleine Stadt. Unter diesem riesigen Kreuz, so waren wir sicher, würde sich bestimmt kein kleiner und auch kein großer böser Geist an uns vergreifen.

Das Feuerwerk begann mit zwanzig Minuten Verspätung, für *Cariboo Time* schon fast pünktlich. Uns war ganz schön kalt. Ein Böller folgte dem anderen, Kinder jubelten und meine Gedanken drifteten ab, zurück in die Zeit, als unsere Kinder noch klein waren, bis ich mich wieder darauf besann, weswegen wir eigentlich hier waren. Wir saßen brav das für das Städtchen aufwendige Feuerwerk ab. Ich fand mich undankbar. Dachte ich an ›Rhein in Flammen‹? Hatte ich einen Nostalgieanfall, Heimweh? Was war los mit mir?

Auf der Heimfahrt erlebten wir noch eine echte Überraschung. In unserem Supermarkt müssen ein paar gute Geister den Chef gezwungen haben, den Laden ab November jeden Abend bis um 10 Uhr verkaufsoffen zu lassen.

Happy Halloween!

DER ›OPA‹

Der ›Opa‹ war ein Erbstück und hieß ursprünglich eigentlich ›Prince‹. Er war der Araber-Quarterhorse-Wallach, der unserem Brownie das Leben hier anfangs zur Hölle gemacht hat.
Fit bis zum Ende seiner Tage konnte er sich hinlegen und ohne Beschwerden wieder aufstehen. Seine Knochen machten ihm keine Probleme, die Zähne auch nicht. Er hatte keine mehr.
Er wurde vierzig, ein enormes Alter für ein Pferd. Nur wenige werden überhaupt dreissig, noch weniger sind dann auch noch so gesund.
Ohne Zähne konnte Opa nur noch eine Art Hundefutter für Pferde fressen. Das Zeug, das man normalerweise älteren zahnlosen Pferden zum Füttern einweichen soll, kam als Matsche im hohen Bogen wieder raus. *Happy Trails,* ein Pferdefertigfutter, das aussah wie Hundefutter, war das Richtige. Die Hunde liebten es übrigens auch. Erwartungsvoll und ungeduldig saßen sie beim Fressen unter ihm und hofften auf Segen von oben.
Dieses ›Hundefutter‹ konnte er zwischen seinen Kiefern zermalmen, auch ohne Zähne. Am Heu machte er sich auch noch zu schaffen. Im Stall lagen dann plötzlich so komische Häufchen, die die Hunde nicht verbrochen hatten.
Das war das, was von Opa aus Heu gemacht wurde. Er konnte ja nicht mehr kauen, also hat er es eingeweicht, ausgesuckelt, hat Hundehäufchenpakete draus gemacht und es ausgespuckt. Das ging.
Wir haben Prince von der Mieterin des Trailers übernommen, der damals auf unserem Grundstück stand. Als sie auszog, boten wir

ihr an, dass das ihrer Meinung nach abgewrackte Pferd für immer Wohnrecht bei uns haben könne.

Er war damals Ende Zwanzig, und uns schien, als gehöre Opa hierher. Er war schon vor uns hier gewesen. Der hübsche Fuchs mit den vielen weißen Abzeichen war immer pflegeleicht, immer gesund, hat sich nie verletzt. Er durfte für immer bei uns bleiben. Wir fanden ihn noch immer schön. Er hatte zwar einen durchgehangenen Rücken, aber auch ein schimmerndes Fell, glänzende Augen und immer gute Laune. Immer noch.

Wegen seines hohen Alters durfte er nachts im Stall schlafen. Da konnte er sich gut anlehnen. Ihm sank im Stehen immer der Kopf bis zum Boden, dann torkelte er ein bisschen rückwärts, wachte halb auf, fiel aber nicht um, weil er sich anlehnen konnte. Sein Kopf, für einen Moment oben, sank gleich drauf wieder zu Boden. Morgens drängelte Opa aus dem Stall und trabte fröhlich wie immer den Anhang hoch auf die Rosenkoppel zu den anderen.

Jedes Jahr vor dem Winter haben wir uns gefragt, ob er es wohl nochmal schafft. Ein Grab hatten wir vorsichtshalber schon drei Jahre zuvor ausheben lassen.

Opas Seele verliess das Cariboo in einer kalten Januarnacht. Ein lieber Freund kam mit einer großen Raupe, um das Grab mit gefrorener Erde zuzuschieben. Er kannte das Pferd so lange wie wir. Als wir ihm den Aufwand mit der Maschine bezahlen wollten, hat er nur abgewunken. »Das mach ich gern für Euern Opa.«

Viele, die uns schon länger kannten, wollten nicht glauben, dass wir hier permanent lebten. Wir hatten die Probleme nicht, die andere an unserer Stelle meinten haben zu müssen. Von wegen: Kulturschock! Was heißt denn das? Kultur hat man! Das haben wir jedenfalls jedem gegenüber behauptet, der uns für verrückt erklärte, weil wir so weit raus ›in die Wildnis‹ gezogen waren.
Und dann bekamen wir im Cariboo von Kanadiern mehrfach die Frage gestellt, ob das nicht ein zu großer Kulturschock für uns sei, was wir da täten: Raus aus der Industrienation Deutschland, die ja wohl nur aus Autobahnen und unbezahlbaren Grundstücken bestehe, aber dazwischen flächendeckend Kultur aufweise. Und nun säßen wir hier in der Wildnis. Und das freiwillig. Ein Kanadier wollte diese Frage auch noch mit einem Witz untermalen und fragte: »Kennt ihr den Unterschied zwischen Kanada und Joghurt?« »Nein?!« kannten wir nun wirklich nicht. »Yoghurt has a living culture.«
Pfui, wie unkanadisch!!! Wie gesagt, der Spruch kam von einem Kanadier. Wir waren platt und konterten: »Erstens: Kultur hat man. Zweitens: Das ist genau das, was wir wollten.«
Unter Kultur verstehe ich nämlich auch, sie zu leben, nicht darauf zu warten, Kultur geboten zu bekommen, zu konsumieren: Man kann schließlich gute Bücher lesen, mit Freundinnen, die auch viel lesen, über die gleichen Bücher reden, man könnte das unvermeidliche Klavier in Schwingung bringen. Ich könnte mit der lokalen Theatergruppe anspruchsvolle Klassiker spielen oder ins Kino gehen, das gelegentlich auch niveauvolle Filme bringt. Ich könnte Fernkurse in

Philosophie belegen oder singen. Was heißt da Kulturschock? Kultur hat man!

Am Neujahrstag dann kein Neujahrskonzert aus Wien, dafür Cowboymusik, Werbung, Klatsch statt Nachrichten, und immer wieder Werbung. Die kulturelle Welt ist in der Ferne versunken. Die Neujahrsansprache der Queen wird zum literarischen Höhepunkt.

Als wir gerade eingewandert waren, wachte ich eines Morgens heulend auf: Ich hatte geträumt, ich würde Pavarottis samtenen Tenor nie mehr hören! Die Stimmung beim Aufwachen, die traurige Sehnsucht blieb. Ich hielt es nicht aus, fuhr in die Stadt und kaufte einen CD-Player.

Bald klang die Barkarole über den zugefrorenen See. Mir kamen wieder die Tränen. Der Erleichterung? Der Reue? Die »Schöne Nacht, oh, Liebesnacht« schwang sich hinauf durch die glasklare Luft, hinauf zur Milchstraße, hinauf zu den Sternen, zum Mond und stillte das Verlangen.

Noch kauften wir nicht die angepriesene Antenne, mit der man sich mehr als nur drei lokale Sender ins Haus holen kann. Es gab ja doch kein Neujahrskonzert und über die Einwanderer, die im kanadischen Busch saßen und an der Deutschen Welle klebten, konnten wir nur milde lächeln. (Ich verrate es schon mal, später würden wir auch zu denen gehören, weil wir auf ein kleines bisschen Hintergrundinformation einfach nicht verzichten wollten. Nach ein paar Jahren bekommen wir auch täglich die druckfrische ›Globe and Mail‹.)

Aber man konnte aus unserer lokalen Zeitung auch erfahren, wenn z. B. ein Orchester aus Vancouver gastierte – und sich die örtliche Amateurbühne an »Von Mäusen und Menschen« gewagt hatte. Diese Aufführung beeindruckte mich so sehr, dass ich das Stück nicht noch einmal in einem anderen Theater sehen möchte.

Doch! Kultur hat man!

Man muss sich ›in der Wildnis‹ eben ein bisschen mehr bemühen,

darf keine Gelegenheit auslassen und sollte weghören, wenn man zynische Bemerkungen bezüglich Kulturschock vernimmt.
Seit sich Pavarotti auf meinem CD-Player dreht, fehlt mir eigentlich nichts mehr.
Doch. Momentan fehlt mir ein Dickmanns Schaumkuss.
Wie kulturlos.

Wir hatten ein Businessprojekt vorgewiesen, das uns zur Einwanderung nach Kanada berechtigte. Unsere Auflage war, eine Firma ins Leben zu rufen und einen Arbeitsplatz für mindestens einen Kanadier zu schaffen. Wir gehörten also zur Kategorie *Entrepreneurs,* hatten eine Firma gegründet und hochwertige, mechanische Uhren, Chronographen, bestellt, die wir dann per Katalog als Mail-Order-Business zu vertreiben beabsichtigten.

Die erste Lieferung kam an. Aber nicht etwa dort, wo wir waren. Wir wurden lediglich schriftlich darüber informiert, dass die Waren im Land angekommen und folglich zu verzollen seien. Die Zollgebühren seien *sofort* zu entrichten. Wir starrten mehr oder minder hilflos das beiliegende Formular an.

Wir brauchten dringend den Rat eines schlauen Einheimischen, der uns das Behördenlatein erklären konnte. Dazu hatten wir uns unseren Steuerberater ausgeguckt. Der konnte uns doch bestimmt sagen, wie wir weiter vorgehen sollten und wohin wir uns wenden sollten. Konnte er aber nicht, selbst für ihn war der Text zu verwirrend. Auch gemeinsam ging es nicht voran.

Wir versuchten es daraufhin bei der Bezirksverwaltung. Dort schüttelte man ebenfalls den Kopf, verpasste uns aber eine Telefonnummer, die überhaupt nicht weiterhalf. Die freundliche Dame am Telefon versprach wenigstens, dass uns ihr Vorgesetzter zurückrufen würde. Tat er aber nicht. Der Frust wuchs und unsere Toleranzgrenze war langsam erreicht.

Die Uhren lagen noch immer irgendwo im Zolllager. Eigentlich sollten sie ja unverzüglich durch den Zoll gebracht und bezahlt werden. Als positiv zu verzeichnen war immerhin, dass sowohl wir als auch die Uhren schon mal im Land waren. Um das Ganze abzurunden, brach gleichzeitig die Leitung für unsere Telefon- und Faxverbindung zusammen.

Wir fuhren zu den Nachbarn, unseren Rettern in der Not. Von deren Anschluss aus riefen wir bei der Telefongesellschaft an. Auch dort reichte man uns von einem zum anderen weiter: Endlich wurde uns eine sachbezogene Frage gestellt: Ob wir den Anschluss privat oder geschäftlich nutzen würden, wollte man wissen. »Wir benutzen den Anschluss sowohl privat als auch geschäftlich«, antworteten wir höflich. Hierauf beschied man uns: »Das geht aber nicht!«

Man verband uns von A nach B und wieder nach A, aber keiner fühlte sich bei einer so ›exklusiven‹ Lösung zuständig. Wie gesagt, das war die Telefongesellschaft. Wir hätten uns zu entscheiden, ob wir einen privaten oder einen geschäftlichen Anschluss wollten.

»Was macht den Unterschied dabei aus?« fragten wir.

»Bei einem Geschäftsanschluss kommen wir, sobald wir können. Wenn privat, kann das schon etwas dauern. *Have a nice day!*«

Wie bitte?!!! Wir hielten die Verbindung und entschieden auf der Stelle, dass wir den Anschluss ab jetzt nur noch »geschäftlich« nutzen würden. Es kam tatsächlich einer angetanzt. Als das Telefon endlich wieder arbeitete, wagten wir einen neuen Versuch, das Zollamt zu erreichen. Bei der uns zuletzt empfohlenen Telefonnummer handelte es sich, wie wir erfuhren, um eine Steuerbehörde. »Sorry, wir können Ihnen leider nicht weiterhelfen.« Wumm! Wieder standen wir vor einer Gummiwand.

Mit bedeutungsvollem Unterton wurde uns aber geraten, das Ganze persönlich vor Ort zu erledigen. Dazu könnten wir entweder nach Vancouver oder nach Kelowna fahren. In beiden Städten gäbe es jeweils eine Zollstation und dort kenne man sich aus. Aha. Scheinbar nur dort.

Vancouver, wussten wir, bedeutete sechseinhalb Stunden Autofahrt in einer Richtung, Kelowna eine Stunde weniger.
»Have a nice day!«
»Thanks a lot.«
Wir hatten offensichtlich keine Wahl. Telefonisch war das nicht zu erledigen. Also fuhren wir nach Kelowna. Als wir dort aufkreuzten, sah man uns mitleidig an und meinte: »Ach, aus Williams Lake seid Ihr?! Ihr hättet Euch die lange Fahrt ersparen können, in Kamloops (nur drei Autostunden von uns entfernt, wir sind auf dem Weg nach Kelowna direkt daran vorbeigekommen) hätte man das auch erledigen können. Telefonisch ist das immer etwas schwierig. *Have a nice day!*«
Ach so. Schwierig!? Und immer?!
Wir hatten keine Lust mehr auf derartigen Behördenmist. Waren wir nicht gerade diesem, den wir zumindest lesen und verstehen konnten, in Deutschland entkommen? Irgendwann würden wir uns mit dem *Immigration Officer* auseinandersetzen müssen. Das war klar. Die Entscheidung, die Firma wieder aufzulösen, hat aber letztlich die Telefongesellschaft für uns getroffen. Versandhandel im Busch, wo entweder die Telefonleitung oder der Strom – oder beides – zusammenbrechen, das konnte einen wirklich schrecken.
Die Uhren haben wir alle nach Deutschland zurückgeschickt. Die gesamte Sendung wurde unterwegs gestohlen. Gott sei Dank hatten wir sie versichert.
Auch für den richtigen Betrag, obwohl das Mädchen bei der Versicherung nicht glauben konnte, dass irgend jemand so viel Geld für eine Uhr bezahlen würde, und deshalb mehrfach die Nullen, »Soooo viele Nullen!«, auf dem Versicherungsantrag abzählte.
»Ja, soooo viele Nullen!«
»Have a nice day!«

IM KNAST

Wir waren etwa ein Jahr im Land, da kam ein Anruf. Die Sekretärin des Immigrationsbüros meldete sich und bat uns höflich, uns am nächsten Tag um 11 Uhr auf der Polizeistation der nächsten kleinen Stadt einzufinden. Nicht etwa in der Stadt, zu der wir verwaltungsmäßig gehören.

Der *Immigration Officer,* der allgewaltige, der überprüft, ob man schön brav seine Auflagen erfüllt, wenn man eingewandert ist, wolle uns sprechen, sofort, morgen früh, um 11 Uhr, sagte seine Sekretärin am Telefon. Erstmal erschraken wir ein bisschen, dann waren wir eigentlich nur noch verblüfft. Gut erzogen wie ich bin, habe ich schön brav ›ja‹ zu allem gesagt, und platt wie ich war, habe ich nicht mal nachgefragt, wieso eigentlich in »100 Mile House« und nicht in Williams Lake, und ob unser Schreiben nicht schon alle Fragen geklärt habe.

Der Termin passte gerade noch so, denn wir hatten bereits einen Flug nach Deutschland für den darauf folgenden Tag gebucht. Jetzt sollte nichts dazwischen kommen, schon gar keine Schwierigkeiten mit der Einwanderungsbehörde.

Es war doch auch eigentlich alles klar. Jürgen hatte dem Officer ausführlich geschrieben, wieso wir den Plan aufgegeben hatten, unsere Firma in British Columbia weiterzuführen. Inzwischen hatten wir ja unentwegt gebaut, also auch heftig investiert und für Arbeitsplätze, quasi wie eine Firma, gesorgt (also anstelle unserer bisherigen Uhren-Versand-Firma). Die Arbeiten auf dem Bau waren zwar vorübergehend, aber wir würden mindestens eine permanente Arbeitskraft auf der Ranch brauchen. Die Ranch wurde eine Company, nur befassten wir uns mit Kuhschwänzen statt mit Uhren. Somit waren wir doch unseren Verpflichtungen nachgekommen. Wieso also bestellte man uns auf die Polizei?

Am nächsten Tag standen wir dort pünktlich stramm. Wir befanden uns tatsächlich im Vorraum zu den Gefängniszellen. Während wir warteten, lasen wir etwas betreten den Hinweis, dass nur direkte Familienangehörige zu Besuch kommen dürften – und auch nur von 1 pm bis 3 pm, oder so ähnlich. Aha.

Wir warteten weiter. Nachdem sich eine ganze Weile nichts tat, klopften wir mal an. »Ja, ja, sorry, ich habe gleich Zeit für Euch«, wurden wir vertröstet. Dann kam er endlich und bat uns rein. Im offenen Hemd und in *Runners,* fragte er freundlich: »How are you?« Und: »Wieso wolltet Ihr mich sprechen?«

Bitte?! Hatten wir uns vielleicht verhört? Wir waren erst sprachlos und stellten dann richtig, dass er uns hatte bestellen lassen, am … heute, um … Nun guckte er verblüfft.

Da habe seine Sekretärin wohl was missverstanden. *Sorry.* Wir hätten uns den Weg sparen können. Er habe vorgehabt, zu uns zu kommen. Er besuche gerade alle »Fälle« in unserer Gegend. An Jürgens Brief bezüglich unseres Business-Projekts könne er sich nicht erinnern, sagte er, schaute aber nach, und, siehe da, fand ihn in seiner Mappe. Er las ihn in aller Ruhe und meinte: »Ja, ja. Das ist schon o.k.«

Offensichtlich hatten wir ganz umsonst eine Zeitlang im Knast im Wilden Westen gesessen. Wir wurden entlassen und würden wohl nichts mehr von ihm hören. Aber vielleicht käme er noch mal auf eine Tasse Kaffee bei uns vorbei. Nur so. Er würde uns nämlich gerne mal besuchen.

Mein Mann und ich sahen uns bloß an: Welcher deutsche Beamte würde …?

So ist das in Kanada. Immer auch Zeit für eine Tasse Kaffee und ein paar freundliche Worte.

Jürgen war mal wieder in der Stadt, er musste Geld abheben, weil wir noch immer keine Kreditkarten hatten. Er begab sich wie gewohnt zum Schalter und hielt Ausschau nach der sympathischen Bankerin, mit der er gewöhnlich auch ein kurzes Schwätzchen hielt. An diesem Tag war sie nicht da. Eine Neue stand am Schalter, ein junges Mädchen, das gerade sein sechswöchiges Training absolviert hatte und nun Kunden betreuen durfte.

»Was kann ich für Dich tun?«

»Ich möchte 1000 Dollar von meinem Konto abheben, in bar«, sagte mein kreditkartenloser Mann.

Sie schluckte: So viel Geld! »Kannst Du Dich ausweisen?« fragte sie, wartete aber nicht ab, ob er konnte, sondern rief zu einer Kollegin am übernächsten Schalter: »Da ist einer, der will 1000 Dollar in bar! Kennst Du den? Ich – kenn den nicht!«

Die andere kannte ihn. Über die zwei Schalter hinweg und nicht unbedingt leise kam die Antwort zurück: »Ja, ich kenne den. Das geht in Ordnung.«

Keine Kreditkarte und beinahe kein Bargeld! Hatten wir nicht die Nase voll vom deutschen Perfektionismus?

Ein Kanadier ist nur mit einer Kreditkarte ein richtiger Kanadier. Dabei ist völlig egal, wie viel oder wie wenig sich gerade auf dem Konto befindet. Ohne Karte läuft nichts. Er braucht sie für alle Einkäufe einschließlich der Parkgebühren.

Wir waren zwar *Landed Immigrants,* aber wir gehörten nicht dazu. Wir hatten keine. Wir hatten dummerweise keine Schulden, unser

Konto war nicht überzogen und wir hatten nirgendwo Kredit. Das war falsch. Uns fehlte etwas ganz Grundsätzliches – ein Kreditlimit.
Hat man nirgendwo Kredit, steht einem auch keine Kreditkarte zu. Nochmal: Wir hatten zwar Geld auf dem Konto, aber keine Schulden. Also waren wir einer Kreditkarte nicht würdig.
Freunde von uns, die Glücklichen, die sich mit ihrem Abenteuer Kanada total übernommen hatten, hatten zwar kein Geld mehr auf dem Konto und jede Menge Schulden, aber dafür eine Kreditkarte in Gold. Hurray!
Naja, auch wir bekamen eine. – Aus Mitleid.
Wir gingen immer an denselben Bankschalter zu der netten ehemals deutschen Angestellten und hoben Bargeld ab. Wir taten ihr Leid. Wir waren die einzigen, die am Ende des letzten Jahrhunderts in Kanada noch bar bezahlten. Als sich das gesamte Personal der Bank mal wieder einen Vortrag über mehr Kundenfreundlichkeit und Geschäftsbelebung anhören musste, ist der netten Bankangestellten der Kragen geplatzt. Sie fragte empört nach, wie sie das machen solle, wenn sie Leuten, die nachweislich Geld auf dem Konto haben, die Kreditkarte verweigern müsse. Man erbarmte sich, sah gnädig darüber hinweg, dass wir keine Schulden hatten, und genehmigte uns ein Kreditlimit.
Beinahe hätten wir uns gefreut. Dann sahen wir den uns zugestandenen Betrag. Davon konnte man noch nicht mal den wöchentlichen Großeinkauf bestreiten. Die nette Deutsch-Kanadierin ging wieder zu ihrem Chef.
Kärtchen, Quittung, Welt in Ordnung.
Seitdem gehören wir wirklich dazu.

LARA LANGSTRUMPF

Irgendwann in ihrem Leben, so Mitte 40, ging meine Freundin Lara in sich und fand heraus, dass sie genug hatte von dem täglichen Gedröhne. Es war das Ende der Welt, was sie suchte. Da war sie hier im Cariboo an der richtigen Stelle. Sie packte alles zusammen und zog weit, weit hinaus auf eine kleine Farm. Die letzten Kilometer dorthin muss sie auch heute noch eine *Logging Road,* einen besseren Feldweg benutzen, auf dem zur Zeit auch die riesigen Holzlaster fahren, die die geschlagenen Bäume aus dem Wald holen und dabei tiefe Spurrillen hinterlassen. Wenn es regnet, wird der Weg zu einer üblen Schmiere. Von da geht es noch ein Stück weiter in die Wildnis.

Dort hinterm Wald ist die Welt friedlich, offen, weit, ein bisschen sumpfig. Prima, genau das hat sie gesucht: Ein Leben an der Grenze. Ohne elektrischen Strom schwimmt sie da gegen den Strom der Zeit. Die kleine Farm war, ist und wird immer eine Herausforderung sein. So etwas muss man wollen – und können. Die rothaarige Lara kann.

Und Lara war keineswegs einsam. Hund und Kätzchen räkelten sich bald in der Sonne und freuten sich auf ihr Futter. Alles ganz friedlich. Einen ganzen Winter verbrachte sie schon dort. Stapfte auf Schneeschuhen durch den Wald, alleine. Die unvermeidlichen Fahrten in die Stadt versüßte sie sich mit Shopping.

Sie kaufte, was das Herz begehrt, der Seele gut tat und zumeist später im Kochtopf endet: Hasen, Hühner, Enten, ein Pferd, Truthähne, Schweine, zwei Kühe und, damit der Friede hier nicht zu farblos

werde, schlagen zwei Pfaue ihr unglaubliches Rad und bezaubern bis zur totalen Erschöpfung ihre Pfauenfrauen und die Hühner.
Hat Lara Hunger, greift sie zum Gewehr, nicht gerne, aber: »wie denn sonst?« *I ›did a rabbit‹*, heißt es dann. Es gibt Kaninchenbraten. Nein, alles kein Problem. Die Kaninchen leben aus naheliegenden Gründen bald in Erdhöhlen, produzieren zwecks Arterhaltung Junge am laufenden Band, und wenn nicht ein Marder oder ein Greifvogel der Lara zuvorkommt, haben sie eigentlich ein wunderschönes Leben. Schließlich kann Lara ja nicht täglich Kaninchenbraten essen. Was soll sie denn dann mit den Hühnern und Enten machen? Wer bis zum Herbst überlebt, kommt in die Gefriertruhe. Da sie keinen Strom hat, parkt sie ihre bei Nachbarn und kann dort auch mal das Telefon benutzen. Geht doch alles.
Lara ist immer für Überraschungen gut. Eines Tages traue ich meinen Augen nicht. Da steht eine ganze Herde Lamas bei ihr auf der Koppel. Lamas. Mein Gott, Lamas! Was will sie denn mit Lamas?! Sie hat doch schon alle anderen Tiere der Welt auf ihrer kleinen Farm im Busch. Sie meint ganz entspannt, dass die nur zum Weiden bei ihr seien. Jemand habe sie angesprochen, und sie habe zugesagt. Scheinbar gefallen die ihr aber auch. Natürlich gehört eines davon ihr. Ihr Lama ist aber kein Lama. Es ist ein Alpaka oder so.
Ich gehe ein bisschen näher ran, aber nicht zu nah, selbst wenn man nichts weiß über Lamas, weiß man, dass die spucken. Aber nicht doch, Laras Lamas doch nicht. Na, trau schau wem. Diese zwölf Lamas spucken wirklich nicht. Sie zeigen mir nur mit erhobenem Kopf ihren gewaltigen Unterbiss.
Laras Schäferhund mag die Lamas ebenfalls. Man kennt sich, man jagt sich. Wechselseitig. Es gibt Schäfer, die halten Lamas zum Schutz der Schafe gegen Kojoten. Lamas sind aggressiv gegen Eindringlinge. Den hofeigenen Schäferhund setzen sie ebenfalls durch Scheinangriffe außer Gefecht. Es gibt eines, das sich besonders freut, wenn der Hund vorbeikommt. Sie haben eine Spielgemeinschaft ge-

gründet. Schäferhund gegen Schäferlama. Heute mit Zuschauern und Applaus.

Ein paar Tage später begegne ich einer Bekannten am Airport – man begegnet immer Bekannten am Airport. Sie ist allein, und ich frage, ob Kerstin wohl jemanden abhole.
»Ja, ja«, sagt sie ganz begeistert, »a Lama.«
»Ist bestimmt zusammengefaltet worden, um in unser kleines Flugzeug zu passen«, meine ich humorig. Als Antwort lächelt sie nur beseelt. Man ist ja sehr kommunikativ in diesem Land, also erzähle ich ihr, dass meine Freundin Lara zwölf Lamas auf ihrer Wiese stehen hat. Da stutzt sie, hält sich lachend die Hand vor den Mund und sagt dann: »No, nicht so ein Lama. A real Lama, eine spirituell hochentwickelte Persönlichkeit, es ist ein tibetischer Mönch.«
Ach so. Nein, meine Freundin hat nicht zwölf hochgeistige Persönlichkeiten in ihrem Vorgarten stehen. Oder etwa doch …?

Weil Lara zumindest vorübergehend in die Stadt ziehen musste, hat sie sich entschlossen, ihre Pfaue zu verkaufen. Ich wollte sie unbedingt haben, alle vier. Nicht zu fassen, morgens, mittags, nachmittags und nachts stelzten sie nun um uns herum. Ein Traum. Kindheitserinnerungen wurden wach: Palmengarten Frankfurt, Familienausflug, Kleid mit Petticoat, weißen Strümpfen, Lackschuhen und – Pfaue. Pflanzen, Blumen und Blüten gab es da zwar auch, aber vor allem gab es da die Pfaue, die waren meine größte Faszination.

Und nun hatte ich auf einmal welche. Mitten in Kanada im Vorgarten, auf der Veranda, im Blumenkasten. Da sitzen sie nun vor meinem Arbeitszimmerfenster, äugen ins Zimmer und beobachten mich. Sie tauchen längst nicht mehr erschrocken ab, wenn ich sie anschaue. Sie klopfen mit ihren gekrönten Häuptern an mein Fenster und warten mit schrägem Köpfchen auf meine Reaktion. Jeden Morgen machen sie da Morgentoilette, säubern sich gründlichst und sonnen sich anschließend schläfrig mit geschlossenen Augen und nach hinten sinkendem Altmännerkopf.

Vier Pfaue! Schönheit total.

Nach dem zweiten Frühstück beginnt dann ihre Show. Die Herren Pfau sind umwerfend. Sie bezaubern mich mit ihrem schillernden Rad wie ihre Vorgänger damals im Palmengarten. Je nach Sonneneinstrahlung schimmert das Gefieder mal dunkelblau, mal kupfern, mal grün, golden, lila, türkis, mal grell, dann wieder sanft ineinanderfließend. Das alles innerhalb von Augenblicken. Zur Steigerung

rasseln sie mit den Federn und hypnotisieren dabei ihre Damen mit stierem Blick.
Die Pfauenhennen im weißen Kommunionskleid mit den Krönchen auf dem Kopf reagieren auf das ganze Gehabe, Geschüttel und Gestiere wochenlang so gut wie gar nicht. Null. Doch siehe da, plötzlich schlagen auch sie ein kleines weißes Rad. Man trifft sich heimlich. Und danach ist alles wie vorher.
Das ganze heftige Werben und Rufen geht wieder ins Leere, wieder ist alles vergebens! Die Herren können es nicht fassen. Aber sie geben nicht auf. Auch bei den Hühnern versuchen sie ihr Glück, doch auch die lässt die steinerweichende Anmache kalt. Man(n) präsentiert sich wie ein Pfau, zappelt sich ab, krümmt die Federn so weit es nur geht, stiert, flattert, rüttelt und – nichts. Nichts! Nur ich stehe noch immer wie angewurzelt da und bewundere pausenlos, kann mich an diesem Wechselspiel der Farben und Augen gar nicht sattsehen und werde die Erkältung, die ich mir dabei geholt habe, gar nicht mehr los.
Später liegen die Athleten der Schönheit schlapp und platt in der Sonne, strecken die Federn nach allen Seiten aus, damit deren Wärme die abgewiesenen Pfauenseelen heilt. Dann kommt die Katastrophe.
Mein Mann brüllt wütend: »Die Pfaue sind im Küchengarten und haben meine Kohlrabipflanzen gefressen! Entweder die Pfaue – oder ich!« presst er noch zusätzlich durch die Zähne. Dazu schweige ich erstmal vielsagend.
»Also, so viele waren es ja nun wirklich nicht«, beruhige ich ihn erstmal und überlege, wie ich die gefiederte Haut meiner Lieblinge retten kann. Von da an renne ich alle naselang raus, um nachzusehen, ob ein Pfau auch nur in der Nähe des Gemüsegartens zu sehen ist. Und wenn, dann lasse ich ein Gezeter ab, dass die vier Pfaue fast in Ohnmacht fallen. Die Hühner erschrecken ebenfalls und wissen nicht, was los ist. Wären sie doch mit ihren gestutzten Flügeln gar

nicht in der Lage, Unheil zu stiften. Die Hühner müssen immer in ihrem Auslauf bleiben, denn sie würden nicht nur alles aus dem Boden reißen, sondern auch noch den Rest durcheinander scharren. Tiere!!! Jürgens Blick verdüstert sich.
Zwecks Schadensminimierung wird der Küchengarten mit einem nach oben überstehenden Maschendraht eingezäunt. Die Pfaue finden auf dem wackeligen Zaun nun keinen Halt mehr und können deshalb nicht von da in den Garten segeln. Netterweise fliegen sie ja nicht über Zäune. Oder bloß noch nicht?
Puh, erstmal kann ich die Pfaue behalten.
Unsere beiden Pfauendamen sind neuerdings kaum noch zu sehen. Ich nehme an, sie brüten Junge aus. Oder besser: Ich befürchte es.
Als mein Mann für ein paar Tage wegfährt, um die Angelsaison auf dem Quesnel Lake zu eröffnen, finde ich ein großes weißes Ei, das etwa um ein Viertel größer ist als ein Hühnerei. Ich nehme es mit ins Haus und lege es erst einmal beiseite. Unser Robert fragt mich am nächsten Tag, wie es wohl geschmeckt habe. Auf die Idee muss man erst einmal kommen. Hhm.
Ich fühle mich also aufgerufen, stark zu sein, und ein Pfauenei zu essen.
Ei ist Ei. Oder? Taubenei, Hühnerei, Wachtelei. Ei ist Ei. Also brate ich mir ein Pfauenspiegelei.
Es schmeckt etwas trocken und ich komme mir vor, als hätte ich einen Mord begangen.
Auch nach drei Slibowitz liegt es noch immer wie Geröll in meinem Magen.

Des Dramas zweiter Teil:
Unsere Pfaue haben nicht nur wegen der Kohlrabi-Affäre zusehends einen schwereren Stand. Es gibt da noch einen anderen Grund: Die Hähne haben für acht (zwölf! sagt mein Mann) endlos lange Wochen im Jahr ein unglaublich hysterisches MIAU-Geschrei in ihrem

Programm, das sogar das Geschrei von zwanzig Gänsen im Landeanflug übertönt.
Wahrscheinlich strengen sie sich auch wegen der Gänse noch extra an. Von dem Geschrei hat mir vorher niemand etwas erzählt. Dabei ist das doch logisch: Ein Hahn ist ein Hahn ist ein … – und was machen Hähne? Richtig: Sie krähen.
Pfaue krähen nicht, sie miauen *fortissimo*, und unsere Pfaue haben sich zudem als Übernachtungsplatz die Tanne neben dem Schlafzimmerfenster ausgesucht. Man meint selbst bei geschlossenen Fenstern, es quäle einer eine überdimensionale Katze.
Zur heutigen Sommersonnenwende beginnen sie mit dem Geschrei schon um 2:49 Uhr in der Nacht, und ab dann wird in regelmäßigen Abständen weitergeschrien. Wenn unsere Pfaue nach Tagesanbruch ihren Schlafplatz verlassen, schießen sie wie Pfeile zu Boden. Ich hatte geglaubt, sie benutzen ihr schönes Federkleid und schweben elegant hernieder. Nein, tun sie nicht. Und am Boden und auf den Zäunen geht dann das Geschrei weiter.
Mir kam die Idee, sie abends in den warmen Hühnerstall zu locken, damit ich sie schallgedämpft einsperren kann. Die Schreihälse wollen aber nicht. Erst ab -20° C gehen sie über Nacht freiwillig hinein. Jetzt sind sie nicht in den Stall zu kriegen. Da hört sie ja dann keiner. Die sind doch nicht blöd.
Der Haussegen hängt also wieder schief. Mein Mann kann nicht schlafen. Ich schon. Mir macht das Geschrei nichts aus. Wenn ich ehrlich bin, muss ich zugeben, man sollte keine Pfaue halten, wenn man dünne Nerven hat. Aber Jürgen schlief auch ohne Pfaue schon immer schlecht.
Um unsere Ehe zu retten, lockten wir eines der Pfauenpaare mit Futter in den Pferdehänger und verfrachteten die beiden zurück auf Laras Farm im Busch, die sie verpachtet hat. Sie sagte ja, sie trauere ihnen nach und nähme sie jederzeit zurück. Ich werde Lara nicht fragen, ob ihre Pächter noch da sind …

Jetzt bin ich zwar noch verheiratet, aber doch ein bisschen traurig. Als wir zwei Pärchen hatten, waren die Pfaue viermal so schön. *Pavo* miaut jetzt einsam und muss sich ganz alleine für Frau Pfau und die vier Durchschnittshühner abzappeln.

Ist schon schlimm: Auf der einen Seite kreiert Mutter Natur solch unglaubliche Schönheit – Pfaue sind nämlich kein Zuchtprodukt – und pflanzt den Pfauenmännern dann andererseits – weil ja offensichtlich auch der Schönste eine Schattenseite haben muss –, für nahezu drei Sommermonate dieses grässliche Geschrei in die Gene.

»Lass dem doch die Stimmbänder durchtrennen«, sagte die praktische Danielle mit Siegermiene, als wir während ihres Besuchs bei uns wieder einmal aus der Tanne neben dem Haus heraus mit lautstarken Miau-Geräuschen bombardiert wurden. Wir schworen, dass wir uns in selbiger Nacht einen Wecker stellen und den Pfau eine halbe Stunde vor seiner Zeit anschreien würden. Oder sollte man ihn gleich erschießen? Schlimmer Gedanke. Wenn ich den laut äußere, holt Jürgen sofort das Gewehr …

Die Verkäuferin in dem Laden, in dem er Netze kaufen will, um den Eingang seines Gewächshauses pfauensicher zu machen (in unser Haus sind sie auch schon marschiert), schlägt die Hände über dem Kopf zusammen: »Pfaue, um Gottes Willen! Ich hatte auch mal welche. Wenn ich heute die Wahl hätte zwischen einem bengalischen Tiger und einem Pfau, ich würde auf jeden Fall den Tiger nehmen.«

Meine Freundin Bea bemerkte mit todernster Miene: »Ihr habt die Pfaue immer noch? Dein Mann liebt Dich wohl sehr!?« Hhmm.

Noch tut er es.

Ich werde also, ebenfalls aus Liebe, wenn die weiße Henne wieder aus dem Busch kommt und wahrscheinlich kleine Pfäuchen mitbringt, folgendes Inserat aufgeben:

• Fasziniert Sie Schönheit?
• Lieben Sie Tiere?
• Haben Sie einen festen Schlaf?
• Wohnen Sie weit außerhalb?
• Haben Sie Ihren Garten bereits hoch mit einem Maschenzaun eingefasst?
• Können Sie ohne Löwenmäulchen im Beet glücklich sein?
• Können Sie verzeihen?
• Lieben Sie Ihre Frau?

Ach, rufen Sie bitte heute noch an: Wir haben Pfaue for Sale!

Das Landleben hat viel für sich. Man denke nur an die frischen Eier.

Ein bisschen Hahnengeschrei muss auch sein. Ein Hahn ist allerdings Luxus, Hühner brauchen zum Eierlegen nämlich keinen Hahn. Der macht eigentlich nur Sinn, wenn man Küken haben möchte. Dazu gehören aber zwei: Außer dem stets willigen Hahn braucht man nämlich auch ein wenigstens gelegentlich williges Huhn, das sich dann setzt und brütet.

Unsere Hühner fanden den Hahn toll, hatten auch ihren Spaß an der Freud, aber gesetzt hat sich keins. Es sah fast so aus, als sagten sie, warum gleich eine ganze Kuh kaufen, wenn man doch nur einen Liter Milch will.

Das natürliche Verhalten zu brüten ist ihnen zwar von den Menschen mit dem Ziel, höchste Legeleistung zu liefern, abgezüchtet worden, das mit der Freud hat man ihnen aber noch gelassen. Wahrscheinlich aus Versehen.

Von fünfzehn Hühnern ließ sich endlich doch noch eines nieder und saß brav auf den Eiern. Braves Huhn! Aber es sollte keine Ruhe zum Brüten haben. Sechs geräumige Legenester haben wir, aber die anderen Hühner drängelten in genau dieses Nest, in dem sie saß. Die anderen legten weitere Eier neben, unter und über die arme werdende Mutter. Großes Durcheinander.

Unseren *Caretaker,* der für Ordnung sorgen wollte, als wir verreist waren, hackte sie weg. Da er zudem nicht wusste, welche Eier nun die bebrüteten und welche die neuen waren, gab er auf. Als wir nach

drei Tagen aus Vancouver wieder nach Hause kamen, saß eine Henne auf fünfzig Eiern, die wir dann alle wegwerfen durften.
Die Aktion Nachwuchs war somit gestorben. Wir hätten natürlich die brütende Dame isoliert setzen und extra füttern und tränken können – aber wo sind wir denn?
Da läuft sie nun herum, die Spaßgesellschaft, altert ohne Nachwuchs vor sich hin – und wir müssen für deren Rente sorgen.

ARMES HUHN

Unser Schreiner rief an, ob wir ein Huhn vermissen würden. Er habe auf einmal ein braunes Huhn in seinem Vorgarten. Mein Gott, bei fünfzehn Hühnern zähle ich doch nicht täglich nach, wie viele abends noch auf der Stange sitzen! Also, dann eben jetzt. Tatsächlich: Eines fehlte.

Ich rief zurück. Wie um Himmels Willen kam unser Huhn in den von uns fünfzig Kilometer entfernten Vorgarten?

Des Rätsels Lösung: Während der gute Mann bei uns arbeitete, hat sich dieses Huhn ins Gestänge unter seinem Pick-up gesetzt. Da Hühner, wenn sie erschrecken, vor Furcht wie gelähmt sind, hat es keinen Mucks von sich gegeben, als er die Tür zuschlug und den Motor startete. Und ab ging's, erst nach Williams Lake, dann aus Williams Lake wieder heraus und noch zehn Kilometer weiter den Berg hoch.

Plötzlich war wieder Ruhe. Man(n) war zuhause. Nachdem das kleine Herz aufgehört hatte zu rasen, konnte unser Huhn absteigen.

Zwischen uns und dem Haus des Schreiners gibt es eine Ampelanlage. Gehen wir einmal davon aus, dass die gerade auf ›Grün‹ stand, dann hat das Tierchen bei Minimum 80 Sachen eine Stunde lang den Gegenwind im Gestänge ausgehalten. Armes Huhn.

Der nette Schreiner hat es uns am nächsten Tag wieder mitgebracht. Es durfte jetzt aber eine Klasse besser sitzen, auf der Ladefläche in einem Karton. *Business Class,* sozusagen.

Sicher hat es da nicht weniger Angst gehabt.

Das arme Huhn.

WAHRE FREUNDSCHAFT

Nachdem uns die Vorbesitzer unseres Grundstücks darauf hingewiesen hatten, dass die nächsten Nachbarn ebenfalls Deutsche seien, machten wir uns auf die Suche nach ihnen, konnten sie aber nicht ausfindig machen. In Kanada waren sie damals jedenfalls nicht.

Wir erfuhren, dass sie nur in sämtlichen Schulferien hier waren. Dann wurde von Groß und Klein geschuftet, gerodet, Heu gemacht, und die Ranch wurde aus dem Nichts aufgebaut.

Zeitgleich mit uns hatte sich die Familie entschieden, für immer auszuwandern. Wir fanden sie seinerzeit im Schwäbischen und fuhren hin. »Hallo, wir sind die neuen Nachbarn!«

Wie zumindest jeder zweite deutsche Einwanderer hier in der Ecke kommen auch Walter und Corinna aus Schwaben. Im Ländle sahen wir vor deren Haus einen großen selbstgebauten Container. (Das war unsere erste Begegnung mit unserem späteren Hühnerstall). Die Familie war mit dem Zusammenpacken aller Habseligkeiten beschäftigt, trotzdem hatte Corinna für unser Zusammentreffen einen Kuchen gebacken. Walter hielt uns, während wir bei Kaffee und Kuchen saßen, einen Vortrag darüber, wie sehr er es hasst, wenn Nachbarn geliehene Sachen nicht wieder zurückgeben. Der Sohn würdigte uns keines Blickes und die ewig strickende Tochter war auch nur kurz zu sehen. »Oh, oh, das kann ja heiter werden ...«, dachten wir anschließend. Und es wurde sehr heiter. Uns erwartete eine wohltuende, lustige, langjährige gegenseitige Freundschaft.

Und auch wir, die neuen Nachbarn, bringen nicht alles sofort wieder zurück, wir nicht – und sie auch nicht. Zwischen uns hat sich nämlich ein Vertrauensverhältnis entwickelt, das dazu führte, dass jeder jedem jederzeit alles leihen kann. Wer etwas sucht und es bei sich selbst nicht findet, weiß genau wo es ist: Es ist halt bei den Nachbarn! Und das ist völlig in Ordnung so. Das ist immer wieder ein guter Grund, mal anzurufen, mal kurz rüberzukommen – und dann so schnell nicht wieder nach Hause zu gehen. Wir nicht – und sie nicht.

Trotz aller Zurückgezogenheit sind Corinna und Walter gastfreundlich und großzügig. Nach einem langen Abend folgen Abschiede vor dem Blockhaus unter dem Sternenhimmel, als wäre es für immer. »Ach bleibt doch noch ein bisschen. Was wollt Ihr denn schon wieder gehen?«

In unserem ersten kanadischen Jahr, als ich noch häufig alleine war, ging ich bei den Nachbarn in die Lehre. Ich lernte beim Mistabsammeln und Helfen jede Menge über Rindviecher und Geburten. Danach wurden meine Seele und meine Knochen immer wieder in Corinnas Küche bei Kaffee und Kuchen aufgewärmt. Als bei uns dann ebenfalls Kälbchen geboren wurden, stand Walter Tag und Nacht abrufbereit zur Verfügung, um mit seiner Erfahrung die schwierigen Geburten zu bewerkstelligen. Auch daraus entwickelte sich oft noch ein langer Abend. Dann sagten wir: »Ach, was wollt Ihr denn schon wieder gehen …«.

Immer hilfsbereit, hatten die beiden überhaupt kein Problem damit, einmal die acht hochschwangeren Kühe zu sich zu holen, die noch nicht gekalbt hatten, als wir im April einen Italien-Urlaub antreten wollten. Merke: Wenn jemand Deine Kühe nimmt, die bald kalben werden, sie sogar zu sich holt, damit Du Deinen durch die Schulferien festgelegten Urlaub antreten kannst, dann ist das wahre Freundschaft! Probiert's mal aus!

Weil Corinna Hühnerverbot auf ihrem Hof ausgesprochen hatte, baute ihr Mann für uns aus seinem Umzugscontainer einen Fünfsterne-Hühnerstall mit Parkett. Der sich daraufhin entwickelnde Eiertransfer brachte uns regelmässig nach nebenan – und auch daraus wurde so gut wie immer ein gemütlicher Abend voller alter und neuer Geschichten, neuer Erfahrungen. Aber nicht nur die Eier, sondern auch unser unmöglicher Hund Oskar trugen jahrelang zu fast täglichen Kontakten bei, bis die Hühner nur noch hin und wieder ein Ei legten, und unsere Töchter samt Hund nach Vancouver zogen.

Erhalten blieb uns bis heute, dass wir, wenn wir mal wissen wollen, was sich so Neues tut – Gerüchte und Tatsachen schaffen es irgendwie nie bis zu uns –, mal wieder die Nachbarn besuchen gehen. Walter, der nie irgendwo hingeht, bekommt es dennoch fertig, über Alles und Jeden informiert zu sein. Wie er das macht, werden wir wohl nie erfahren. Müssen wir ja auch nicht.

Voriges Jahr war das mal sehr unterhaltsam. Walter sagte mit viel Gefühl in der Stimme zu Jürgen, dass man ja nicht um jeden Preis zusammen bleiben müsse. Man solle möglichst nur alles mit Anstand regeln und als Freunde auseinander gehen. Nicht wahr? Jürgens inneres Fragezeichen wurde immer größer. Fast erwartete er schon, dass Walter ihm eine Offenbarung über seine Ehe machen wollte. Aber bevor Jürgen aufbrach, platzte Walter heraus: »Nun sag doch mal, habt Ihr Euch getrennt?« Also wir!

Wir konnten ihn beruhigen und freuten uns dann über das nächste Gerücht, das uns aus Calgary entgegenflatterte. Man bedauerte zutiefst, dass »Jürgen ein Bein abgenommen bekommen hätte. Was für ein grauenhaftes Schicksal«. Mein einbeiniger ›Ex-Mann‹ war in Wahrheit unversehrt und springlebendig! Da konnten wir dann Walter ein bisschen Unterhaltung liefern und wir schworen uns, wir setzen demnächst mal ein paar Gerüchte über uns selbst in die Welt. Walter versprach sein Bestes zu tun. Er spricht übrigens noch immer lieber Deutsch als Englisch. Sein Englisch ist ein eher kreatives

Deutsch. Er formuliert nicht, er drückt aus, mit dem ganzen Körper. Aber immer macht er sich verständlich. Er versteht, hört, sieht. Und bekommt, was er will.

Das Team Walter und Corinna hat Gigantisches geleistet. Aus Busch wurde Park. Bis auf einen halben Meter tief im Boden gibt es auf ihrem Land keinen Stein mehr, nur Parklandschaft, auf der die glücklichsten Kühe Kanadas weiden. Die beiden sind ein perfektes Gespann, ziehen seit dem ersten Tag ihrer Liebe immer am gleichem Strang. Gemeinsam sind sie stark und die Familie ist ihnen heilig. Sie sind der lebende Beweis dafür, dass man nur wollen muss, können kann man dann auch. Sie setzten Maßstäbe.

Wenn Heu gemacht wird, finden die langen Nächte auf dem Traktor statt. Dann arbeiten Walter und seine Frau, wenn es sein muss, die Nacht durch, um das Heu trocken reinbringen zu können. Besuch ist ansonsten immer ein willkommener Anlass, die Arbeit einzustellen, eine Pause zu machen vom Steine lesen, Ställe bauen, Dächer decken. Dann sprudelt Walter über vor Taten und Plänen, zeigt, was er Neues gebaut hat – und schon wandert man wieder gemeinsam Richtung Haus und Küche. Und es darf auch gern wieder eine lange Nacht werden. Inzwischen blicken wir zurück auf neunzehn gemeinsame Jahre.

Als wir nach einem längeren Zeitraum mal wieder zu ihnen kamen, machte unser Freund ein trauriges Gesicht und stellte fest, dass es eigentlich sehr schlimm geworden sei mit ihnen. Sie würden nur noch arbeiten und nur von sich hören lassen, wenn sie etwas brauchten. »Bald besucht einen gar keiner mehr«, sagte er. »Selbst Ihr verliert schon den Spaß dran, immer diejenigen sein zu müssen, die zu uns kommen. Wir melden uns nicht, wir gehen nirgendwo hin, aber« – und da war plötzlich wieder der alte Schalk in seinen Augen: »Ganz verlassen werden wir nie sein: Die Zeugen Jehovas kommen immer noch!«

Ach, wir sollten jetzt einfach mal wieder rübergehen.

Vielleicht gibt's ja ein neues Gerücht!

MEINE HUNDE, DEINE HUNDE

Erst hatten wir ja hier in Kanada nur meine *Maxi,* einen starken Leonbergerverschnitt, wir vermuten, der Vater war ein Fuchs. Und alles war gut.

Dann bekam Katrin einen schwarzen Labrador geschenkt. Sie durfte sich aus einem Wurf einen aussuchen. Die Entscheidung fiel schwer, und wir beschlossen, beide Restposten aus dem Wurf mitzunehmen. Mit dem zweiten Wonnekloß wollten wir Corinna, unsere Nachbarin, überraschen. Die wollte schon immer gerne einen richtigen Labrador zu ihrem schwarzen Labrador-Mischling dazu haben. Das war ein Fehler, wie wir noch sehen werden.

Eines Tages brachte Jürgen dann seine alte *Monni,* einen blonden Labrador, aus Deutschland mit, weil unsere Oma den Hund nicht mit ins Wohnstift nehmen durfte. Das war zwar kein Fehler, aber durchaus schon ein Hund zuviel. Jeder von uns hatte nun einen Hund, nur Kerstin nicht. Daraufhin quengelte sie so lange, bis sie auch einen eigenen Hund hatte. Dann wurde es schlichtweg furchtbar.

Immer wieder sind Ossi, Maxi und der Pippi-Hund weggelaufen. Kerstins Hund *Pippi* blieb bei einer dieser Eskapaden wortwörtlich eines Tages auf der Strecke. Das war wie eine Erlösung. Denn Pippi hatte ihren Namen nicht zu Unrecht. Sie hatte den Unterschied zwischen drinnen und draußen nie begriffen. Wir waren folglich nicht sonderlich traurig über den Verlust. Außer Kerstin natürlich.

Katrins *Ossi* war bei jedem Unfug der Anstifter. Maxi ließ sich zwar verführen, war aber, solange sie alleine war, mit Katzenmorden und Eichhörnchenjagen zuhause zufrieden. Gott sei Dank kam Maxi

immer wieder zurück. Ich hätte Ossi nie verziehen, wenn meine Maxi nicht wiedergekommen, vielleicht überfahren oder erschossen worden wäre.
Mitten im Winter waren alle mal drei Tage bei -30° C weg. Da glaubt man wirklich nicht mehr dran, dass man seine Hunde nochmal wiedersieht. Aber sie tauchten wieder auf. Maxi kam abgemagert und völlig erschöpft nach Hause. Ossi hat es auf dem Rückweg nur noch bis zu Geigers geschafft. Dort war er in den Fressnapf gefallen und, nachdem er sich den Bauch vollgeschlagen hatte, bewegungsunfähig liegengeblieben. Wir mussten ihn nicht nur mit dem Auto abholen, sondern ihn auch noch rein und rausheben. Drei Tage schaffte er es nur vom Haus bis vor die Garage und sofort wieder zurück. So sehr taten ihm die Pfoten weh.
Wenn Walter seine Hunde bei uns aufsammeln musste, war aber richtig was los. Er wurde mit jedem Mal wütender. Einmal hatte er mitbekommen, wie sich seine Hunde in unsere Richtung absetzten. Wutschnaubend folgte er ihnen mit dem Traktor. Dann hat er sie vor unseren Augen gepackt, in den Frontlader gesteckt und diesen ganz hochgefahren. Dann stieg er noch immer zeternd: »Euch werd ich's geben!« wieder auf den Traktor und transportierte sie in luftiger Höhe die zwei Kilometer nach Hause. Welch ein Anblick!
Als nächstes kam der Griff zum Messer. Angeblich hilft gegen Streunen eine Kastration. Also haben wir die Hunde kastrieren lassen. Es hat auch geholfen. Bei Nachbars Hunden. Unser Kastrat ist weiterhin abgehauen und nie von alleine nach Hause gekommen. Er wollte chauffiert werden. Basta.

DAS DING-DONG

Ach, die lieben Kanadier. Sie nicken und unsereins fühlt sich verstanden, lernt aber auch nichts dazu. Tim, ein wahrer Freund und als Richter auf Präzision bedacht, gibt auf das, was ich gerade erzählt habe, einen leisen Kommentar ab. Ich bekomme es nicht richtig mit, sehe aber, dass seine Frau Michelle die Augenbrauen hochzieht. Mit reduzierter Lautstärke und zu ihm gewandt bemerkt sie: »Dachte ich mir doch gleich, dass Du Dir einen Kommentar nicht verkneifen kannst.«

Das wiederum habe ich mitbekommen. Habe ich etwas Falsches gesagt?

Es fing alles ganz harmlos an: In unserem ›Loghaus‹ hört man nicht, was draußen gerade geschieht. Das ist unangenehm. Man kann am Esstisch sitzen und nicht mitbekommen, dass draußen unser Traktor vom Hof gefahren wird. Wir beschlossen, dass wir einen Bewegungsmelder brauchten. Eines Tages hatten wir ihn dann. Kontrolle total. Hightech im Busch. Ich nannte ihn nach seinem warnenden Glockenton einfach das ›Ding-Dong‹. So weit – so schön.

Als der Reiz des Neuen vorbei war, änderte sich unsere Einstellung zu dem Frühwarnsystem, denn jedesmal, wenn die Hunde am Bewegungsmelder vorbeiliefen, bimmelte es nämlich auch. ›Ding-Dong‹ beim ersten Hund und ›Ding-Dong‹ beim zweiten. Und wieder zurück. Der erste Hund, der zweite Hund …

Also hatte ich mir angewöhnt, unser ›Ding-Dong‹ tagsüber häufig abzustellen und nur für die Nacht zu aktivieren. Klingt bisher doch alles ganz normal, oder? Jedem, der gefragt hat, was da läutet, hatte ich bisher frohen Herzens und in völliger Unschuld erklärt: »Wenn sich bei uns was tut, reagiert das ›Ding-Dong‹. Der Reiz des Neuen ist aber schon ein wenig vorbei, deshalb aktivieren wir es meistens erst am Abend.« Fragende Blicke. Schweigen.

Seit heute weiß ich es besser: Vor versammelter Dinner-Mannschaft belehrt mich Michelle, kichernd, dass ›Ding-Dong‹ ein anderer Ausdruck für das, hm, männliche Geschlechtsteil sei. Aha!

Jetzt schalte ich unsere *Glocke* abends an und morgens aus und gönne im Nachhinein allen das Vergnügen, das sie bisher auf meine Kosten hatten.

Bei uns kommt wirklich Strom aus der Steckdose. Das hat der nette, kugelrunde Elektriker ganz schnell festgestellt. Er befeuchtete seine Finger mit Spucke, steckte sie die Steckdose und sprach: »Strom drauf.« Und grinste.

Da ging uns blitzschnell ein Licht auf.

Es war gar nicht so geheimnisvoll. Diese Steckdose war mit dem Lichtschalter kombiniert. Ich staubsauge aber tagsüber, da war dann kein Strom drauf. Als der Elektriker kam, war es schon dunkel. Wir hatten Licht an, also war Strom auf der Leitung.

Nach dieser Erleuchtung hätte er eigentlich gehen können, konnte er aber nicht, denn unser Hund hatte ihn zwar ins Esszimmer gelassen, ließ ihn aber nicht wieder raus.

Er hatte auch keine Eile. Zeit für einen Kaffee haben kanadische Handwerker immer. Ja, auch hier ist Zeit Geld, aber irgendwie ist Geld nicht alles. So erzählte er uns ein bisschen aus seinem Leben. Mit seinem Beruf kommt er weit in der Gegend herum, sagt er, natürlich auch überall dort hin, wo Leute noch keinen Strom haben.

Erst neulich habe er wieder so ein Haus verkabelt. Er hatte seine liebe Not, die vorgeschriebene Anzahl an Steckdosen und diese dazu noch im Abstand zueinander setzen zu dürfen, wie es der elektrische Code vorschreibt. Die Leute wollten nur *eine* Steckdose und die in der Küche. Das sei genug. Sie könnten ja die elektrischen Geräte dann zu dieser Steckdose bringen!

Holde Unabhängigkeit von der elektrisch betriebenen Wasserpumpe, der Toilettenspülung, dem Staubsauger, dem Bügeleisen, dem

Fön, der Waschmaschine, dem Trockner, der Gefriertruhe, dem Eisschrank, dem Fernseher, Video, Radio, Internet. Alles Teufelszeug. *Teufelszeug.*

Aber weshalb wollten sie diese eine Steckdose dann überhaupt, fragt man sich? Vielleicht für die elektrische Zahnbürste, die es neulich *On Sale,* im Sonderangebot, in der Stadt gab?

Wir können uns noch sehr gut an Stromausfall erinnern. Oft dauerte der über mehrere Stunden oder auch mal einen ganzen Tag im kalten Winter. Als wir uns für teuer Geld einen Dieselgenerator angeschafft hatten, war es auf den Tag vorbei mit den langanhaltenden Stromausfällen. Seitdem gibt es nur noch ganz unbedeutende, kleine Stromausfällchen, die man fast nur anhand der stehengebliebenen elektrischen Uhren feststellen kann.

Da döst er vor sich hin, der teure Arbeitslose, seit vier Jahren. Wenn jetzt irgendwann tatsächlich der Strom ausfällt, kann ich nur hoffen, dass wir die Gebrauchsanweisung mit Hilfe der Petroleumlampe finden. Brille wär' auch gut.

Bei meiner Freundin Lara kommt kein Strom aus der Steckdose. Wenn sie im Winter abends nach Hause kommt, sucht sie erst mal im Scheinwerferlicht ihres Pick-up am vertrauten Platz nach Streichhölzern, zündet ein Lichtlein an und stellt es unter den Scheffel. Natürlich ist es im Haus kalt, der Holzofen ist niedergebrannt. Eine andere Heizung gibt es nicht, aber sie hat ja warme Klamotten. Geht alles. Dauert nur ein bisschen.

Als Kompromiss an ihre eigene Belastbarkeit hat sie für Notfälle ebenfalls einen ungeliebten Generator angeschafft, der jede Menge teuren Diesels säuft, welchen sie wiederum mit dem Pick-up aus der Stadt ranschaffen muss, weswegen sie für den wiederum Diesel kaufen muss.

Das Generatorungetüm veranstaltet einen Höllenlärm und verbreitet einen netten Gestank in der Wildnis. Aber so hat sie die Möglich-

keit, ihr Auto im Winter an einen Stecker anzustöpseln und so das Motoröl flüssig zu halten, um Auto und Traktor starten zu können. Und seitdem, findet sie, lebt sie im Luxus.
Im Sommer steckt Lara die Wäsche in eine museale Waschmaschine, die im Freien in der Nähe des Generatorhäuschens steht. Wenn das Ding loslegt, flattern ihre Enten schreiend Richtung Bach. Das ist ihr den Trubel wert. Sie muss die Wäsche nicht mehr auf dem Brett rubbeln oder mit in den Waschsalon in die Stadt nehmen.
Übrigens nehmen hier noch sehr viele Leute ihre Wäsche mit in den Waschsalon; entweder, weil sie ohne Strom leben, keinen Platz für eine Waschmaschine haben oder einfach gerne beim Waschen ein Schwätzchen halten wollen. Über die guten alten Zeiten zum Beispiel, als man riesige Kathedralen ganz ohne Strom oder Dampfmaschinen gebaut hat.
Nach allem, was ich hier bisher mitbekommen habe, wird in der Kathedrale meines Herzens immer ein Kerzlein für die Steckdosen leuchten.

Wir bekamen überraschend einen Anruf von dem Bekannten einer Freundin aus Deutschland. Er sei im Juli mit seiner Familie auf einer Rundreise durch British Columbia und »ob wir uns über einen Besuch freuen würden«? Das traf mich unvorbereitet. Durch recht gemischte Erfahrungen mit Besuch von Menschen, die man nicht so gut kennt und durch die, von denen man glaubte, sie gut zu kennen, sagte ich unverblümt: »Sie sind uns natürlich willkommen. Ob wir uns darüber freuen werden, wissen wir aber erst hinterher.« Ich war über mich selbst erstaunt.

Und dann kamen sie. Erst einmal konnten sie nicht glauben, dass man wirklich genau da abbiegen muss, wo wir es beschrieben haben. »Da ist ja nichts! Da wohnen die doch im Leben nicht«, sagte er zu seiner Frau, drehte mit dem Leihwagen um, fuhr bis zur nächsten Tankstelle zurück und rief uns vorsichtshalber noch einmal an. (Handy funktioniert in diesen einsamen Gegenden nicht, nur dort, wo sowieso überall ein Telefon erreichbar ist.)

»Es stimmt schon, das ist die Straße. Da bleiben Sie besagte Anzahl von Kilometern drauf und dann biegen Sie ab und fahren weitere tausend Meter bergab. Dann noch weiter geradeaus, da steht dann unser Haus.« Und sie kamen an. Total erschöpft.

Man stellte erleichtert fest, dass wir noch wie zivilisierte Menschen aussehen. Auch die solide Einrichtung vermittelte ein gewisses Mass an Vertrauen. Allerdings weigerte sich der fünfzehnjährige Sohn, auszusteigen. War wohl nicht seine Art Urlaub. Es dauerte Stunden und bedurfte des Einsatzes der gesamten Familie, bis man ihn zu

Gesicht bekam. Alsbald begann man, es bei uns zwar irritierend, aber schön zu finden.

Plötzlich wollte es der Vater wissen: »Herr Grossmann, haben Sie eigentlich ein Gewehr? Ach, Sie haben kein Gewehr? Also, wenn ich hier wohnen würde, ich hätte ein Gewehr! Ich habe alles, was man so braucht. Meiner Familie biete ich alles. Und, was hat man davon, meine Kinder wollen nicht mal mit dem Jaguar zur Schule gefahren werden!«

Dann ging es mit Schwung weiter: »Nun mal ehrlich, Herr Grossmann: Haben Sie etwa kein Wasserflugzeug? Ach was! Sie haben keins! Also, wenn ich so wohnen würde wie Sie, ich hätte ein Wasserflugzeug! Solange ich jetzt hier bin, werde ich schon mal Flugstunden nehmen. Wollen Sie nicht auch? Das wäre doch schon mal ein Anfang.«

Der erste Schritt in diese Richtung bestand darin, erst einmal mit einem Buschpiloten an die Küste nach Bella Coola zu fliegen. Reiner Männerausflug natürlich! Die Frauen bleiben selbstverständlich zuhause. »Ihr wollt doch nicht etwa mit?«

Mein Mann und unser Sonnenschein stiegen ins Auto und fuhren zum Flughafen. Die kleine Maschine brummte energisch und man war schnell *airborn.* Der Blick war überwältigend: die Rocky Mountains, die Küstenberge, Tausende von Seen – einfach fantastisch. Und man sah tatsächlich vom Flieger aus auch noch jene hundert weißen Pelikanpaare, die jedes Jahr zum Brüten in den friedlichen Norden kommen.

Das Flugzeug rüttelte heftig über dem Gebirge. Dann plötzlich knallte es gegen die Aufwinde an der Steilküste. Es schaukelte heftig, fiel in Luftlöcher, wackelte, bebte, und der Pilot kurvte steil in den Landeanflug. »Puh, geschafft!«

Bella Coola ist eine First-Nations-Gemeinde am Pazifischen Ozean. Man lebt dort vom Fischfang. Es gibt eine winzige Fischfabrik, die mehr einer Werkstatt gleicht. Man ist genügsam. Rundherum Regenwald. Fjordartige Landschaft. Der kleine Flughafen, Boote und Fähren waren bis in die sechziger Jahre die einzige Verbindung zur Zivilisation. Irgendwann hatten die Anwohner es satt und kratzten mit ihren Baggern die teilweise heute noch einspurige unbefestigte steile *Road to Freedom* in die Berge.

Es gibt auch ein kleines Lokal. Der frische Fisch schmeckte toll. Die Männer kauften schnell noch ein, bestaunten die Holzhäuser, die wegen des Tidenhubs auf drei Meter hohen Pfählen stehen, und bestiegen wieder das Flugzeug Richtung Heimat. Diesmal saß unser Besuch gerne hinten – und festhalten konnte auch nicht schaden. Der Buschpilot startete steil gegen die Bergwand. Mit dem Aufwind schraubte er sich hoch.

Das gequälte Lächeln hielt noch an, als der Flieger inmitten der Berge bereits wieder zum Landeanflug ansetzte. Nur: »Shit, wo ist denn hier die Landebahn?« Der Pilot deutete grinsend auf ein breites, überwiegend trockenes Bachbett. Das tut's. Das kleine Flugzeug ratterte über die Kieselsteine und kam endlich, endlich zum Stehen. Courage gefällig? Tüte? Sonst alles klar? Der Besuch stöhnte im stillen: »Was haben die Frauen für ein Glück, dass sie zuhause bleiben konnten.«

Auf dem Geröll des Bachbetts saßen ein paar einsame Gestalten. Der Pilot hatte sie vor einigen Tagen zum Fischen abgesetzt. Jetzt warteten sie darauf, wieder abgeholt zu werden. Der Pilot erzählte, dass gerade ein Kollege zu einer empfindlichen Strafe verurteilt worden sei. Er hatte ein paar Leute, die Natur pur erleben wollten, in der Wildnis abgesetzt und vergessen, sie wieder abzuholen. »Die Jungs haben überlebt«, sagte er, »waren nun aber um einige Erfahrungen reicher, z. B. wie man überlebt, indem man Eichhörnchen ohne Gewehr jagt, brät und isst.«

Dann war es wieder soweit. Unser Gast musste zurück in die Maschine. Es war ganz still im Flieger. Auch die Heimfahrt vom Flughafen verlief schweigend. Die Flugstunden waren vergessen und niemand hat mehr das Flugzeug an unserem Bootssteg vermisst. Auch das fehlende Gewehr wurde nicht mehr erwähnt. Das war ein Besuch, der uns, wie wir hinterher wussten, viel Freude bereitet hat.

Und dann die Sache mit dem Hund. Wir hatten zu der Zeit dieses Besuches die gute, alte *Monroe,* unseren fünfzehn Jahre alten Labrador Retriever, bereits bei uns. Ihren Namen hatte sie erhalten, als sie noch jung, blond und sexy war, woraus später ›Monni‹ wurde.

Eigentlich sollte sie ja Jürgens Mutter nach unserer Auswanderung den Abschied von uns durch ihre Gesellschaft erleichtern. Monni blieb also zurück. Aber nach einiger Zeit hatte sich die alte Dame dann entschieden, ins Seniorenheim zu ziehen. Monni war da schon dreizehn. Nach der Gebrauchsanweisung für Labradore haben die nur eine Lebenserwartung von zwölf Jahren. Unseren Hund umzubringen, kam nicht infrage. Im Sinne der Familienzusammenführung holten wir Monni zu uns, die Großmutter kam weiterhin nur zu Besuch. Einen alten Menschen soll man nicht verpflanzen, aber mit einem alten Hund kann man es ja mal versuchen.

Als mein Mann wieder in Deutschland war, brachte er Monni dann mit nach Kanada. Nora, unsere befreundete Tierärztin, kam mit zum Flughafen. Dass Monni das Beruhigungsmittel nicht vertragen würde, das konnte keiner wissen. Mitten in der Abflughalle in Frankfurt brach sie zusammen, verdrehte die Augen und fiel mit blauer Zunge und Schaum vor dem Mund um. Überall Pippi, schrecklich. Prompt gab es einen Menschenauflauf. Jeder gab seinen Senf dazu, einen Tierarzt solle man holen, aber Nora war ja dabei.

Den Hund in Deutschland lassen konnte und wollte Jürgen nicht. So hat er Noras Rat, Monni, so wie sie war, in den Reisetransporter zu verfrachten und abzuwarten, ob sie es schaffen würde, beherzigt. »Entweder kommt sie lebend an und erholt sich wieder, dann ist alles überstanden, oder sie stirbt auf dem Flug. Dann aber friedlich und ohne nochmal aufzuwachen.«

Nach zehn Stunden sah mein Mann den Hund endlich auf dem Flugplatz in Vancouver wieder. Monni lebte, freute sich riesig – und dann brach sie wieder zusammen. Pippi in der Ankunftshalle. Die Bodenstewardessen kamen gelaufen und halfen, wischten, trösteten meinen Mann, buchten seinen Weiterflug auf den nächsten Tag um, kommandierten sein Gepäck zurück, meldeten ihn in der Tierklinik an und verschafften ihm ein Taxi.

Kanada. Wie anders doch als in Frankfurt.

Der Taxichauffeur sah keine Möglichkeit, den riesigen Transportkäfig mitzunehmen. Den kranken Hund einfach so im Auto mitzunehmen, traute er sich verständlicherweise auch nicht. Ein Spezialtaxi für Behinderte wurde besorgt, das war dann endlich groß genug.

Der Hund kam in der Klinik sofort an den Tropf und musste zu einem Blutaustausch über Nacht bleiben. Gottergeben suchte sich Jürgen ein Hotel. Am nächsten Tag ging es der alten ›Monroe‹ prima. Mann und Hund wurden freundlich auf dem Flughafen begrüßt. Eine Stewardess bedauerte sogar, dass sie meinen Mann nicht mit nach Hause genommen hatte, damit er bei den ganzen Aufregungen nicht noch nach einem Hotelzimmer suchen musste! Diesmal flogen Mann und Hund ohne Beruhigungsmittel und deshalb ohne Zwischenfälle nach Williams Lake.

Auf der Ranch wurde ›Monni‹ wieder jung. Die nächsten eineinhalb erlebnisreichen Jahre im Busch genoss sie offensichtlich wirklich. Ob sich für sie ein Traum erfüllt hat? Monni träumte wie alle Hunde sehr intensiv, Hunde bellen, laufen und rennen im Traum. Unsere Monni, diese gute Seele, wedelte sogar im Tiefschlaf. Monni liebte und wedelte sich so durch die Tage und Nächte ihres Lebens.

In ganz großen Abständen kamen mit der Zeit Krampfanfälle. Wenn sie dann vor Scham, wie wir vermuteten, nicht aufstehen wollte, hielten wir ihr ein Stück Wurst unter die Nase. Und – Labrador, der sie war –, war sie plötzlich wieder auf den Beinen, und der Anfall war vergessen.

Lange halfen die ›Überlebenswürstchen‹, aber die Anfälle kamen häufiger, und die gute alte Monroe wurde schwächer. Mit fünfzehn war sie ganz steif, konnte nur noch schwer laufen, schien aber ohne Schmerzen zu sein. So halfen wir ihr wo es ging, besonders die drei Eingangsstufen hochzukommen, denn sie durfte jetzt im Haus auf einem dicken Kissen schlafen.

Da kam dann eines Tages unser Besuch, der Sonnenschein, mit dem mein Mann nach Bella Coola geflogen war, besah sich den Hund und meinte: »Da gibt es doch Lösungen …« und auf meine Frage »Welche?«, sagte er frisch: »Endgültige!«

»Das machen wir auch nicht mit Oma und Opa«, reagierte ich etwas erschrocken, und er ersparte mir weitere Kommentare.

Im Sommer des gleichen Jahres besuchte uns die Großmutter, schaute die Monni traurig an und meinte: »Da gibt es doch Lösungen – endgültige!«

Der Mann im Reisebüro in Deutschland fragt: »Wo soll es denn hingehen?« Mit leuchtenden Augen sagen wir: »Williams Lake, Britisch Kolumbien, Kanada!«

»Was wollen Sie denn da?« platzt er heraus, »da war ich schon. Da liegt der tote Hund begraben!« Im Namen unserer Wahlheimat sind wir tief verletzt. »Wir fahren da hin, um den auszugraben. Direktflug Vancouver bitte, dann passenden Anschluss zum toten Hund.« Jetzt liegt da wirklich ein Hund begraben. Im Jahr 2003 waren es dann drei.

Monni, unsere liebe schöne Monni starb, fünfzehneinhalb glückliche Labrador-Jahre alt, in einem September, ohne jemals auch nur einer Fliege etwas zuleide getan zu haben. Sie liebte es, mit dem Auto zu fahren. Im Auto bekam sie beim Tierarzt ihre letzte Spritze und zum Abschied fuhr ihr Herrchen mit ihr einen Umweg nach Hause. Dort bekam sie ein Grab.

Meine geliebte Maxi mussten wir in einem bitterkalten Februar einschläfern lassen. Sie sollte nicht länger leiden. Die letzte Woche habe ich neben und mit ihr verbracht, habe aus Dankbarkeit für ihre Anhänglichkeit alle Pläne abgesagt und bin bei ihr geblieben. Maxi war meine Vertraute, mein Schatten, mein Sicherheitsgefühl in der Einsamkeit. Am letzten Tag noch hat sie sich in den Stall geschleppt, um bei mir zu sein. Sie konnte schon längst nichts mehr zu sich nehmen. Dann kam das unvermeidliche Ende eines heftigen Hundelebens, das sechs Katzen, die zwei Hasen unserer Kinder, mehrere Hühner und ungezählte Eichhörnchen auf dem Gewissen hatte.

Als Maxi starb, war Februar und beinharter Winter. Der Boden war tief gefroren. Was machen mit der toten Maxi? Wir wollten sie nicht rausschaffen in den Wald, wo sich die Kojoten über sie hergemacht hätten. Dem Tierarzt mitgeben wollten wir sie auch nicht. Auf den Müll sollte sie auf gar keinen Fall. Vor April kann man den Boden nicht ausheben, auch nicht, wenn man ein Haus bauen möchte. Das ist einfach so.

Wir holten Luft, räumten unsere zweite Tiefkühltruhe aus und brachten Maxi dort hygienisch wohlverpackt bis zum Frühjahr unter. Wenn mir das einer geweissagt hätte! Nie hätte ich geglaubt, dass wir mal einen Hund in die Kühltruhe stecken würden. Im April bekam Maxi dann ihr Grab neben Monni, daneben lag dann auch irgendwann Katrins Ossi.

Dort, wo der tote Hund begraben liegt …

Wie oft hatte ich ihm die Pest an den Hals gewünscht, dem Ossi, diesem Köter, der perfekt hätte sein können, wäre er nicht ständig auf ›die Walz‹ gegangen. Er verließ uns fast täglich Richtung Nachbarranch, um nach Hause *gefahren* zu werden. Es reichte ihm völlig, bis zum nächsten Nachbarn zu trotten und sich dort hinter den Jeep zu legen. Dann setzte er sein »He-Leute-fahrt-mich-heim«-Gesicht auf und strahlte.

Ossi hatte uns alle bestens dressiert. Auch wenn wir schimpften und ihn zuhause immer wieder an die lange Leine legten, war ihm das die Autofahrt wert. Bei mir musste er heimwärts laufen, aber die lieben Nachbarn und die anderen Familienmitglieder belohnten seine Unverschämtheit mit: »Los, hopp, rein ins Auto« und chauffierten ihn nach Hause. Ossi ist nie – nicht ein einziges Mal – von alleine zurückgelaufen, er wollte *gefahren* werden! Hatte er seinen Autotrip hinter sich, war für diesen Tag erstmal Ruhe.

Nein, die Nachbarn haben ihn nicht eingesperrt oder ihn weggejagt. Sie waren einfach zu nett. Sie haben ihn gefüttert und sich über seinen Besuch gefreut. »Ach, der Ossi, das ist sooo ein lieber Kerl, der stört uns gar nicht, wir bringen ihn rüber, wenn wir Zeit haben.« Er wurde natürlich *gefahren*.

Wir hatten es satt!

Dann nahm Katrin ihn mit nach Vancouver. Jetzt musste (!) er Auto fahren, konnte am Meer herumrennen und den anderen Stadthunden zeigen, wer der schönste, größte und geliebteste schwarze Labrador in ganz Vancouver war. Er war sein Leben lang Katrins Freund, ihr Kummerkasten, ihr Sonnenschein. Und jetzt müssen wir den Veterinär anrufen, weil Ossi durch seinen Knochenkrebs so starke Schmerzen hat, dass er kaum noch laufen (aber immer noch fressen) kann. Katrin und er sind aus Vancouver hierher gekommen, damit er zuhause sterben kann. Hier, wo er an die Zeit erinnert wird, als seine Knochen noch mitmachten und er uns mit seinen Extratouren alle unter Kontrolle hatte.

Der Ossi. Dieses liebe, schwarze Gesicht wird uns allen fehlen …

Ossi, diese Seele von Hund, wurde zum ersten und letzten Mal aggressiv, als der Tierarzt ihm die Spritze geben wollte. Er konnte nicht mehr stehen, aber er ging mit viel Drama.

DER HUNDEZÜCHTER

Kommt da doch einer auf den Hof gefahren, den ich nicht kenne. Und wo ist mein Mann? Fischen!

Also schaue ich mal genauer hin. Auf der Autotür befindet sich so was wie ein Schäferhund. Na, es hat sich wohl rumgesprochen, dass wir auf der Suche nach einem großen, wachsamen Hund sind. Unsere gute Maxi ist ja nun nicht mehr, und wir hätten gern wieder so einen wachsamen Hund wie sie.

Der schöne Mensch fragt mich nach meinem Mann, winkt aber gleich darauf ab und erklärt, er brauche ihn nicht eigentlich. Kein Wort von einem Hund. Er sagt, er wisse, was er zu tun habe, zieht seinen Anorak aus, schnallt sich einen breiten Gürtel um, zieht Stiefel mit Widerhaken an, hängt sich einen Gummireifen um und eine Kettensäge an denselben. Er sei hier, um Bäume zu fällen, er wisse auch genau welche. Dann nimmt er sich den ersten Baum vor. Er sägt neben sich die unteren Äste ab und klettert dabei wie ein Bergsteiger den Baum höher und höher. Unter ihm befindet sich nur noch Stamm, über ihm die Krone des Baumes, ca. vier Meter hoch. Die sägt er, am Baum hängend, so ab, dass sie laut donnernd neben ihm runterkracht. Der Baum ist nur noch ein hoher Pfosten. Den reduziert er während seines Abstiegs um jeweils zwei bis drei Meter lange Stücke. Auch diese donnern haarscharf neben ihm vorbei auf den Waldboden.

Sechs Bäume macht er in einer Stunde nieder, kassiert einen Stundenlohn von weit unter dem eines Installateurs, dankt herzlich und zieht sich wieder um. Mir bleibt die Luft weg. Sechsmal hat er auf den schwankenden Bäumen sein Leben riskiert. Ob das nicht gefährlich sei? frage ich ihn.

»Ach«, meint er, »nicht sehr, ich komme damit schon zurecht. Meine Mutter«, sagt er spontan mit einem Grinsen, »hat gemeint, das sei der richtige Job für mich. Ich hätte Kraft wie ein Bulle und Nerven wie ein Traktor.«

Als er wieder ins Auto steigt, schaue ich mir den Hund auf der Autotür noch mal an. Darunter steht ›Timberwolf‹. Ach so.

Jetzt setze ich mich erstmal – auf einen Baumstumpf.

Das gibt es gar nicht. Wir hatten drei. Dann saß eines Tages ein kleiner Kater auf einem unserer Heuballen. Er war keineswegs scheu, er liiiebte Menschen. Nach einer Weile hatten wir begriffen, dass wir zu ihm gehörten. »Wenn Du bleiben willst, musst Du in den Stall (*barn*) ziehen«, sagten wir zu ihm. »Da spielen die Mäuse auf dem Heuboden Fangen. Das wär doch eine Aufgabe für Dich! Ins Haus kannst Du nicht. Kein Erbarmen. Da kannst Du noch so lange Deine Nase am Küchenfenster plattdrücken!«
Im Haus lebten im Erdgeschoss die dicken Stubenkater. Die beiden und er hassten sich durch die Scheibe in der Verandatür unentwegt an. Begegneten sich die Hauskater und er mal draußen, blinzelte *Barney* ganz scheinheilig, krempelte die Ärmel hoch, schlug zu – und gewann! Daraufhin durften wir erst den *Leo* und dann den sanften *Jerry* zum Zusammenflicken in die Tierklinik bringen. Nicht etwa den kleinen Muskelprotz.
Manchmal, wenn die Hauskater nichts merken konnten, ließ ich Barney für ein Stündchen ins Haus. Ganz heimlich. *Cowboy,* unserer empfindlichen zarten Kartäuserkatze, die ihren Frieden im Obergeschoss standhaft gegen die Brüder Leo und Jerry aus dem Parterre verteidigte, wurde dann sprichwörtlich übel.
Barney wollte nicht in den Stall und wollte auch keine Mäuse fangen. Noah sah mich zweifelnd an: »Angelika, hörst Du das Gerenne da oben auf dem Heuboden?!« – »Jaaa, ich hör das! Wir haben aber schon fünf Katzen!« Eine ganz alte scheue in der alten Garage, zwei im Erdgeschoss, eine im Obergeschoss, einen Kater im Stall und

nebenbei zwei Hunde, die lieber Katzen als Mäuse morden. Soll ich vielleicht …?

Barney saß während meiner Ausführungen in Florins Futterkrippe und grabschte verspielt nach den Heuhälmchen, die das entnervte Pferd zu fressen versuchte, oder rollte sich in der Futterkrippe um sich selbst. Welch friedliches Bild. Friede auch den Mäusen.

Gelegentlich lauschte Barney distanziert auf das Mäusegetrappel über ihm auf dem Heuboden. Er konnte ihnen meistens, aber nicht immer, aus dem Weg gehen. Ganz Kavalier, stritt er sich auch nicht mit ihnen um den Platz im Katzenklo in der Sattelkammer. Staunend und voll Interesse beobachtete er, wie die Mäuse versuchten, aus der hohen Plastikkiste wieder zu entkommen. Mäuse killen? Wie unfein!

Einer wie Barney verschwendet seine Kraft nur gegen angemessene Gegner. Gegen die blöden verfressenen Hauskater zum Beispiel. ›Sollen die doch Mäuse fangen!‹, schien er zu sagen, und lief im Cat walk die Stallgasse entlang: ›Wie wär es denn mit dem Leo z. B., der, wenn er auftaucht, wegen seiner 20 Pfund Körperfülle jede Unterhaltung zum Erliegen bringt? Das einzige, was der kann, ist doch, sich fett und breit auf seine Pobacken hocken. Mit seinem Am-Tisch-wie-ein-Schoßhund-Männchen-machen, dann mit der Pfote stupsen und hungrig maunzen hat er sich sogar beim Chef eingeschleimt. Zu nichts nutze! Sein anderer Trick, Taschen nach Kaugummis zu durchsuchen und die dann zu fressen, hilft auch nicht gegen die Nagetierplage. Wenn der mal angebrüllt wird, weil er mal wieder was angestellt hat, rennt der doch nur schnurstracks zu seinem Fressnapf, schnurrt und frisst. Soll der doch mal was Sinnvolles tun! Und der Jerry ist auch eine Null, der kann bloß schmusen. Der lebt doch wie 'ne Made im Speck und ist so blöd und lässt sich dann von dem fetten Leo als Kissen benutzen. Als Kater kleine Pinsel zu apportiern, was'n Krampf!!! Aber die müssen keine Mäuse fangen, nur ich, nee, das ist schlicht unfair. Ach, und dann habt Ihr da doch noch die

Cowboy, die eigentlich nur schön ist und gelegentlich zum Fernsehen runterkommt, aber auch das nur, wenn es Tiersendungen gibt und die Kater schon zum Schlafen in der Waschküche eingesperrt sind. Wozu soll die jetzt gut sein? Mir kann kein Mensch erzählen, dass es der Lebensinhalt einer Katze sein kann, ihr Frauchen unentwegt aus graublauem Pelz und knallgelben Augen anzustarren und schön zu sein. Alles Schmarotzer ... Wieso soll ich, Barney – der Name ist schlimm genug –, hier die Drecksarbeit machen!? Angelika, lass Dir was einfallen!‹

Wir begaben uns also zum Tierheim und boten eine Lebensstellung für eins bis zwei arbeitswillige Katzen. Man bot uns zwei Katzenschwestern an, die schon zweimal, weil zu wild, zurückgebracht worden waren. Das waren genau die richtigen! Wir sahen ab da nur noch tote Mäuse. Die zwei grauen Aktivistinnen haben gründlich aufgeräumt. Friede, Freundschaft, Mäuseleichen.

Jetzt stolziert Barney hochzufrieden im Stall herum. Zwei Frauen verkraftet er mit linker Pfote. So ist er halt. Ein Gentleman der alten Schule – und die Damen besorgen die Mäuse. Probleme? Keine! Nur glückliche Katzengesichter. So kommen wir auf sieben Katzen, ohne dass auch nur eine einzige zuviel des Guten wäre.

There is no such thing as too many cats.

Von Land und Leuten

Ich erinnere mich noch, wir waren gerade ausgewandert, als sich in Deutschland das Unvorhersehbare ereignete: die Wiedervereinigung. Der Osten Deutschlands öffnete sich. Einen Moment lang dachten wir, ein Neuanfang im Osten Deutschlands wäre vielleicht auch ganz spannend geworden. Eine Freundin, die aus Hessen freiwillig nach Schleswig–Holstein gezogen war und inzwischen dort heimisch wurde, meinte weise lächelnd, man könne sich auch im eigenen Land fühlen, als sei man ausgewandert. Ganz wertneutral. Doch unsere Weichen waren damals bereits gestellt und Tür und Tor nach Nordamerika hin weit offen, die ersten Schritte waren getan. Wir waren endlich nicht mehr nur Touristen mit Ferienhaus, sondern hatten den Absprung geschafft.

Während wir uns von Kanada aus über die Wiedervereinigung Deutschlands freuten, trafen uns, kaum in der neuen Heimat angekommen, die hier stattfindenden Separationsbestrebungen des französischen Teils Kanadas wie ein Schlag. Waren wir etwa im verkehrten Film?

Zwar haben sich die Separatisten in Quebec dann wieder beruhigt, aber inzwischen träumen schon wieder einige etwas lauter von ›Quebec Libre‹. Die wirtschaftlichen Vorzüge des Anschlusses an das englischsprachige Kanada will man natürlich nicht aufgeben. Dabei konnten sich die Franko-Kanadier schon immer als *distinct,* will heissen ›anders‹ im Sinne von besonders fühlen. Einen *Melting Pot,* eine Gleichmacherei wie in den USA, gibt es in Kanada nicht. In diesem großzügigen Land bleibt es sowieso jedem überlassen, inwieweit er sich anpassen oder weiterhin in der Neuen Welt nach den Gepflogenheiten der Alten Heimat leben will.

Gerade das war und ist eine der kanadischen Besonderheiten, die, zumindest für uns, bei der Entscheidung hierher zu ziehen, ebenfalls eine Rolle spielte. Hier können wir uns, wie alle Einwanderer, ohne äußeren Druck und auf unserem jeweiligen nationalen Hintergrund neu entdecken und trotzdem Kanadier werden.

Das ist anders, als wäre man innerhalb Europas ausgewandert: Norweger ist man. Italiener auch. Das kann man nicht werden. Kanadier schon. Hoffentlich wird es den Europäern möglich sein, Europäer zu werden.

Kanada ist eine großzügige Nation. Als erstes Land hat es den Multikulturismus gesetzlich verankert und gibt so international ein Beispiel dafür, dass die Integration der Verschiedenheiten zu gegenseitiger Bereicherung führen kann. Ich sage damit nicht, dass das hier immer einfach ist.

Immer wenn wir uns auf dem Flughafen in Vancouver aufhalten, genießen wir die ganz einzigartige Atmosphäre. Man wird dort von Kunstwerken der *First Nations People* empfangen oder verabschiedet. Wir hören immer wieder von unseren Gästen, wie sehr die Gestaltung des Flughafens beeindruckt. Jede Nationalität fühlt sich hier angesprochen und willkommen. Nicht nur die First Nations, auch alle Einwanderer, *first, second or third Generation of Canadians* und *Permanent Residents* sollen sich in diesem Land zuhause fühlen.

Oh Canada, my home and native land …, heißt es in der Nationalhymne.

Es wird langsam Zeit, dass ich ein paar Alltagsregeln aufliste, die man kennen sollte. Wir haben uns das alles hart erarbeiten müssen. Leider gibt es hierzu keinerlei Leitfaden. »Ich glaub, ich bin im Wald!«, ist zwar eine durchaus richtige Erkenntnis, hilft aber im Alltag nicht weiter. Also beginnen wir mit:

Regel Nr. 1: Ich bin o.k. und Du bist o.k.
Es gibt keine soziale Hierarchie. Der Mensch zählt, nicht der Status.

Regel Nr. 2: Duzen, immer schön duzen.
»You can say you to me!«, wie schon Alt-Bundeskanzler Kohl dem amerikanischen Präsidenten versicherte.

Regel Nr. 3: Smile! It's catching!
Lächeln! Im Cariboo, in British Columbia, eigentlich in ganz Kanada begegnet man sich auffällig freundlich, man lächelt, geht, wenn man will, ganz spontan auch auf gänzlich fremde Personen zu und verwickelt sie hemmungslos in ein nettes Gespräch.

Regel Nr. 4: If you can not say anything nice, don't say anything at all!
Sei aufgeschlossen! Aber wenn Du nichts Freundliches zu sagen weißt, halt den Mund! Was wiederum für die kontaktfreudigen Kanadier sehr schwierig ist. Schon die Kleinen saugen den *Small*

Talk mit der Muttermilch auf. Es findet sich immer etwas Positives zu sagen. Und die Kanadier finden immer einen Weg, uns etwas schwerfälligere Deutsche aus der Reserve zu locken. Wir sind zwar eher vorsichtig zurückhaltend, dennoch ungeduldig und kommen gerne gleich zur Sache und haben am liebsten recht. Auch in Kanada kommt man irgendwann zur Sache.
Also: Gemach! Gemach! (immerhin gibt es dieses deutsche Wort)

Regel Nr. 5: Don't stare!
Man starrt niemanden an! Ich hatte es schon fast vergessen, wie es ist, von oben bis unten und wieder zurück gemustert zu werden. Mögen wir auch noch so zurückhaltend, kurz angebunden, beinahe verschlossen sein, mustern können wir Deutsche gut. Freundlicher Augenkontakt dagegen hat bei uns schon fast etwas Obszönes. Der Deutsche kann auch schon mal lächeln, tut das aber Fremden gegenüber eher aus Verzweiflung. (Seit der Fußballweltmeisterschaft ist alles anders – also sind die grantigen Deutschen jetzt wohl in der Minderheit. Hurra!)

Regel Nr. 6: Man frage immer!: »How are you?«
Und man antworte immer!: »I am fine. Thank you!« und nicht!!! aber auch gar nicht!: »Ooooh, I am terrible!« – That's a No-No! Man smalltalked über das Wetter, die Kinder, den neuen Laden in der Stadt und über's Fischen. Erst mit der Zeit weiß man, wem man wirklich etwas Persönliches, womöglich sogar etwas Unangenehmes erzählen kann. Der Sinn dahinter ist, niemanden mit seinen Angelegenheiten zu belasten.
Aber es gibt auch Versionen, die einen Anfänger völlig unvorbereitet treffen können. »Wie war denn Dein Wochenende?«, wurde ich da im ersten Jahr von der Kassiererin beim Einkaufen gefragt. Ich war total platt. Heute weiß ich, dass ein einfaches »Very nice, thank you!« völlig gereicht hätte. Damals, am Anfang, als wir zwangsläufig

viele Leute mehr oder weniger flüchtig kennenlernten, hatte ich dabei doch etwas Stress. Ich konnte mich an diese Frau nicht erinnern, fragte mich folglich: »Müsste ich sie kennen? Die fragt mich nach meinem Wochenende – also kennt sie mich. Folglich .... müsste ich sie doch auch kennen. Wieso würde sie denn sonst wissen wollen, wie mein Wochenende war – und Hilfe! wie war denn überhaupt mein Wochenende?« Das alles ging mir durch den Kopf, während ich, sprachlos geworden, meine Lebensmittel bezahlte, die ich noch nicht mal selbst einpacken durfte.

Regel Nr. 7: Frage immer, wenn sich einer verletzt: »Are you ok?«
Ganz egal wie schlimm auch immer, frage immer mit besorgtem Gesicht (das ist die Emergency-Version von ›How are you?‹): Eine Antwort ist nicht unbedingt nötig, falls man zwischen all den gebrochenen Rippen überhaupt noch in der Lage sein sollte, die richtige Antwort: »I am fine, thank you« rauszuquetschen.

Regel Nr. 8: Entschuldige Dich, so oft es geht!
Sag »Excuse me«, wenn Du hustest, niest, gähnst, Dich verschluckst, wenn Du vor jemandem vorbeigehst, Dich also überhaupt irgendwie bemerkbar machst. Ich huste übrigens auch nicht mehr in meine linke Hand, sondern huste und niese in meinen Ellenbogen. Werde ich angerempelt, bin ich nicht mürrisch, sondern sage höflich »Sorry«. Schließlich kann der andere ja nichts dafür, dass ich existiere und ausgerechnet in diesem Moment in seinem Weg stand, saß oder lag. Ich schrecke allerdings immer noch zusammen, wenn sich jemand bei mir für etwas entschuldigt, das *ich* getan habe.

Regel Nr. 9: Zahnstocher und deren unverhohlene Anwendung sind überall ohne »Sorry« erlaubt.
Man habe besser immer welche im Haus.

Regel Nr. 10: Shake Hands!?
Am Anfang haben wir das vertraute Händeschütteln schrecklich vermisst. Wir mochten die zusätzliche Information, die der Händedruck übermittelt. Allerdings schüttelt man auch hier Hände. Man weiß nur nicht wann – und wann nicht. Damit wir das unberechenbare Begrüßungszeremoniell innerlich verkrafteten, haben wir bei unseren kanadischen Freunden und guten Bekannten verschärftes Wangenküssen und Umarmen eingeführt. So kamen wir wieder an die notwendigen zusätzlichen Informationen – sogar an mehr. Und dann bekamen wir plötzlich und aus heiterem Himmel immer mal wieder eine Hand gereicht. Warum, wieso? Keine Ahnung! Böse kann das nicht gemeint sein, denn Kanadier können gar nichts böse meinen. Irgendwann hatte ich dann die Entscheidung getroffen, einfach keine Hand mehr zu geben. Niemandem mehr. Ich lächelte, sagte: Hallo, Welcome, Good Morning, Good Evening, Good Night. Basta.
Sehr viel Selbstbewusstsein braucht man aber als Frau, wenn sich die Männer zwar die Hand geben, die Frauen aber, die daneben stehen, wie Luft behandeln. Die Luft wird nicht mal freundlich angenickt. Aber nein, auch das ist nicht als Beleidigung gemeint, das ist höflich. Das ist männliche Bescheidenheit. Ein Mann wird einer feinen, sauberen Dame seine schmutzige Hand niemals von sich aus zumuten. Eine körperliche Berührung wie das Händeschütteln muss von ihr ausgehen. Damit erlöst sie ihn aus seiner Würdelosigkeit. Alle Macht den Frauen, so ist es recht – auch wenn der Cowboy oder Banker wegsieht. Seltsam. Sehr seltsam. Dafür britisch.
Doch, halt: eine Regel habe ich begriffen: Wenn man gegenseitig vorgestellt wird, gibt man sich gegenseitig die Hand. – Ein Herr steht natürlich auch auf, wenn ihm eine Dame die Hand reicht oder mit ihm spricht. Aha. Na, das war ja im Grunde wie gehabt. Wenn es nicht passiert – Pech!

Regel Nr. 11: Zieh die Schuhe aus!

Betritt Besuch das Haus, kommt man erst gar nicht zum Händeschütteln. Der männliche oder weibliche Besuch kniet nämlich sofort nieder. Unsereins steht staunend da und beobachtet, was da geschieht. Nichts Schlimmes, keine Angst. Man zieht nur die Schuhe aus, holt aus der mitgebrachten Plastikeinkaufstüte die eleganteren Schuhe oder die Hausschuhe hervor, fällt wieder vornüber und zieht die Puschen an. Oft bleibt es auch bei den Socken. Ich sehe mich noch, wie ich anfangs aus meinem Erstaunen erwachte und dem Gast zum Aufstehen hilfsbereit die rechte Hand hinstreckte. Erfreut wurde diese dann kräftig geschüttelt, schließlich weiß man ja: Diese Deutschen schütteln dauernd Hände – und dann stellte man noch ordentlich die schmutzigen Stiefel auf den Perserteppich. Ich erstarrte erneut – bis mich ein lächelndes »How is it going?« wieder in die Gegenwart holte.

Regel Nr. 12: Vorsicht bei Einladungen!

Bei Einladungen sagt man nicht einfach: »Danke«, sondern sofort:

A: *Are you really, really sure?* Sind Sie (bist Du) auch ganz, ganz sicher, dass Sie (Du) das wirklich wollen? Wird das auch ganz bestimmt keine Umstände machen?

Und sofort danach:

B: *What can I bring?* Was kann ich (zum Essen) mitbringen?

Nachzufragen ist ein Muss! Auch wenn man absolut keine Lust zum Kochen hat. Zum Dinner kann man die Vorspeise, die Suppe, den Salat, eine Beilage oder die Nachspeise mitbringen. Die Hausfrau kümmert sich meist um das Fleisch. So kenne ich es jedenfalls. Die Gastgeberin kann natürlich auch jeden Beitrag ablehnen. Man bringe aber immer ein paar Bier oder eine Flasche Wein mit. Manchmal auch eine hausgemachte Delikatesse, hübsch verpackt.

C: Manche Einladungen werden von vorneherein als *Potluck* definiert: Dabei kann der Gastgeber festlegen, was der Gast mitbringen soll: Also: Bring your own drink! (your own steak, a salad, your own chair …) Alle Variationen dieser Wünsche sind einzeln möglich, können aber auch gebündelt gelten. Sollte man sich dann noch an einem Geschenk beteiligen wollen, liegt dafür vielleicht auch noch eine Liste aus. Wird nichts genau definiert, bringt man mit, was man möchte. Aber: Man kommt nicht ohne etwas zum Potluck. Die anderen ja auch nicht, und dann haben alle *Pot Luck*, Glück, oder Pech bezüglich dessen, was es zu essen gibt.

Das verbindet – und man hat ein Gesprächsthema, das Essen! Dann sagt man natürlich nur Nettigkeiten. Die Potlucks sind tatsächlich immer delikat, weil jeder zeigen will, was er kann – oder hätte ich politisch korrekt ›jede‹ schreiben sollen?

Beim Potluck wird man als Gast nicht gerade verwöhnt. Trifft man sich öfter im gleichen Kreis, lässt man sich besser auch mal etwas anderes einfallen. Arbeiten muss man auf jeden Fall. Auch hinterher. Man bringt nämlich sein Glas und seinen Teller schön brav in die Küche, bevor man geht. Selbst der Tierarzt, dem man nach getaner Arbeit einen Kaffee oder ein Bier angeboten hat, wird Glas oder Tasse in die Spüle stellen, eventuell sogar ausschwenken.

Potlucks sind sehr beliebt bei Geburtstagsfeiern. Man feiert sich nämlich im allgemeinen nicht selbst. Hat jemand Geburtstag, wird für den Jubilar eine Party (oder ein Dinner) veranstaltet. Man wird gefeiert. Besonders toll sind Überraschungsparties, deren Vorbereitung viel Spaß machen kann. Manch einer tritt dafür eine weite Reise an. Da wird manches Auge feucht.

Regel Nr. 13: Lassen wir aus: Bad Luck!

Die 13 bringt Unglück. Es gibt auch keine Hotelzimmer mit dieser Nummer, Stockwerke in Hotels auch nicht. Auch die für die Chinesen bedenklichen Zahlen werden vermieden.

Regel Nr. 14: Trink heimlich!
Man darf in der Öffentlichkeit keinen Alkohol unverpackt mit sich herumtragen oder etwa trinken. Kinder dürfen nur mit ins Lokal, wenn draußen *Family Restaurant* dransteht. Man kann sich aber immer die Reste einpacken lassen. Die Kinder, die im Auto warten mussten, freuen sich bestimmt. Sind die unter dreizehn, gibt es auch für die Eltern nichts zum Beissen, denn Kids unter dreizehn dürfen nicht alleine gelassen werden.

Regel Nr. 15: Schreib Karten!
Persönlich überbrachte Glückwünsche reichen nicht aus. Karte muss sein. Nur »Schwarz auf Weiß« kann man trauen.

Regel Nr. 16: Be on time – on Cariboo time.
Sei ruhig ein bisschen unpünktlich oder auch zu früh. Unpünktlichkeit wird sehr großzügig hingenommen – man sollte aber zumindest noch am gleichen Tag erscheinen.

Ach, es lebe hoch, das Cariboo! Mit und ohne Etikette! Hier können nämlich auch diejenigen, die mit Etikette und gesellschaftlichem Schliff nichts, oder nichts mehr, am Hut haben, jeden gewünschen Freiraum finden. Man kann hier auch ohne alle Regeln der Kunst glücklich, oder nach eigener Fasson selig werden. Yee hew!

Sollte ich ein klein wenig übertrieben haben, möchte ich mich dafür entschuldigen.
Sincerely,
Mrs. Jürgen Grossmann

POT LUCK

»Vielen Dank für die Einladung«, sage ich am Telefon. »Ja, wir kommen Freitag in Deutschland an und kommen gerne am Sonntag drauf zu Euch. Was kann ich denn mitbringen? Vielleicht einen Salat? Let me know. Ich mach' das echt gerne. Kerstin hat so ein tolles Rezept. Wenn es in Deutschland keine *Waterchestnuts* (die chinesischen kleinen weißen runden Dinger in Dosen) gibt, dann packe ich hier noch zwei Döschen ein.«

Was ist denn los mit mir, habe ich plötzlich Probleme, eine Abendeinladung bei Freunden anzunehmen, ohne etwas zu Essen mitzubringen? Quasi mit leeren Händen zu kommen? Das kann doch nicht sein. Ich doch nicht!

Als wir in Kanada zum erstenmal bei unserem neuen Freundeskreis zum Abendessen eingeladen waren, hatte Jürgen in der Stadt ein paar Blumen besorgt. Michelle freute sich. Wir bekamen jeder einen Drink, und so nebenbei wunderte ich mich über die Geschäftigkeit in der Küche. Bald reichte Fiona einen Teller mit kleinen Häppchen herum. Köstlich. Ich musste mich bremsen, ich freute mich schließlich auf das, was noch kommen sollte. Während des Dinners lobte ich Michelle, die Gastgeberin, in den Himmel, es schmeckte alles wunderbar.

»Oh nein, nein«, sagte sie, »ich habe nur das Fleisch gebraten. Das Kartoffelgratin ist von Fiona, der Salat von Bea, das Gemüse von Danielle und der Nachtisch von Sally.« Mir ging ein Licht auf: Deshalb das Gewusel schöner Frauen in der Küche. Nur ich saß zwischen den Männern und den Häppchen. Wir hatten Blumen mitgebracht, aber die kann man nicht essen. Ich glaube, ich muss bei der nächsten Einladung mal fragen, was ich zum Essen beisteuern kann. Ich glaube nicht, dass ich für Blumen *Browniepoints* kriege.

Ich lerne: In Kanada trägt man so gut wie immer etwas zum Essen bei, bietet es zumindest an. Das unvermeidliche Fläschchen Wein bringt man trotzdem mit. Die Konjunktur –hier im besonderen die Blumenläden oder der Buchhandel – hat leider nichts von den Geselligkeiten. In unserem kanadischen Freundeskreis ist es selbstverständlich, dass man teilt, die Arbeit, das Dinner, das Vergnügen. Wird man eingeladen, kurz- oder langfristig, bedankt man sich und fragt sofort, ob man vielleicht etwas mitbringen könne. Die Vorspeise, den Salat, eine Beilage, das Gemüse – möglichst etwas Ausgefallenes – oder das Dessert, das hier meistens aus Kuchen besteht. Fleisch, Fisch, Geflügel sind Aufgabe der jeweiligen Gastgeberin. Sie offeriert auch Getränke, trotz mehrerer Fläschchen Wein, die mitgebracht und allesamt durcheinander getrunken werden.

Es hat nicht lange gedauert, bis ich gemerkt habe, dass jede Einladung mit Arbeit verbunden ist. Bisher war ich es gewohnt, bei Einladungen die Füße unter anderer Leute gedeckten Tisch zu stellen, ich habe es genossen, einmal nichts tun zu müssen. Einladungen waren für mich gleichbedeutend damit, einen Abend lang verwöhnt zu werden. Wie unbescheiden schön. Bei den wohlverdienten Gegeneinladungen kann der andere dann die Beine unter den Tisch stellen und sich verwöhnen lassen. So beruht es auf Gegenseitigkeit. Auch hier in Kanada freue ich mich über Einladungen zum Dinner und frage inzwischen höflich, was ich denn mitbringen dürfe. »Oh, bring, was Du willst«, ich stöhne innerlich kurz auf, das ist die schlimmste Antwort. Ich erfahre, wir werden zehn Personen sein. Also bereite ich einen Salat zu, mit dem man zehn Personen satt bekommen könnte. Meine liebe Bea sagt zwar, ich könne auch einfach ohne etwas kommen, aber das bringe ich dann auch nicht fertig. Ich glaube es auch, ehrlich gesagt, nicht. Wenn sie das zu jeder sagt, dann gibt es pro Person ein nacktes Steak. Das kann doch nicht sein. Oh, Ihr höflichen, lieben Kanadier, gebt mir doch bitte ein paar Anweisungen!

Ich stehe also vor der einsamen Entscheidung, was ich mitbringen will, kann, soll. Es ist natürlich nichts Brauchbares im Haus. Also fahre ich in die Stadt um einzukaufen, und erledige bei der Gelegenheit gleich meinen Wocheneinkauf. Dabei muss ich doch bald anfangen, etwas in die Schüssel zu zaubern, das ich nicht schon einmal mitgebracht habe.

Ungefähr um 5:30 Uhr sind wir eingeladen, das heißt – Fahrzeit abgerechnet – mein Mitbringsel muss um 4 Uhr fertig gekocht, gekühlt und transportierbar verpackt sein, damit es mir auf so mancher unebenen Strecke nicht noch über die Klamotten schwappt. Eigentlich wäre das ja nicht so schlimm, denn das Auto riecht sowieso schon nach Salatsoße, warum nicht auch ich?

Wir sind sechs sehr gesellige Paare, treffen uns häufig, meistens alle zusammen und oftmals spontan. Pünktlich treffen wir ein. Getrunken wird sofort, gegessen wird um sechs. Wenn es ein Buffet gibt, geht man nur einmal hin, haben wir festgestellt. Man plaziert alles auf den Teller, was darauf passt, und geht nicht noch einmal. Nur zum Schluss, falls das Dessert nicht schon vorher mit auf dem Tisch stand. Dann ist der Zauber vorbei.

Beim Dinner verlässt man das gastliche Haus nach dem Kaffee, und den gibt es sofort nach dem Dessert. Zuhause und im Bett sind wir dann – nachdem wir noch Hunde, Katzen, Pferde, Kühe und Hühner gefüttert haben – um 21:15 Uhr.

Und dann bekommen wir diese deutsche Einladung zum Abendessen um 20 Uhr. Zum Essen? Und ich kann ohne arbeitsintensiven essbaren Beitrag kommen? Ich könnte also bis um 19:30 Uhr die Beine hochlegen, wenn ich wollte. Ich fasse es nicht und kämpfe förmlich darum, wenigstens einen Salat mitbringen zu dürfen.

Ich darf. Das Taxi riecht nach Salatsoße, und die Welt ist Ordnung.

Als wir das letzte Mal aus Deutschland zurückkamen und kurzfristig unsere beiden Geburtstage mit all unseren kanadischen Freunden nachfeiern wollten, rannten wir von einem Restaurant in der Stadt zum anderen und fragten, was man für den folgenden Montag, einen Feiertag in British Columbia, als Catering für eine Party bei uns anbieten könne.

Wir standen vor einer Wand des Staunens. Was? Am Montag schon? In zwei Tagen? Da ist doch *Labour Day!*

a) das muss laaaaange vorher geplant sein,

b) das sei Feiiiiiiiiiiertag und da habe keiiiiiiner Lust zu arbeiten.

c) wenn überhaupt, dann koste alles viiiiiierzig Prozent mehr.

Am Feiertag, wenn die Leute Zeit haben, zu feiern, muss man mehr bezahlen, weil dann auch die Köche nicht arbeiten wollen. Aha. Mir reicht's. Wo sind wir denn? Ich zahle bestimmt keine vierzig Prozent mehr!

Es muss doch einen professionellen Koch geben, der mir wenigstens einen Teil der Arbeit abnimmt, dachte ich und rief meine Freundin Danielle an. Die weiß immer Rat und kennt sich aus. Ich fragte also: »Kennst Du jemand, der eine Party zumindest teilweise mit Catering versorgen würde und auf den auch noch Verlass ist?«

»Warte, ich rufe zurück«, sagte sie.

Und sie rief zurück: »Also, Sally bringt einen Salat, Bea bringt einen gemischten Salat, Michelle bringt noch einen Salat, Fiona bringt das Dessert, ich bringe die Vorspeisen, Du machst das Roastbeef …«

Wir hatten Pot Luck!!!!

Eigentlich sind alle Kinder unserer Freunde aus dem Cariboo weggezogen. Erst wegen der Berufsausbildung und dann haben sie woanders ihre eigene Laufbahn begonnen, oder sie besehen sich mit Rucksack und Sonnencreme die weite Welt. So auch unsere. Das ist so in dem weiten Land. So kommen auch die allerwenigsten unserer kanadischen Freunde aus dem Cariboo, sondern aus allen Ecken dieses großen Landes, aus Amerika und aus Europa.
Kommen ›die Kids‹ aus Vancouver zu Besuch, hat das für uns auch den Vorteil, dass sie uns mal etwas aus der großen Stadt mitbringen können. Wir sind hier oben total auf die Zulieferung aller nötigen Lebensmittel und Gebrauchsartikel angewiesen. Alles kommt per LKW nach Williams Lake. Wir hängen am Highway 97 wie an einer Nabelschnur.
Als das Personal sämtlicher Lebensmittelketten viele Geschäfte bestreikte, war so einiges vorübergehend selbst in den kleinen Tante-Emma-Läden an den Tankstellen nicht mehr zu bekommen. Aber wir sind privilegiert, wir haben Töchter in Vancouver. Das verschafft wahrscheinlich ein ähnliches Glücksgefühl, wie es die Leute in der DDR empfanden, die Verwandte oder Freunde im Westen hatten – Westkontakte eben.
Als irgendwann eines unserer weiblichen Familienmitglieder, das ungenannt bleiben will, beabsichtigte, von Vancouver nach Williams Lake zu fliegen, um ein Wochenende zuhause zu verbringen, baten wir es, zwei Großpackungen Toilettenpapier mitzubringen: Sie kenne das ja. Manchmal könne man in Williams Lake nicht

bekommen, was man dringend braucht. Diesmal sei es ausgerechnet Toilettenpapier. Und, wie sie wisse, würden zudem gerade sämtliche Lebensmittelniederlassungen in ganz British Columbia bestreikt und man wisse nicht, wann das ein Ende habe.

Das Familienmitglied nickt verständnisvoll, verspricht es, sieht sich innerlich schon nach dem Kauf der Großpakete und beim Einchecken am Flughafen.

Plötzlich fällt der Groschen. April, April!!!

Nicht weit von uns entfernt liegt der Flughafen von Williams Lake. Von dort aus gibt es nur die Verbindung nach Vancouver, aber immerhin. Wir können zwischen zwei Fluggesellschaften wählen. Da gibt es dann entweder einen Flieger der zwanzig, oder einen, der – spielzeuggroß – nur elf Personen transportieren kann. Auf dem Flug ist dann viel mehr los als bei den brav dahingleitenden Düsenriesen. Allerdings ist es da drinnen schon verdammt eng. Besonders beim Rein- und Rauskriechen. Es ruckelt und wackelt auch mal ordentlich, so ordentlich, dass auch schon mal dem Piloten schlecht wird.
Über viele Jahre flogen immerhin acht Maschinen, die bis zu vierzig Leute mitnehmen konnten. Doch die Preise waren horrend. Aus diesem Grund benutzten immer weniger Leute dieses Verkehrsmittel und kauften für denselben Betrag lieber gleich ein Ticket von Vancouver nach Europa. Air Canada entschied, der »Bedarf sei zu gering«, und stellte den Service ein. Seitdem versorgen uns zwei kleine Fluggesellschaften, die eben die oben genannten Winzlinge einsetzen. Dennoch sind die Sicherheitsvorkehrungen noch immer international und halten jeder Kritik stand.
Zwar besitzt der Flughafen seit geraumer Zeit ein Handgepäckdurchleuchtungsgerät – wie alle anderen Flughäfen auch, aber im Wilden Westen traut keiner so recht der Technik. Von den insgesamt immerhin vier Sicherheitsbeamten machen sich also noch zusätzlich zwei manuell über jede (!) durchleuchtete Tasche her. Man nimmt chemische Proben, vom Schminkkoffer und vom Laptop

ebenfalls. Man inspiziert die Handtaschen, in deren Innerem auch das kleinste Täschchen geöffnet wird, und man schaut sicherheitshalber auch noch gründlichst in das Münzfach des Portemonnaies. Nein, keine Waffe drin.
Diesmal sah man mich vorwurfsvoll an. Neuerdings muss nämlich alles, was auch immer aussieht, als beinhalte es Flüssigkeiten oder Crèmes, in eine Plastiktüte gesteckt werden. Crèmes über 100 ml dürfen schon lange nicht mehr in die Kabine. Wenigstens das wusste ich. Da ich versäumt hatte, einen Zettel zu lesen, der im Flughafengebäude auslag, erwischte man mich mit unverhüllten Flüssigkeiten.
Ich selbst war ohne weiteren Alarm durch den Torbogen gekommen. Meine ungefähr 35 ml Zahncreme müsste aber in Plastik verpackt sein, ebenfalls mein 10 ml Make-up-Tübchen. Flüssigkeiten eben! Ob ich das nicht gelesen hätte. *Fly Dry* heißt die Vorsichtsmassnahme. Also wurde ich nach dieser Zurechtweisung wie eine Kriminelle samt Handgepäck aus der Abflughalle geführt, um mich am Tresen mit Plastikbeuteln anzufreunden.
Man ist besser kooperativ. Sonst kriegt man eventuell einen *No Fly*-Sticker und wird auf der ganzen Welt von keiner Fluggesellschaft mehr mitgenommen. Also habe ich brav Zahncreme, Make-up-Tube und mein flüssiges Kreislaufmittel in eine Plastiktüte verpackt. Dann wollte ich wieder zurück durch eben die Tür, durch die man mich rausbefördert hatte. Aber von wegen: Ich musste mich wieder draußen anstellen, musste wieder durch das Tor zum Glück und das Handgepäck wurde erneut durchleuchtet und durchsucht.
Parallel zum Gepäck musste ich auch wieder durch das Personen-Screening. Ich hatte an mir nichts verändert, aber diesmal piepte es Gefahr und ich bekam bei ausgestreckten Armen noch ein paar ›Streicheleinheiten‹. Froh, dass das vorbei war, wollte ich meine Tasche abholen, aber ich hatte wieder etwas falsch gemacht. Ich hatte nämlich die drei Sachen jeweils in eine separate Tüte gesteckt … die

Medizin ebenfalls! Tsss. Medizin müsse unverpackt fliegen! hörte ich. Also wirklich. Ich blickte hilfesuchend zum Himmel, und entschied, dass ich das jetzt so verpackt ließe. Durfte ich sogar. Vielleicht sehe ich ja doch lernfähig aus.
Ich setzte mich. Die anderen Fluggäste im Warteraum einschließlich meines Mannes, der kein Make-up und auch keine Kreislauftropfen dabei hatte, grinsten vor sich hin. Mir fiel der bedauernswerte ältere Herr ein, der kein Wort Englisch verstand, den man aber beim letzten Mal aufforderte, aus Sicherheitsgründen die Schuhe auszuziehen. Er band diese gerade mühsam wieder zu, als ich an der Reihe war.
Ich weiß nicht, was die Terroristen noch wollen. Es herrscht wegen ihnen ein permanenter, wenn auch gut gemeinter Terror auf allen Flughäfen der Welt.

NUR FLIEGEN IST SCHÖNER

Neulich kamen wir mal wieder mit wehenden Koffern am Flughafen in Williams Lake an. Der Flieger aus Vancouver stand schon da mit offenen Türen. Das fanden wir sehr komisch. Kaum waren wir in der kleinen Abflughalle, hieß es: »Wir fliegen sofort ab. Heute fliegen wir eine halbe Stunde eher.« – ???? – »Nein, nicht ab heute – nur heute!« Ach so?! Schnell, schnell durch die Kontrolle! Schnell? In Williams Lake?

Man nötigte uns, wir sollten uns doch beeilen! Wir mussten noch an vier Mann Sicherheitspersonal vorbei. Geschafft.

Wir eilten zu der Maschine. Heute präsentierte man uns eines der größeren Flugzeuge. Rein mit uns. Vorsicht, Kopf! Drei weitere Passagiere. Wir waren also zu fünft. Fünfzehn Plätze blieben frei. Zwanzig Passagiere hätten wir sein können. Die hübsche Stewardess, die keine war, setzte sich auf den Sitz des Copiloten, und die Dame am Steuerknüppel, Frau Flugkapitän, stellte sich und ihre Copilotin vor: »Willkommen an Bord. Welch ein herrlicher Tag! Wir werden einen ruhigen Flug haben. Wenn wir Ihnen diesen Flug verschönern können, lassen Sie es uns wissen. Wenn Sie möchten, kommen Sie, sobald wir unsere Reiseflughöhe erreicht haben, vor zu uns und klopfen Sie uns ruhig auf die Schulter!«

Die Tür zum Cockpit blieb auf, d. h., es gab gar keine. Unter heftigem Winken durch die Scheiben verabschiedeten sich die beiden Damen vom Personal auf dem Rollfeld. Sie lachten und schwatzten heftig miteinander. Während sie die Sicherheitschecks ablaufen ließ, schaute Frau Kapitän hin und wieder in ein kluges Buch, holte Luft und machte fröhlich ein paar Eintragungen. Sehr beruhigend!

Sie rückte noch die Kopfhörer zurecht. Und los ging's. Die beiden Damen redeten nach wie vor miteinander, und ohne dass das Gespräch im geringsten unterbrochen wurde, hoben wir ab. Die Kommunikation fand jetzt über Mikrofon und Kopfhörer statt, so dass wir nicht mehr viel mitbekamen. Wir schreckten nur noch in kurzen Abständen auf, wenn laut prustendes Lachen aus dem Cockpit platzte, und der Pferdeschwanz von Frau Kapitän heftig wippte.

Netterweise schaute sie hin und wieder in besagtes Buch, suchte durch die Frontscheibe nach dem Flughafen und fand ihn. Nach einer unterhaltsamen Stunde landeten wir, genauso fröhlich wie wir abgeflogen waren, auf dem Vancouver International Airport.

Vorsicht, Kopf! warnte uns charmant die Stewardess, die keine war.

Die Erde hatte uns wieder.

Nur Fliegen ist schöner.

ERDBEERDUFT

Zwei braune Augen schauen mich groß an, als ich mich im Flugzeug neben die junge indianische Schönheit setze. Ich lächle, ihre Augen werden weich und glänzend – auch sie lächelt. Kaum sitze ich, bietet sie mir ein gewaltig nach Erdbeerparfüm duftendes Bonbon an. Gleich drauf noch eines. So schnell kann ich gar nicht lutschen.

»Ich fliege zum ersten Mal«, sagt sie bedeutungsvoll, mit einem Bonbon im Mund.

»Na«, gebe ich zurück, »das muss ja dann ein großartiges Erlebnis sein.«

Wieder schaut sie groß und ruhig. »Nein – ich habe Höhenangst!«

Es klingt, als hätte sie den Begriff irgendwo gelesen. Also empfehle ich ihr pragmatisch, nicht aus dem Fenster zu schauen. Den Vorschlag findet sie nicht dramatisch genug, negiert ihn, schaut, als wir starten, mitsamt der ›Höhenangst‹ doch aus dem Fenster. Hauptsächlich aber mustert sie mich. Sie käme gerade von einem Gruppenprojekt, sei sechs Wochen dort gewesen, weil sie angeblich ein Problem mit der Handhabung ihrer Aggressivität habe. Sie sagt das Wort ›Aggressivität‹ mit diesem süßen Erdbeermund und schaut mich mit den Samtaugen erwartungsvoll an. Ich frage, wann sie denn diese Probleme bekäme.

»Nur dann, wenn ich Ungerechtigkeit erlebe oder beobachte.« Und es klingt wieder, als habe sie den Satz auswendig gelernt. Ihr Gesicht sieht dabei so lieb aus. Von Ohr zu Ohr lieb, das ganze Mädchen lieb. Dann, findet sie, hat sie genug gesagt und beschäftigt sich mit ihrer Baseballkappe, zieht sie in jede Richtung auf den Kopf, Schild vorne,

hinten, wieder vorne, Haare drunter und wieder draußen. Schöne Haare, nicht ganz schwarz, tief dunkelbraun wie die Augen.
Zwei Sekunden lang ist Ruhe. Sie lächelt, dann schaut sie von links mit schiefem Kopf in das Buch, das ich zu lesen versuche. Was das für eine Sprache sei.
»Deutsch!« Sie ist beeindruckt.
Wieso die Schrift so komisch sei. Das sei wohl verkehrt. Ich erkläre, dass es sich um ein altes Buch handelt. Geschrieben habe es ein Russe, und dann habe es jemand ins Deutsche übersetzt. Jetzt guckt sie aber ganz genau, was das wohl ist. Sie kann doch lesen. Aber so was. Nein.
»Diese deutsche Schrift enthält eine ältere Art Schriftzeichen, die heute niemand mehr druckt«, sage ich dazu. Sie ist fasziniert.
Wieder zwei Sekunden Ruhe – plötzlich: »Mein Doktor hat gesagt, ich soll Tabletten nehmen, mach' ich aber nicht. Das ist so ein Gemansche«, sagt sie und steckt sich wieder ein Erdbeerbonbon in den Mund. Nein, ich will noch immer kein zweites.
Sie streichelt über den Ärmel meines schwarzen Webpelzmantels, will wissen, was das für ein Tier ist. Ich erkläre und warte auf irgendeine Bemerkung. Nichts. Auch nichts über Höhenangst. Wir fliegen schon eine Weile. Nichts.
Dann will sie wissen, wie ich heiße. Ich sage es ihr. Angel (*angel*)-ika, das ist die Verkleinerungsform von *Angel,* Engel. Sie staunt. Mit der Zeit erfahre ich ihre Familiengeschichte, und sie fragt mich alles, was sie wissen will.
»Jetzt kannst Du wieder lesen«, meint sie plötzlich, verschiebt ihr Bonbon im Mund, schaut aus dem Fenster und dreht wieder ihre Baseballkappe.
Vor der Landung probiert sie nochmal ihr Glück mit den Bonbons, streichelt sanft über meinen schwarzen Webpelz, bekommt wieder diesen samtenen Blick und sagt sanft im Erdbeerduft: »Du wirst für immer mein Engel (*angel*) sein.« Einfach so.

ROBERT ZIEHT UM

Robert ist unser Faktotum. Er kann einfach alles. Was er noch nicht gemacht hat, weiß er in der Theorie. Er ist ein wandelndes Wörterbuch. Wir müssen uns den Kopf nicht mehr zerbrechen, wir fragen einfach Robert.

Nach einem Leben voller *Ups and Downs* hat er sich entschieden, nunmehr ein ruhiges Dasein zu führen. Er fühlt sich wohl bei uns am See und verreist nur noch, wenn er muss. Robert hat die Welt gesehen, Vietnam überlebt, zwei Ehen ebenfalls, eine Tochter großgezogen. Er hat nichts verpasst. Das Haus verlässt er nur gerne, um Sportunterricht zu geben. Er arbeitet und er joggt, er liebt Musik, er liest und kocht gerne. Braucht man ihn, ist er stets zur Stelle, immer mit einem Lächeln, immer freundlich. Hat er im Stall zu tun, legt er Wagner auf, am liebsten die ›Walküre‹. *Robert is a happy man.*

Im Sommer arbeitet er auf der Ranch, im Winter hütet er Haus mit Hof und füttert die Tiere. Zuerst wohnte er in unserem Gästehaus, da sein Vorgänger aus dem ›Landarbeiterhaus‹ nicht wegziehen wollte. Aber dann ging der Vorgänger mit seiner Familie und dem schwarzen Hund doch zurück nach Vancouver, weil er keine passende Arbeit in unserer Nähe fand. Folglich konnte Robert vom Gästehaus ins frei gewordene *Caretaker*-Haus umziehen.

Nein, er wollte keine Hilfe von uns. Er wollte auch keine, als er ein halbes Jahr vorher aus Williams Lake ins Gästehaus gezogen war. Sein kleiner Honda und er könnten alles alleine, sagte er. Alles.

Der Umzug ins *Caretaker*-Haus dauerte und dauerte. Und wir erwarteten Besuch, den wir im Gästehaus unterbringen wollten. Also

wollte ich es schon mal in Ordnung bringen und im Keller den Heißwasserboiler anstellen. Als ich herunterkam, traute ich meinen Augen nicht: Stand da doch noch immer Roberts Kühl-/Gefrierschrank. Na, wenn er den aus dem Keller hieven will, wird er doch wohl unsere Hilfe nicht ablehnen, dachte ich.
Ich öffnete also das Ding, um zu sehen, ob es wenigstens schon leer war. Mein Herz blieb stehen: das Kühlteil war voller unverpackter gefrorener Knochen, die aussahen wie Ellen und Speichen. Etwas Fleisch war auch noch dran. Ich kam mir vor wie im Krimi. Nachdem ich mich von dem Schrecken erholt hatte, suchte ich Robert auf und fragte: »*Wer* ist das da in Deinem Kühlschrank?«
Er amüsierte sich köstlich über mich. Natürlich hatte er eine Erklärung. »Das sind Rehknochen. Aus denen koche ich Suppe.« Aha.
Dass er gerne kochte, wussten wir. O.k., soweit alles klar: Keiner hatte bei uns eine Leiche im Keller, Gott sei Dank. Und tatsächlich ließ sich Robert beim Herauswuchten des Gefrierschranks mitsamt aller Knochen dann doch noch von uns helfen – unser Mann für Alles.

Wie es mir geht? Gut natürlich.

Die Verkäuferin in dem Laden, bei dem wir unsere Badezimmereinrichtung per Katalog ausgesucht und bestellt hatten, war eigentlich immer sehr bemüht, uns zufriedenzustellen. Inzwischen, bereits in den Neubau eingezogen, wunderten wir uns dennoch leicht ungehalten darüber, wo das bestellte Waschbecken, die Badewanne und die Toilette geblieben waren. Ich wartete dringend auf einen Rückruf. Endlich. Na also.

»Angelika, how are you?« Wie es mir ging? »Guuut! Danke«, sagte ich natürlich und schickte gleich die Frage: »Die Sanitärteile sind wohl jetzt endlich eingetroffen?!« hinterher.

»Hm«, meinte sie. »Da gibt's ein kleines Problem. Badewanne und Waschbecken sind da, aber nicht die Toilette.« Sie wollte mir nur Bescheid geben und werde jetzt gleich schauen (*double!checken*), wo die Toilette geblieben sei. Sie riefe gleich wieder an.

Es vergingen keine zwei Minuten und sie erfreute mich mit einem weiteren: »Hi Angelika – how are you?« Ich begann, die Floskel zu hassen und hätte ihr beinahe gesagt, wie ich mich wirklich fühle. Aber dazu war ich schon zu lange im Land. Ich brachte nur ein langes »Gooooood« hervor.

Unsere Toilette sei in Prince George gelandet, 300 km von hier entfernt. Es täte ihr sehr leid. »Sorry«. »Und wann haben wir sie dann hier?« fragte ich entnervt.

Sie sagte, sie werde das organisieren. Sie riefe gleich zurück. Es dauerte keine zwei Minuten, und sie war wieder am Apparat.

»Hi Angelika – how are you?« Ich atmete langsam ein und aus, bedankte mich gottergeben und ließ sie mit zusammengebissenen Zähnen wissen, dass es mir immer noch wie vor drei Minuten ginge.
Also, sprach sie: »Die Toilette kommt mit der nächsten Lieferung Ende der Woche.« Das würde uns doch bestimmt reichen, oder?
Wie es mir geht? Danke der Nachfrage!
Ich wusste vorher schon, dass »How are you?« nichts bedeutet, aber spätestens bei diesem Anruf hatte ich begriffen, dass dafür immer Zeit genug sein muss, und ich selbst noch viele *How-are-yous* mehr anbringen sollte. Immer, überall und unter allen Umständen bombardiere ich seitdem meine Umgebung damit, und wehe, jemand sagt mehr als: »Goooood, thank you!«, egal wie dringend er eine Toilette sucht.
Übrigens bekamen wir die Toilette aus Prince George wirklich nach drei Tagen geliefert. Mit zwei Deckeln.

Mit den Jahren und dank der Tatsache, dass wir Bea kennen lernten, fanden wir endlich einen kanadischen Freundeskreis. Den haben wir immer gesucht. Wir sind gut dran, dass wir inzwischen Freunde haben, die nicht einsilbig werden und das Thema wechseln, wenn es mal zu deut(sch)lich wird. Uns kann man ruhig die Meinung sagen, wie sollen wir denn sonst dazulernen? Die Medien hier sind da keine Hilfe, eher abschreckendes Beispiel.

Wir sind mit Sicherheit auch für Kanadier gewöhnungsbedürftig. Aber sie halten es ganz gut aus mit uns, die wir immer alles so deut(sch)lich an und aussprechen. Wunderbare Menschen haben wir gefunden, wobei ich zugeben muss, dass unsere Freundin Danielle alles an Deutlichkeit in den Schatten stellt, was wir so fertigbringen. Wir sind uns alle einig, dass Freundschaft nur dann einen Knacks bekommt oder zerbricht, wenn man spürt, dass hinter einer Aussage Boshaftigkeit oder der Wille zu verletzen steht.

Die Überbewertung des politisch Korrektseins hat zwar für uns auf der einen Seite den bitteren Beigeschmack von Opportunismus und Konformität, andererseits treibt es aber auch kuriose Blüten. Nachfolgend ein Beispiel, das wir nie vergessen haben: Beim Anzünden der Kerzen des Christbaums vor dem Parlamentsgebäude in Victoria, British Columbia, sind jedes Jahr Alt- und Neukanadier multikulturellen Hintergrunds zugegen. Da wurde tatsächlich untersagt, Weihnachtslieder zu singen, die das Wort »Christ« beinhalten, damit sich keine Nationalität oder Menschen anderer Religionszugehörigkeit auf den Fuß getreten fühlen. Es ist nicht verkehrt, aufzupassen und nichts zu sagen, was das Gefühl einer Person oder Volksgruppe verletzen könnte. Aber das?

In Kanada sagt man übrigens politisch korrekt zu den Indianern entweder *Natives* oder noch besser *First Nations Peoples,* das heisst, jeder einzelne Stamm nennt sich eine *First Nation.* Viele Indianerstämme bezeichnen sich dennoch selbst als *Indians,* hängen Schilder an ihren Reservaten auf mit dem Namen ihres Stammes. Das Ministerium, das sich mit den Angelegenheiten der *First Nation Peoples* befasst, heißt offiziell aber noch immer *Ministry of Indian Affairs.* Auch viele Natives empfinden das als Haarspalterei.

Das sage ich, die Weiße, die man politisch korrekt ungehindert ›Weiße‹ nennen darf, obwohl ich, bei der üblen Rolle, die wir Weiße in der Weltgeschichte gespielt haben, lieber nicht dazugehören würde. Es irritiert mich, wenn *politically correct* so weit geht, dass jedes Wort, das wertneutral ausgesprochen wird, und bestimmt nicht als Beleidigung gemeint ist, gescreened werden muss und eine Meinung zu einem Thema nicht geäussert werden darf. Das klingt nach Zensur. Ich frage mich nur, vor wem oder was man sich hier eigentlich fürchtet.

Man braucht nicht in die Vergangenheit zu gehen, um Staaten zu erleben, die keinerlei politische oder religiöse Auseinandersetzungen zulassen. Aber Kanada doch nicht! Hier doch nicht, in diesem Land, in dem es keine Klassenschranken gibt und keine politschen Gefangenen.

Achtung vor Mitmenschen drückt man nicht nur dadurch aus, dass man sich verbal verbiegt.

Wir hatten gerade eben wieder einige unserer kanadischen Freunde zu Gast. Ach, es hat so gut getan. Kommen Kanadier, wird nämlich nicht einfach nur gegessen oder getrunken, es wird auch gepriesen und gelobt.

Natürlich lieben wir es, gelobt zu werden, sacken selbstverständlich die Streicheleinheiten ein. Nicht nur das Essen wird gepriesen, auch mein Kaffee wird gelobt. Es kann nicht nur daran liegen, dass mein Kaffee mit Sicherheit etwas stärker ist.

Unsere kanadischen Freunde loben eben gerne. *»Good Coffee, I love your coffee!«* sagt Michelle mit fast geschlossenen Augen. Sie und die anderen loben die Vorspeise, die Suppe, die Kartoffeln, den Braten, das Dessert. Auch die Gesellschaft selbst, die Gastfreundschaft, meinen Pulli. Oh, diese liebe, heile Welt, in der der Fokus auf dem Schönen ruht, sich da wohlfühlend ausbreitet und in freundliche Worte kleidet. *Everything is nice, a hoot, a riot, is fabulously excellent and fantastic.*

Kanadier sind aber nicht bloß höflich in unserem Sinn. Sie betrachten die Welt einfach aus einem freundlicheren Blickwinkel. Sie sehen das Schöne, wollen es auch sehen. *Positive Thinking* lernt man hier schon beim Genuss der Muttermilch. Vielleicht noch nicht in der ersten Einwanderergeneration, aber in der zweiten aknn man das dann auch. Und wir lernen eine Lebensweisheit, in deren Gebrauch wir uns immer wieder üben: »Wenn Du nichts Nettes sagen kannst, dann sag lieber überhaupt nichts.«

Sag aber auch nicht, was Du denkst, und bitte auch nichts über Deine politischen und religiösen Ansichten. Wir wollen doch Freunde bleiben, und das könnten wir vielleicht nicht, wenn wir über Themen wie Politik, Religion und Sex ins Diskutieren kämen. Dann mag man sich vielleicht hinterher nicht mehr. Also, lass uns reden, aber über Urlaub, Reisen, Fischen, das Wochenende und immer wieder über die Familie – vielleicht noch über den kleinen Klatsch und Tratsch in Stadt und Land. Wie entspannend.

Wir brauchen uns keine kritische Gedanken zu machen. Die Welt ist heil. Alle sind wir glücklich – das Fischen in diesem Jahr war grandios, das Skifahren im letzten Winter auch, und erst der Schnee von gestern. *Nice, very nice.* Kritisches Beäugen irgendwelcher Tatsachen bringt nichts, sogar das hiesige Gesundheitssystem ist lobenswert. *Smile.*

Mit den jährlichen Weihnachtsrundbriefen flattern uns all die netten Ereignisse des vergangenen Jahres gebündelt ins Haus. Alles war nett, netter, am nettesten … und wir bemerken den Sog an uns, merken, wie verdammt gut es tut, wenn man mal alles zumindest äußerlich unkritisch betrachten kann. Weg ist der verkniffene Mund, ich bin, man ist, wir sind, *nice.*

Wohin aber mit unserer perfektionistischen deutschen Lust am Diskurs, der Dichter-und-Denker-Schulerziehung, dem hartnäckigen Willen etwas Negatives zu finden, dem Wohlgefallen am Zerreden. Wir sind im allgemeinen vorsichtiger geworden. Schließlich wollen wir ja niemanden verschrecken. Verflixt schwierig ist es allerdings für die Kinder, in einer so wohlwollenden Gesellschaft richtige Selbsteinschätzung zu lernen, denn die kritiklos positive Mentalität begegnet den Kindern sowohl im Elternhaus als auch in der Schule. *»Nice job, well done.«* Wie kann sich mein Horizont erweitern, wenn alles nur *nice* ist?

Also sitzen wir zwei Deutsche hier im Busch und vermissen, was uns in Deutschland nervte. Damals fanden wir, dass alles totdiskutiert wird und Diskussionen um ihrer selbst geführt werden. Ich erinnere mich noch an den Begriff »intellektuelle Umweltverschmutzung«. Es ist auch wirklich die Frage, ob man so elend problembewusst sein muss wie wir Deutschen.

Hier prallen zwei Mentalitäten aufeinander, und ich frage mich, ob es im Osten Kanadas oder in einer Metropole wie Toronto auch so ist. Jedenfalls lächle ich nicht mehr über die, die ausgewandert sind und nun im Busch die ›Deutsche Welle‹ und BBC hören und sehen, um etwas mehr als nur Schlagzeilen aus der Welt zu erfahren. Und es ist mir egal, ob meine Ansichten *politically correct* sind. Ich passe schon auf, dass ich niemanden verletze, aber ich denke, als Einwanderer sollte man sich durchaus auch ein bisschen an der anderen Mentalität reiben dürfen.

Übrigens: Mein Kaffee ist wirklich nichts Besonderes, *just goooood coffee.*

Lächelnd deutete sie auf die Früchte in den Regalen des Supermarktes. Goldene Armreifen klirrten. Sie lächelte ihn an. Er lächelte zurück. Sie schaute fragend, er erklärte, er fragte, er packte ein. Sie deutete wieder auf etwas. Er erklärte. Sie lächelte. Er packte ein.

Ich beobachtete sie ein bisschen. Als sie es bemerkte, strahlte sie mich an. Sie sah glücklich aus in ihrem mittelblauen golddurchwebten Sari. Goldketten schimmerten auf brauner Haut. Wahrscheinlich war er erst seit ein paar Tagen oder Wochen ihr Mann. Er wird die große Reise nach Indien angetreten haben, um die Frau zu heiraten, die seine Familie ihm ausgesucht hatte.

Da stand sie, so exotisch und schön, zwischen all den Früchten, deren Namen sie neu lernen muss, in einer Stadt im Norden Kanadas. Sie wird viel lernen müssen. Das Wichtigste aber konnte sie schon: Lächeln. Sie strahlte.

Die vielen East Inder, also indische Indians, zum Unterschied zu Indians als ›die Indianer‹, leben sehr zurückgezogen in ihren Großfamilien. In diesen Familien holt man noch sehr häufig die Bräute für die Söhne aus Indien. Die müssen sich dann dort anhören, dass man in der Alten Heimat in Indien gar nicht mehr durchgängig so viel Wert auf die Tradition der vermittelten Hochzeiten legt. Man sagt, Auswanderer halten im Neuen Land an Traditionen fest, auch wenn Veränderungen in der Alten Heimat mehr oder weniger darüber hinweggegangen sind.

Vielleicht schwebt sie noch immer auf Wolken, weil aus der arrangierten Ehe eine Liebesheirat wurde. Ich wünsche ihr, dass sie immer so glücklich bleibt. Und er weiterhin einkaufen geht.

Germish geht so: Man redet mit Händen und Füßen. Das sind die Anfänger.
Fortgeschrittene nehmen Arme und Beine hinzu.
Es darf – je nach Thema – auch ein leichter Hüftschwung hinzugefügt werden.
Man kann auch englische Worte benutzen, den Satz aber auf deutscher Grammatik aufbauen und hemmungslos mit Subjekt, Prädikat und Objekt spielen.
Die persönliche Note kann man noch unterstreichen, indem man einen profunden Heimatdialekt im englischen Satz per Tonfall durchscheinen lässt. Ein Immigrant hat alle Optionen.
Es gibt auch nichts zu befürchten, denn die liebenswürdigen, freundlichen Kanadier werden sich immer dafür entschuldigen, wenn sie einen nicht verstanden haben. Das hat sein Gutes: Man kann sich in der Vorstellung sonnen, bereits recht redegewandt zu sein und aufhören, sich zu bemühen. Zumindest solange man mit den Ergebnissen der Arm- und Beinaktionen zufrieden ist.
Als Deutscher erhält man außerdem die Gelegenheit, zu erleben, dass die Welt nicht stehen bleibt, wenn man Fehler macht, dass man getrost aufhören kann, andere Leute zu verbessern oder jemandem ins Wort zu fallen.
Man kann auch von anderen deutschen Einwanderern hocherfreut angesprochen oder unauffällig vermieden werden.

DAS WORTSCHÄTZCHEN

Der nicht übermäßig verbildete Durchschnittsmensch, las ich, benutzt im Alltag zumindest 800 Worte seiner Muttersprache. Ich will das jetzt nicht in Stein gehauen wissen, es könnten ja auch 804 sein. Wie dem auch sei, ich drücke also mit schätzungsweise 804 Worten aus, was annähernd der Wahrheit gleichkommt.

Höflich, wie die Kanadier nun einmal sind, setzen sie ihr aufmerksames ›Ich-verstehe-Dich-um-jeden-Preis‹-Gesicht auf und hoffen darauf, dass sie unsere Ergüsse überstehen, ohne vor Lachen zu platzen. Meine Freundinnen haben ihren Spaß an meiner ›Doppelzüngigkeit‹ (*I am bi-lingual*) und lassen mich beiläufig wissen, was ich da, ohne es zu merken, wirklich gesagt oder forsch formuliert habe. Manchmal macht auch nur die Betonung den kleinen Unterschied. Sie lachen dann schon mal amüsiert: »Ach, Andschellica ...«

Dabei ist es doch gar nicht so komisch, wenn man z. B. sagt: *»This is not my cup of coffee.«* Oder? (Müsste natürlich ›tea‹ heißen!)

Ich habe immer gerne Akzente gesetzt. Absichtlich. Jetzt habe ich einen. So wie fast jeder hier. Mancher hat sogar einen englischen. Das ist kein Witz! Sogar viele der echtesten Kanadier, die ›First Nations Peoples‹, die Indianer, haben einen. In Englisch – oder besser – in Kanadisch – hört man den ihnen eigenen Tonfall durchaus heraus.

Ich liebe Nuancen. Schlagfertig zu sein, ist mir ein Vergnügen. Ich bin es nicht gewöhnt, herumzudrucksen, weder im Zorn noch im Überschwang des Glücks. Meine Gefühle kommen aus dem Bauch, mein Englisch aus dem Kopf. Langes Rumkramen im englischen Wortschatz frustriert – es kann einem echt das ganze Auswandern

vermiesen, denn die Schlagfertigkeit bleibt auf der Strecke. Frust jeder Art wirkt sich auf die Beziehung zu meinem Wortschätzchen belastend aus. Alltagsfrust ist nämlich eine internationale Größe. Behördenfrust, Hausbaufrust, Einkaufsfrust auch. Frust weltweit.
Eine echte Herausforderung an meine 804 Worte. Es tröstet mich wenig, dass ich mich auch noch selbst zum Drucksen verurteilt habe: Mich hat kein unwiderstehlicher Kanadier importiert. »Sprich, Darling oder stirb«, gab es bei uns nicht.
Manchmal liegt mir das schlimme ›F‹-Wort schon ganz schön locker auf der Zunge. Aber dann bin ich mit den netten Kanadiern konfrontiert, die, wenn etwas schief geht, immer ein fröhliches ›Sorry‹ hier und ›Sorry‹ da zur Verfügung haben. Entwaffnet schlucke ich die ›F‹s wieder runter. Da niemand niemandem Böses unterstellt, und da jeder jedem glaubt, dass er sein Bestes gegeben hat, trägt keiner keinem etwas nach, und peinlich ist deshalb auch niemandem nichts.
Und da sitze ich nun mit meinem nicht ungerechtfertigten Zorn über die zum dritten Mal verkehrt gelieferte Tür, und es ist mir fast peinlich, dass ich mich ärgere, wo doch alle so lieb und nett sind. Mir fehlen mal wieder die Worte, und ich verstehe mich und die Welt nicht mehr, nicht auf Deutsch und nicht auf Englisch.

DAS LAND DES LÄCHELNS

Ich behaupte, dass Deutschland seit unserer Auswanderung viel freundlicher geworden ist. Man geht netter miteinander um, drängelt weniger, lächelt schon mal. In Kanada, jedenfalls ganz bestimmt in British Columbia, kennt man Missmut kaum. Man schaut dem Gegenüber freundlich ins Gesicht. Der andere ist keine Unperson, der andere ist ein Mitmensch.

Lächeln ist ein Entwarnungssignal, eine Streicheleinheit durch die Luft, etwas, das man gibt ohne zu geben, das zeigt, wer man selber ist, jetzt und hier.

Ich behauptete bei einem Besuch in Deutschland steif und fest, dass man jetzt auch in Deutschland mehr lächele, dass man freundlicher, gelassener geworden sei. Damit kam ich aber bei unseren deutschen Freunden gar nicht gut an. Ich erzählte von meinem Eindruck beim gemeinsamen Abendessen und stieß auf heftigen Widerspruch. Meine deutsche Patentochter sagte, sie hätte es mit Lächeln versucht, sei aber daraufhin gefragt worden, warum sie denn so grinse, sie habe wohl nichts zu arbeiten.

Ich halte trotzdem an meinem Eindruck fest: Deutschland ist freundlicher geworden. Sogar die Flugbegleiter bei der Lufthansa lächeln. Wenn ich heute in Deutschland bin, fühle ich mich wohler als jemals vorher. Ich wage es auch, einen freundlichen Gesichtsausdruck aufzusetzen, einmal, weil ich es inzwischen gewohnt bin, mein Gegenüber direkt anzusehen, und zum anderen, weil ich gespannt bin, ob ich mal wie Tina gefragt werde, warum ich denn so … und ob ich wohl …

Eine gute Chance, das auszuprobieren, hatte ich auf dem riesigen Frankfurter Weihnachtmarkt.

Es passierte! Man lächelte. Und das in diesem Menschengewühl.

Ich sah und hörte genau hin. Und – ich sage es ungern: Die Leute, die mich anlächelten, sprachen – Englisch.

BITTE NACH IHNEN

Als Tourist weiß man besser, dass in Kanada Fußgänger immer Vorfahrt haben. Auch wenn sie nüchtern sind. Loriot hätte seinen Spaß daran, die Szenen, die sich hier zwischen Touristen und Einheimischen abspielen, zu beobachten. Köstliche Momente am Straßenrand. Gratis.

Ein Fußgänger, mit Sicherheit ein Deutscher, will die Straße überqueren. Ein Auto ist im Kommen. Er wartet also brav darauf, dass das Auto vorbeifährt. Das tut es aber nicht.

Es verlangsamt die Geschwindigkeit, hält fast an und erwartet freundlich, dass der Fußgänger geht.

Das tut der aber nicht. Wie könnte dieser auch dem Autofahrer trauen, hat er doch schon im Kindergarten gelernt, dass Autos immer Vorfahrt haben.

Er bleibt also stehen und erwartet wiederum, dass das Auto an ihm vorbeifährt. Der Fahrer des Automobils hinwieder traut sich nicht. Hat er doch schon im Kindergarten gelernt, dass ein Auto immer die Passanten über die Straße lassen soll.

Der Fußgänger signalisiert dem Fahrer durch einen Schritt zurück, dass er warten wird. Das Auto bleibt aber weiterhin stehen. Der Deutsche unternimmt nach reiflicher Überlegung ein paar wagemutige Schritte. Im gleichen Moment fährt aber auch das Auto an. Der Fahrer hat jetzt wirklich nicht mehr damit gerechnet, dass der Unentschlossene geht. Nun bremst er natürlich sofort wieder. Der Fußgänger aber springt erschrocken (er hat doch geahnt, dass es so kommt!) zurück auf den Bürgersteig.

Das Auto, das jetzt wieder steht, bleibt auch stehen und der Fahrer signalisiert dem Passanten, doch jetzt endlich zu gehen. Der hat aber noch genug von vorhin und will nicht.
Der Autofahrer ist Kanadier und fühlt sich schon ganz schrecklich wegen vorhin. Er gibt dem Deutschen nochmal ein freundliches Zeichen, zu gehen. Die Dramatik steigert sich.
Aber der Passant geht nicht. Also fährt der PKW endgültig an, genau in dem Moment, als der Fußgänger sich ein Herz gefasst hat, losgeht … und Peng!

HABEN SIE HEUTE SCHON GEFISCHT?

Das Leben meines Mannes hat einen Sinn. Er ist einer von ihnen. Er geht fischen.

Auf dem nordamerikanischen Kontinent wird man(n) mit einer Angel in der Hand geboren. Es gibt so gut wie keinen Mann, der nicht ans Fischen denkt, gerade fischt, schon gefischt hat oder fischen wird – im Urlaub, am Wochenende, morgens, mittags, abends, nachts, bei Sonne, Regen, Eis und Schnee. Auch Frauen fischen, oh ja, Frauen auch.

Sucht man nach einem Thema für den Small Talk, empfiehlt sich immer: »Haben Sie heute schon gefischt?« Fischen kann zum Lebensinhalt werden und ist mit Sicherheit nicht nur auf Nordamerika beschränkt. Ich aber habe offensichtlich keine Ahnung.

See ist gleich See ist weit gefehlt. Wir haben einen kleinen See vor dem Haus, an dem so mancher Kanadier fischt, besonders im Winter, wenn man Eisfischen kann. Zu jedem See gibt es einen öffentlichen Zugang, Kanada ist für alle da. Aber mein Mann, der hier wohnt, fischt hier nicht.

Er geht an einen noch größeren. Ein noch einsamerer See als der unsere erhöht den Nervenkitzel. Mir dagegen ist unheimlich zumute, wenn er alleine draußen ist. Wenn man nämlich in den Quesnel Lake fällt, erfriert man darin, bevor man ertrinkt. Retten kann einen auch keiner, weil keiner da ist. Holde Einsamkeit bis in den eigenen Untergang.

Ich kann mich noch an einen Urlaub in einem irischen Castle erinnern. Im Hochsommer, bei einem Schwatz am flackernden Kaminfeuer, entwickelte sich ein Gespräch mit der Hausherrin. Ich fragte beiläufig, was ihr verstorbener Mann denn so gemacht habe (das große Anwesen war nämlich ganz offensichtlich kein landwirtschaftlicher Betrieb, oder keiner mehr).

Vielleicht war meine direkte Frage nicht so ganz die feine englische Art, aber wir wohnten schon ein paar Tage dort und saßen nicht zum erstenmal mit ihr am Torffeuer, weil es draußen stürmte und in Strömen goss. Also traute ich mich.

»Oh«, sagte sie, »der war sehr beschäftigt.« Auf mein noch immer fragendes Gesicht hin fügte sie hinzu: »Mit Fischen!«

Mich hat es fast umgehauen. Das soll etwas sein, was einen Mann so beschäftigen kann, dass man, wenn man quasi nach dem Beruf fragt, zur Antwort bekommt: »Er fischt!«

Viele Jahre später schlich ein Pärchen um unser Haus im Cariboo herum. Ich ging neugierig raus. Beide entschuldigten sich gleich, sie wollten nicht stören. Sie klangen deutsch, kamen aber aus Bayern. Der Architekt, der ihr Haus entworfen hat, hatte ihnen gesagt, er habe unseres ebenfalls gebaut, und sie könnten es sich bestimmt mal anschauen.

»Ja klar, können Sie das«, sagte ich und bat sie herein. Wir kamen ins Gespräch. Sie konnten nicht verstehen, warum wir ganz ins Cariboo ausgewandert waren. Ihr Plan war es, jedes Jahr im Urlaub herüber zu kommen. Nach einer Weile fragten sie mich ganz mutig: »Was macht Ihr Mann hier denn eigentlich so den ganzen Tag?«

»Oh«, sagte ich, »der ist sehr beschäftigt.«

Auf die noch immer fragenden Gesichter hin holte ich Luft und sprach es aus: »Mit Fischen!«

Um Gottes Willen!«, sagte Katrin, »hier hab ich sechs Jahre lang gelebt?!«, als sie uns, nachdem sie schon fast zwei Jahre in London gewesen war, mal wieder besuchen kam. Wenn es nicht um uns gegangen wäre, sie wäre sofort zurück geflogen, mitten ins Zentrum Londons, wo sie zu der Zeit gleich um die Ecke vom Picadilly Circus arbeitete. Sie brauchte lange, um Stille und Landleben überhaupt wieder ertragen zu können.

Da saß sie dann bei uns mit ihrer Schwester auf der Veranda, las, schwamm im See und wollte am Ende ihres Urlaubs gar nicht mehr weg! Katrin wollte nicht zurück nach London: »Ich will nicht wieder rein in die hektische Masse Mensch.« Doch sie muss. Und sie tut sich schwer. Sie behauptet tatsächlich, sie sei ein *Country Girl.* Wieder dauert es lange, bis sie sich einlebt, diesmal in das Großstadtleben. Am Telefon, unglücklich und voller Heimweh nach ihrem kanadischen Zuhause, meint sie »paradiesisch« sei es bei uns – »wäre es doch nur nicht so weit weg«. Am besten wäre es wohl, unser *Paradise* läge in einer etwa einstündigen Distanz zu London, oder umgekehrt.

Kerstin ist hier im Cariboo nur noch zwei Jahre in die Schule gegangen. Sie verliess uns lange vor Katrin, um in Vancouver zu studieren. Nach dem Studium kam sie noch einmal für zwei Jahre hierher, hat in der Stadt gearbeitet und das Gästehaus zu ihrem *home sweet home* erklärt.

Während, neben und nach dem Studium zog es beide mit Freunden und auch teilweise ganz allein nach Europa, Afrika und Asien. So suchte jede von ihnen ihr Land der Träume. Sie entschieden sich unabhängig voneinander dafür, »mal ein bisschen« in London zu bleiben und dort zu arbeiten. Aus dem bisschen wurden unvergessliche Jahre und beide meinten: »In London ist es am schönsten!«

Trotz aller Faszination Kulturweltstadt kam doch manchmal Heimweh nach dem kanadischen Zuhause auf. Dann habe ich am Sonntag mittag für Kerstin das ›Vinyl Café‹ im Radio angestellt, habe gewartet, bis Stuart McLean ansetzte, eine seiner amüsanten Stories vorzutragen und dann schnell in England angerufen. Das Telefon sandte Stuarts Geschichte wie vertraute Klänge aus der Heimat nach England in die möblierte Wohnung mit den getrennten Wasserhähnen für warmes und für kaltes Wasser. So hörten wir die Geschichte gemeinsam, wie in den alten Zeiten, als Kerstin noch zuhause in Kanada war.

Wir wissen, dass unsere beiden Töchter die Entscheidung, nach Kanada auszuwandern, ebenso positiv sehen wie wir. Dennoch haben beide ihr Herz zumindest vorübergehend ganz woanders verloren und werden irgendwann eigene lebensweisende Entscheidungen treffen.

Zur Zeit sind sie wieder in Kanada und kommen regelmäßig zu Besuch. Sie genießen die Sommersonne auf der Veranda, lesen und schwimmen und schwören, sie seien *Country Girls,* um bald wieder einen Job zu suchen, dort wo die Post abgeht.

Durch unsere Auswanderung bedingt ist unsere Familie immer wieder mit Abschied konfrontiert, immer wieder aber auch mit freudigem Wiedersehen. Wir sind glücklich, dass es uns trotz dieser vielen Trennungen gelungen ist, eng miteinander verbunden zu bleiben. Zurückblickend sind wir froh, dass wir den Schritt zur Auswanderung wirklich gewagt haben. Wir werden nicht irgendwann sagen müssen: »Ach, hätten wir doch. Ach, wären wir doch!«

Immer wenn wir, aus Deutschland kommend, wieder in Williams Lake landen, spüren wir es: Ja, das ist es, was wir wollten. Das ist unser Kanada! Wir freuen uns über die freundlichen Damen des Bodenpersonals. Man kennt sich, man grüßt sich, wir hören: »Schön, dass Ihr wieder zurück seid im Cariboo!«

Unsere Seele atmet durch. Wir sind angekommen. Nichts hat sich seit 1984 an diesem Gefühl geändert, obwohl so vieles mittlerweile alltäglich geworden ist. Trotz aller Anpassung an diese Welt haben wir gemerkt, wie deutsch wir doch sind. Unsere alten, etwas knorrigeren Wurzeln sind deutsch geblieben, die neuen jungen Verästelungen aber sind kanadisch.

Längst haben wir uns an die Wechselbäder zwischen dem *Country Living* in Kanada und Mainhattan Frankfurt gewöhnt. Wenn wir am Ende der langen Reise in den Smog Frankfurts eintauchen, kommt die andere Seite unserer Seele an. Wir umarmen die Familie, die Freunde, die Kultur und manchmal sogar die Hektik und all die missmutigen Menschen.

Und wir atmen (vorsichtig) ein und lassen diesen Teil von uns in Vertrautem baden.
Lange dauert es in Deutschland aber nicht, und wir fühlen uns wieder bedrückt durch die Enge, die Hektik und die Unzufriedenheit so vieler Menschen in diesem wohlhabenden Land. Es wird mehr und mehr versucht, das Wahre, Schöne und Gute in Vorschriften, Auflagen, Kürzungen und Gesetze zu zwingen; manchmal zu verbissen. Freunde beklagen sich darüber, wie unbeweglich alles geworden ist, und dass man mit Eigeninitiative ständig gegen bürokratische Wände läuft. Wir sehen in viele verschlossene Gesichter und spüren, dass viel Lebensfreude verloren geht.
Und dann stehen wir im ersten Stau, werden von gehetzt wirkenden Menschen beim Einkaufen unfreundlich behandelt, verfolgen die Castor-Transporte im Fernsehen, sehen den Smog über Frankfurt und erinnern uns an die Jahre des Kalten Krieges.
Gleichzeitig haben wir die schöne Qual der Wahl, welches kulturelle Angebot in Frankfurt wir zuerst nutzen wollen – in der Hoffnung, wegen des Jetlags weder im Theater noch bei Familie oder Freunden am Tisch einzuschlafen.
Deutschland heute überrascht aber auch, hat man, wie wir, hier nur wenige Pflichten und fast keinerlei Alltag, geschweige denn Stress zu bewältigen. Besieht man sich die alte Heimat mit Touristenaugen, so wie wir früher unser neues Heimatland betrachtet haben, bekommt sie einen neuen Glanz. Weshalb waren wir nochmal ausgewandert?
Wenn wir in Deutschland sind, merken wir, was wir in unserem paradiesischen ›Busch‹ bei aller Freiheit nicht haben: Die zauberhaften idyllischen Orte, Kulturgeschichte wohin man schaut, Anregung auf jedem Plakat, deutsche Bücher, kritisches Fernsehen, Hintergrundinformationen, die eigene Sprache, die heftigen, durchaus auch kontroversen Diskussionen mit Freunden, deutsche Wiedervereinigung, saisonale und regionale Küche, gute Restaurants, voluminöse Singvogelkonzerte beim Aufwachen – besonders im Frühjahr, Kirchen-

glocken, Kindheitserinnerungen, vertraute Traditionen und Landschaften. Ja, auch der freiwillige Verzicht auf das, was man in der alten Heimat geliebt hat, ist eine Herausforderung.
Als wir gingen, ließen wir zurück, was wir nicht mochten und nahmen das Deutschland, das wir liebten, im Herzen mit. Deutschland war ein gutes Elternhaus. Wir schlossen die Türe leise, aber dankbar und gingen neugierig hinaus in die bekannte Fremde; zu alt für Wanderjahre, zu jung, um nicht mehr zu träumen. Wir erklärten Kanada zum Land der Zukunft unserer Kinder, ohne dass sie vergessen sollten, woher wir kamen.
Sehr intensiv haben wir unseren Töchtern bei jedem Deutschland-Aufenthalt die alte Heimat, das Deutschland unserer Kindheit und Jugend, gezeigt: Das Deutschland, das leidet, das sich noch immer erholen muss von dem Grauen des Dritten Reiches, von der Scham über die Nazizeit, von Krieg und Konsumterror. Das Deutschland, das nie ist, das immer wird, das Deutschland all der Menschen, die nachdenklich, kritisch, herzlich, mutig und großzügig sind, und die bei der Jagd auf das Haben die Suche nach dem Sein nicht aufgegeben haben.
Um dieses Deutschland zu erleben, zieht es uns immer wieder für mehrere Wochen im Jahr dorthin. Wir erzählen unseren kanadischen Freunden davon und freuen uns darauf, ihnen eines Tages unser Deutschland zeigen zu können, so wie wir einst unseren deutschen Freunden unser Kanada nahe gebracht haben.
Lebensmitte für uns alle bleibt unsere Ranch, Zuflucht und Ruhepol in einer immer verrückter werdenden Welt. Von hier aus können wir überall hin – und kommen immer wieder hierher zurück. Für uns gibt es kein Entweder – Oder. Wir fliegen zu Besuch nach ›zuhause‹ und fühlen uns hier *at home.*

Bildanhang

-42° C: Snow is cool

Schmied am Werk

Beim Fliegenfischen vor großer Kulisse

Stürmisch, nicht heiter

Grizzly on tour

Die Biber sind weg – wir dürfen aufräumen

Pferdestall

Elchbulle

Cattle Ranch in British Columbia

Gekrönte Häupter im Blumenkasten

Nach dem großen Waldbrand

An einem Sommertag im Kanu

Pferde auf der Weide

Im Sommer +45° C,
im Winter -45° C

Fette Beute
beim Fischfang

Abend an unserem See

Ich widme dieses Buch all denen, die uns auf unserem Weg vorausgegangen sind, die uns begleiteten und denen, die uns zwar nicht verstehen konnten, aber dennoch die Treue hielten.
Ich danke vor allem meinem Mann, unseren Kindern und unserer Familie für alles, was sie mitgemacht haben, im doppelten Sinn des Wortes. Ich danke den Freunden, besonders Ulrich Lohse, die mich ermutigt haben und Frau Dörthe Emig-Herchen, die mir geduldig und professionell geholfen hat, aus vielen einzelnen Erzählungen, Berichten und Anekdoten ein Buch zu machen. Ich fand den Verlag in Frankfurt nur einen Straßenzug entfernt von der Schule, in der ich das ABC gelernt habe.
Hier schließt sich für mich der Kreis.

Wolfgang Schmunk

Gold in Barkerville

Abenteuer British Columbia. Reiseerzählung

202 Seiten, Paperback € 19,80 [D]. SFr. 35,60
ISBN 978-3-89846-443-7

VANCOUVER, die lebendige Hafenstadt am Pazifik ist Anfangs- und Endpunkt der Reise, die Wolfgang Schmunk, seine Frau Klaudia und Sohn Thomas durch den Südwesten Kanadas unternehmen. Aus einem harmlosen Urlaub entwickeln sich abenteuerlich spannende Erlebnisse im Wechsel mit traumhaft romantischen Momenten:... durch Regenwald und Sümpfe stiefeln..., mit Indianern Kokanee trinken und Freundschaft schließen..., auf der berühmten Goldstraße Gruselgeschichten entdecken..., in alten Claims echtes Gold finden..., unmittelbar wilden Bären begegnen..., das Tal der Coyoten durchreiten..., im Kanu dem Biber auf die Spur kommen..., und beim Schrei des Loon erschöpft aber glücklich einschlafen... Die Kulisse hierfür bietet ein großes weites Land mit schier unberührter Natur – KANADA – der Wilde Westen. Freiheit die wir so nicht mehr kennen. Hier möchte man bleiben, sich ein Blockhaus bauen und im River Lachse fangen. Schwungvoll und mit ansteckender Begeisterung erzählt Wolfgang Schmunk unter Einfügung hilfreicher Hintergrund-Informationen – und löst damit schon bald heftiges Fernweh aus.
